KB175605

손주부의
읽고 나면
미국주식
쉬워지는 책

일러두기

1. 외래어 표기는 국립국어원의 외래어표기법을 따랐으나, 관용적으로 굳어진 표기는 존중했다.
2. 인물의 이름이나 회사명은 처음 언급될 때 원어를 병기했으나, 애플이나 구글과 같이 미국 주식시장의
   대표격인 기업들은 생략했다.
3. 단행본은 『 』, 신문이나 잡지 등 정기 간행물은 《 》, 개별 기사는 「 」, 영화나 드라마 등 작품명은 〈 〉로 묶었다.

손주부의

읽고 나면 미국 주식 쉬워지는 책

손주부(손쉽게 주식으로 부자가 되자) 지음

한스미디어

왜 우리의 월급만으로는 부족할까요?

금수저 친구를 보며 투자에 눈을 뜨다

1998년 겨울, 미국 유학을 가게 되었습니다. 뭔가 큰 뜻이 있어서 간 것은 아니었습니다. 1996년에 본 수능시험을 제대로 망친 게 첫 번째 이유였고, 한국에서 보낸 12년 시간이 너무 숨 막혔던 게 두 번째 이유였습니다. 우리는 이를 '도피 유학'이라고도 부르죠.

수능이 끝나고 저는 '집안의 자랑'에서 '집안의 수치'로 전락했습니다. 특히 저에게 기대가 컸던 어머니는 시험을 망친 저를 굉장히 부끄러워하셨습니다. 어머니 친구분들이 "아들내미는 수능 잘 봤어?"라고 물어보면, 어머니는 대답을 피하거나 당혹스러워하셨습니다. 그리고 그런 질문을 들은 날에는 항상 이렇게 소리치셨습니다.

"너 때문에 내가 부끄러워서 밖에 나가질 못하겠다."

재수는 하고 싶지 않아서 미국 유학을 알아보았습니다. 다행히 학비가 저렴한 주립대학교를 찾을 수 있었습니다. 부모님의 은퇴 자금을 가지고 유학을 떠났습니다. 유학을 시작한 이후로는 부모님께 부담을 드리기 싫어서 허리띠를 최대한 졸라매고 살았습니다. 한 봉지에 20센트, 당시 우리 돈으로 240원 정도 하는 라면을 주식으로 먹었습니다. 빵이 먹고 싶을 때는 빵집에서 샌드위치를 만들고 남은 빵 끝bread ends을 사다 먹었습니다. 단돈 3달러만 내면 빵 끝을 한 봉지 가득 살 수 있었습니다.

한식이 먹고 싶을 때는 주말마다 한인 교회에 가서 성가대원으로 봉사하고 예배가 끝난 후에는 공짜 점심을 얻어먹었습니다. 그 음식을 다음 날에도 먹고 싶어서 사모님께 애교(?)를 부리며 부탁하여 남은 음식을 플라스틱 통에 담아 오기도 했습니다.

돈을 아낀다고 지질하게 살았던 저와 달리, LA에서 전학 온 동갑내기 친구는 돈을 물 쓰듯 하며 살았습니다. 그 친구는 10만 달러는 넘을 것 같은 스포츠카를 몰고 다녔습니다. 저는 돈이 없어서 아르바이트와 학업을 병행하느라 '뚜껑 열리는' 일이 참 많았는데, 그에게 뚜껑이 열리는 것이라고는 빨간색 스포츠카밖에 없었습니다. 저는 요리와 설거지가 귀찮아서 냄비에 라면을 끓여 냄비째로 먹었는데, 그는 요리와 설거지가 귀찮다며 매 끼니 밖에서 사 먹었습니다.

그 친구는 오프 캠퍼스off campus에 있는 방 4개짜리 저택에서 일본인 여자친구, 그리고 고양이와 함께 살았습니다. 반면 저는 온 캠퍼스on campus의 방 3개짜리 집에서 지저분한 남자 5명과 함께 살았습니다. 크고 깨끗하며 차고까지 있는 친구 집에 처음 놀러 간 날, 친구 집 화장실이 제 방보다 크다는 사실을 깨닫고 엄청나게 우울했던 생각이 납니다.

이렇게 재미도 없고 오래된 이야기를 하는 이유는 친구가 그렇게 돈을 펑펑 써대도 재산이 계속 불어났다는 사실을 말하기 위해서입니다. 그는 부모님의 도움을 받아 대학 입학할 무렵, 캘리포니아에 집을 한 채 샀습니다. 친구가 졸업할 즈음엔 그 집의 가격이 크게 올라서 4년간 학비와 생활비를 제하고도 돈이 남았습니다. 반면 저는 학창 시절 내내 라면만 먹고 자전거를 타고 다니며 알뜰하게 살았음에도 불구하고, 졸업 후 귀국할 즈음엔 부모님 은퇴 자금만 축낸 불효자식이 되어 있었습니다.

하고 싶은 대로 하고 살면서도 오히려 돈을 벌어서 한국으로 돌아간 친구를 보며 "인생 참 거지 같다"라고 한탄하면서 살았다면, 지금 제 인생도 여전히 별 볼일 없었을 겁니다. 하지만 그 친구 덕분에 큰 교훈을 얻었습니다.

"자산이 증가하는 속도가 돈을 쓰는 속도보다 빨라지면 돈 때문에 걱정할 필요는 없겠구나!"

유학을 마치고 한국에 돌아와서 깨달음을 실천하기 시작했습니다. 자산이 증가하는 속도가 돈을 쓰는 속도보다 빨라질 때까지 자산을 계속 모았습니다. 14년이라는 시간이 지나고 자산 증가 속도가 쓰는 속도보다 빨라졌을 때, 저는 마침내 회사에 사표를 내고 전업주부가 되었습니다.

자본주의 사회에서 돈 버는 방법 4가지

20대 때 『부자 아빠 가난한 아빠』라는 책을 읽고 큰 충격을 받았습니다. 책 속에 등장하는 가난한 아빠의 삶이 제가 추구했던 삶이었기 때문입니다. 책 속 가난한 아빠는 좋은 학교를 졸업하고 안정적인 직장에서 평생 월급 생활자로 사는 삶을 살았습니다.

반면 책 속 부자 아빠는 좋은 학교를 졸업한 것도, 안정적인 직장에 다니는 사람도 아니었습니다. 부자 아빠는 젊었을 때부터 돈이 돈을 버는 시스템을 구축한 사람이었습니다.

『부자 아빠 가난한 아빠』를 보면 자본주의 사회에서 돈 버는 방법 4가지가 나옵니다. 첫 번째 방법은 월급 생활자employee로 돈을 버는 것입니다. 아마도 우리 대부분은 월급 생활자로 사회생활을 시작합니다. 월급 생활자는 자신의 노동력, 즉 시간을 투입해서 돈을 법니다. 월급 생활자들은 자신의 시간을 투자해서 돈을 벌기 때문에, 돈을 더 많이 벌기 위해서는 남들보다 먼저 승진하거나 퇴근 후에 부업을 해야 합니다. 하지만 승진 자리는 제한되어 있기 때문에 승진하는 일이 쉽지만은 않습니다. 부업 역시 장기적으로 지속할 경우 본업과 건강에 악영향을 끼칠 수 있습니다.

두 번째 방법은 자영업자self-employed로 돈을 버는 것입니다. 자영업자 또한 월급 생활자처럼 자신의 노동력을 투입해서 돈을 법니다. 월급 생활자보다 돈을 더 많이 벌 가능성은 있지만, 월급 생활자와 같이 자신의 시간을 팔아 돈을 벌기 때문에 돈을 많이 버는 데는 한계가 있습니다. 대표적인 자영업자들이 치킨집 사장입니다. 변호사, 의사와 같은 전문직도 자신의 노동력을 팔아서 돈을 벌기 때문에 자영업자에 포함됩니다. 전문직 역시 자신의 노동력으로 돈을 벌기 때문에 하루에 진료할 수 있는 환자의 수와 담당할 수 있는 사건의 수가 제한되어 있습니다.

세 번째 방법은 사업가business owner로 돈을 버는 것입니다. 월급 생활자, 자영업자와 가장 큰 차이점은 자신의 노동력이 거의 들어가지 않는다는 점입니다. 물론 사업 초반에는 자신의 노동력이 많이 투입되지만 일단 사업체의 시스템만 잘 구축하면, 사장이 없더라도 회사는 잘 굴러갑니다. 기본적으로 사업가는 월급 생활자의 노동력을 이용해서 돈을 벌기 때문에 자기 시간이 많습니다. 따라서 음식점을 하더라도, 직접 운영하면 자영업자에 속하고 매니저를 고용해서 경영하면 사업가에 속합니다.

네 번째 방법은 투자가investor로 돈을 버는 것입니다. 투자가는 돈이 필요한 사람에게 돈을 빌려주거나, 유망한 회사에 투자해서 돈을 법니다. 사업가들은 돈을 더 많이 벌기 위해 항상 투자처를 물색하고 투자가들은 사업가에게 필요한 돈을 공급합니다.

그렇다면 위에 언급된 4가지 방법 중 어떠한 방법을 사용해야 자본주의 사회에서 부자가 될 수 있을까요? 매년《포브스Forbes》가 발표하는 '세계 최고 부자 순위The Richest People In the World'를 보면 질문에 대한 답은 이미 나와 있습니다. 톱 10 리스트에 오른 사람들은 모두 사업가나 투자가입니다. 그뿐만 아니라 10명 중 8명은 미국인이고 8명은 주식을 보유한 부자입니다. 안타깝게도 월급 생활자 혹은 자영업자는 부자 리스트에서 찾을 수 없습니다.

《포브스》 선정 세계 최고 부자 순위

RANK ∧	NAME	NET WORTH	AGE	COUNTRY / TERRITORY	SOURCE	INDUSTRY
1.	Jeff Bezos	$177 B ▲	57	United States	Amazon	Technology
2.	Elon Musk	$151 B ▲	49	United States	Tesla, SpaceX	Automotive
3.	Bernard Arnault & family	$150 B ▲	72	France	LVMH	Fashion & Retail
4.	Bill Gates	$124 B ▲	65	United States	Microsoft	Technology
5.	Mark Zuckerberg	$97 B ▲	36	United States	Facebook	Technology
6.	Warren Buffett	$96 B ▲	90	United States	Berkshire Hathaway	Finance & Investments
7.	Larry Ellison	$93 B ▲	76	United States	software	Technology
8.	Larry Page	$91.5 B ▲	48	United States	Google	Technology
9.	Sergey Brin	$89 B ▲	47	United States	Google	Technology
10.	Mukesh Ambani	$84.5 B ▲	63	India	diversified	Diversified

출처: 《포브스》[1]

그렇다고 제가 월급 생활자를 폄훼하는 것은 아닙니다. 투자를 위한 초기 자본금 마련과 사업가 혹은 투자가가 되기 전에 사회 경험을 쌓는 수단으로서의 월급 생활자는 좋은 선택이라고 생각합니다. 저 또한 월급 생활자로 15년간 일했고 그때 쌓은 경험과 지식, 자본을 바탕으로 투자가가 될 수 있었습니다. 이제, 여러분이 도전해볼 차례입니다.

2022년 초가을, 손주부

CONTENTS

$$

3장 어떤 주식을 선택할 것인가?

4장 주식 매입 시점과 주의사항

8장 미국 주식 자료 구하는 방법

9장 미국 주식 실전 분석

01

미국 주식 투자를
해야 하는 이유

$$

01 ▶ իիիիիիի

지금 당장 시작해야 하는
6가지 이유

투자가는 말 그대로 향후 돈이 몰릴 것으로 기대되는 곳에 미리 투자하여 시세 차익을 거두는 사람입니다. 투자 대상은 다양합니다. 주식, 채권, 원자재, 부동산, 선물, 옵션 등 정말 무궁무진합니다. 이렇게 많은 투자 대상 중에서 하필 미국 주식을 선택한 이유는 다음과 같습니다.

높은 수익률

저는 2006년에 한국에서 사회생활을 시작했는데, 만약 그때 미국 주식 S&P500에 투자했다면 2021년까지 수익률은 어땠을까요? 15년간 미국 주식의 연평균 수익률은 10.45%로 나왔습니다. 연평균 수익률이 10.45%라면 7년마다 원금이 약 2배씩 증가했다는 뜻입니다. 실제로 계산했을 때 2006년에 1억 원을 투자했다면 2021년에 원금은 4억 9,000만 원으로 불었을 것입니다.[2]

2006년에 한국의 부동산에 투자했다면 어땠을까요? 한국은행이 2022년 5월 23일에 발표한 보고서에 따르면 2006년부터 2021년 3분기까지 전국 주택의 연평균 수익률은 3.4%입니다. 생각보다 수익률이 너무 낮게 느껴지지 않나요? 한국은행에서 서울 아파트만 따로 계산해보았는데, 서울 아파트의 연평균 수익률은 4%로 밝혀졌습니다.

문재인 정부 시절 아파트 가격이 빠르게 올라서 부동산의 수익률이 굉장히 좋은 것처럼 보이지만, 수익률 비교 구간을 15년으로 늘려보니 수익률은 훨씬 떨어졌습니다. 생각해보니 최근 몇 년간 부동산 광풍이 분 것은 사실이지만, 이 글을 쓰고 있는 2022년 8월에는 부동산 거품이 급속도로 꺼지고 있습니다. 돌이켜보면 부동산 시장은 2008년 세계 금융위기 이후로 근 10년간 침체기였습니다. 2022년부터 부동산 거품이 다시금 꺼지고 있으니, 향후 10년간은 다시 침체에 빠질지도 모릅니다.

지난 15년간 미국 주식의 수익률은 상당히 좋았습니다. 2022년은 11월에 미국 중간선거까지 있는 해입니다. 역사적으로 중간선거 이후 S&P500의 1년 평균 수익률은 더욱 상승했습니다. 집계 결과 중간선거 이후 1년간의 수익률은 16.3%로 평소 10.45%보다 더 좋습니다.

그런데 중간선거 이후 수익률을 이야기하는 데 대해 이런 의문을 품는 독자분들이 있을 것 같습니다. '지금은 금리 인상으로 인한 스태그플레이션이 우려되는데, 중간선거가 무슨 상관인가요?' 그래서 과거 스태그플레이션 시기 수익률도 조사해보았습니다. 1970년부터 1982년까지 스태그플레이션이 있었던 시기에도 중간선거 이후의 평균 수익률은 역사적 연평균 수익률보다 좋았습니다. 대체 왜 이런 결과가 나온 것일까요?

1970~1982년 중간선거 전후의 주식시장 수익률

중간선거 연도	대통령 이름	소속당	중간선거 전 S&P500 1년 수익률	중간 선거 후 S&P500 1년 수익률
1970	리차드 닉슨	공화당	-14.4%	13.0%
1974	제럴드 포드	공화당	-31.8%	20.5%
1978	지미 카터	민주당	0.9%	9.3%
1982	로널드 레이건	공화당	9.7%	22.3%

출처: US BANK[3]

중간선거 이후에 주식시장이 좋아지는 이유는 집권당이 누가 될지 모르는 불안 요소가 일시에 해소되기 때문입니다. 앞의 표는 1970년부터 1982년까지 중간선거 이후의 수익률을 보여줍니다.

다음 표는 1970년부터 1982년까지 인플레이션 정도를 보여줍니다. 당시 인플레이션이 얼마나 심했는지가 나타납니다. 1983년 CPIConsumer Price Index, 소비자물가지수를 100으로 고정한 것입니다.

이런 질문을 하는 사람이 있을지도 모르겠습니다. "그러면 스태그플레이션 시기에 미국 주식 말고 미국 부동산은 어땠나요?"

1970년부터 1982년까지 스태그플레이션 기간 물가는 159% 증가했습니다 (CPI 기준). 같은 시기 S&P500 수익률은 169%였고 미국 주택 중간값은 159% 상승했습니다. 즉 집값은 물가 상승분만큼 올랐습니다. 그런데 미국 주식에 투자했

1970~1982년 CPI와 인플레이션

연도	CPI	인플레이션
1970	38.8	5.8%
1971	40.5	4.3%
1972	41.8	3.3%
1973	44.4	6.2%
1974	49.3	11.1%
1975	53.8	9.1%
1976	56.9	5.7%
1977	60.6	6.5%
1978	65.2	7.6%
1979	72.6	11.3%
1980	82.4	13.5%
1981	90.9	10.3%
1982	96.5	6.1%

출처: 미니애폴리스 연방준비은행[4]

다면 인플레이션을 방어하면서 10% 추가 수익을 챙길 수 있었을 것입니다.[5]

높은 상승 확률

인생에서 좋은 일과 나쁜 일이 계속 번갈아 발생하는 것처럼 주식시장도 상승과 하락이 번갈아 발생합니다. 그럼에도 연초 대비 연말 수익률을 비교하면, 미국 주식시장은 하락보다 상승 가능성이 더 큽니다.

1993년부터 2022년까지 30년 동안 연초 대비 연말의 S&P500 주가지수를 확인해본 결과 총 30년 중에서 22년이 올랐습니다. 상승 확률로 따지면 73.3%입니다. 다음 표를 보면 연초 대비 연말 주가지수가 많이 떨어졌더라도 2년 안에 모두 회복했음을 알 수 있습니다.

1993~2022년 연초 대비 연말의 S&P500 주가지수(2022년 8월 14일 기준)

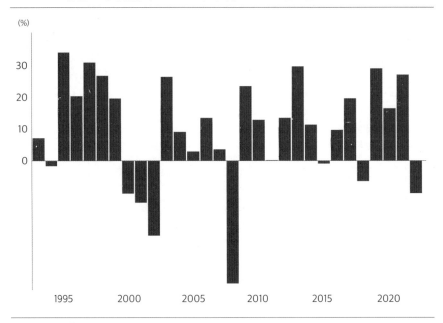

출처: Macro Trend[6]

최근 5년의 지수 변화

출처: 야후 파이낸스

그뿐만 아니라 오랫동안 횡보하는 기간이 많았던 코스피와는 달리 미국의 주가지수는 꾸준한 우상향 그래프를 보여줍니다.

달러 자산 보유 효과

재테크를 하다 보면 항상 듣는 말이 있습니다. "달걀을 한 바구니에 모두 담지 말라." 우리는 이 말을 되새기며 다양한 자산을 매입합니다. 그런데 투자 대상을 다양화한다면서 혹시 원화로 된 자산만 매입하지는 않나요? 원화로 표시된 자산만 있다는 것은 한 바구니에 달걀을 모두 담은 것과 마찬가지입니다. 그러나 미국 주식을 매입하면 자연스레 달러 자산에도 투자하는 효과를 누리게 됩니다.

세계 경제에 위기가 닥쳤을 때는 특히 달러 자산이 위력을 발휘합니다. 위기 상황에서는 전 세계 투자자들이 보수적으로 투자하기 때문입니다. 이럴 때는 세상에서 가장 안전한 통화로 여겨지는 달러에 돈이 쏠리게 됩니다. 이로 인해 세계 경제위기가 있을 때면 원화의 가치는 떨어지고 달러 가치는 상승했습니다. 따라서 미국 주가가 떨어지더라도 달러 가치는 상승하기 때문에 원화로 환산했을 때의 자산 가치 하락은 축소됩니다.

한 예를 들어보겠습니다. 2007년 10월 원/달러 환율은 900.80원이었는데 세계 금융위기 이후 환율은 1,533.45원(2009년 2월)으로 70% 상승했습니다. 원화 가치가 하락한 것입니다. 같은 기간에 코카콜라 주식을 보유하고 있었다면 어떤 결과가 생겼을까요?

2007년 10월 코카콜라 주식을 1만 달러당시 환율로 900만 8,000원이었고 1주당 30달러 어치 가지고 있었다고 가정해봅시다. 금융위기 이후 코카콜라 주가가 33% 폭락해서 내 주식 계좌의 잔고는 1만 달러에서 6,667달러로 줄었습니다. 하지만 달러 가치는 70% 증가하여 원화로 환산했을 경우의 주식 계좌 잔액은 900만 8,000원에서 1,022만 3,000원으로 13% 증가했습니다.

4차 산업에 투자

우리는 지금 4차 산업혁명이 활발하게 일어나고 있는 시대에 살고 있습니다. 4차 산업혁명의 키워드는 인공지능, 클라우드 컴퓨팅, 사물인터넷, 자율주행 자동차, 메타버스 등인데 해당 산업을 이끄는 기업들은 대부분 미국 기업입니다. 인공지능은 엔비디아·아마존·구글·마이크로소프트가 장악하고 있고, 클라우드는 아마존·마이크로소프트·구글이 지배하고 있습니다. 메타버스는 마이크로소프트·메타페이스북·엔비디아가, 자율주행 자동차 분야는 테슬라·구글·아마존이 강자입니다. 4차 산업혁명에 대한 기대로 해당 산업은 빠른 속도로 성장하고 있으며 전 세계 투자자들 또한 이를 관심 있게 보고 있습니다.

예를 들어보겠습니다. 세계 최대 비즈니스 데이터 플랫폼이자 시장조사 기관 스태티스타Statista의 조사 결과에 따르면, 인공지능 소프트웨어 시장은 2025년까지 시장 크기가 두 배로 성장할 것으로 보입니다.

인공지능 소프트웨어 시장의 성장 예측

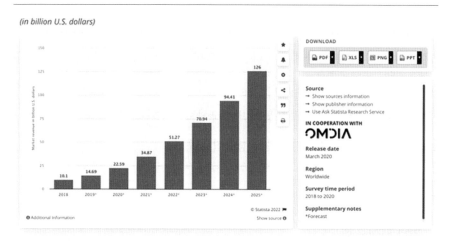

출처: 스태티스타

야후 파이낸스에 따르면 클라우드 컴퓨팅 시장은 2026년까지 매년 16.3%씩 성장할 것으로 전망됩니다. 2021년 시장 규모는 4,453억 달러 규모였고 2026년에는 9,473억 달러 규모로 성장할 것으로 보입니다.

국제에너지기구International Energy Agency는 2030년에는 전기 차량 대수가 1억 4,500만 대에 달할 것이라고 전망했습니다. 바이든 행정부가 최근에 통과시킨 인플레이션 감축 법안에는 전기차 구매 시 7,500달러에 달하는 세액 공제 내용이 포함되어 있습니다.[7] 이 때문에 전기차 보급은 더욱 가속화할 것으로 보입니다.[8]

세계적인 컨설팅 기업 PWC는 메타버스 시장이 2021년 1,485억 달러에서 2030년 1조 5,249억 달러 규모로 성장할 것으로 전망했습니다.[9]

높은 배당 성향

주식 용어 중에 '배당 성향Payout Ratio'이라는 말이 있습니다. 기업이 벌어들인 순수익에서 얼마만큼이나 주주들에게 배당하는지 보여주는 지표입니다. 우리나라 기업들의 배당 성향은 20%가 채 되지 않습니다. 기업이 순수익 100만 원을 벌면 20만 원밖에 배당하지 않는다는 뜻입니다. 반면 미국 기업들의 배당 성향은 40%에 달합니다. 미국 기업들은 배당에 그치지 않고 자사주 매입도 적극적으로 합니다. 회사가 자기 주식을 사들이면 시장에서는 주가가 저평가되어 있다는 신호로 받아들입니다. 그 결과 주가는 상승합니다.

기업 지배구조

한국 기업들은 아직도 취약한 지배구조governance를 가진 경우가 많습니다. 기업의 주인은 주식을 가지고 있는 주주이기 때문에 주주의 이익을 극대화하는 방향으로 기업이 운영되어야 합니다. 그러나 우리나라 기업들은 주주보다는 오너 일가의 이익을 극대화하는 방향으로 종종 운영됩니다.

대표적인 예가 자신의 친인척들에게 일감을 몰아주는 내부 거래입니다. 현금을 증여할 경우 증여세가 발생하니 친인척이나 자식들이 세운 회사에 일감을 몰아주는 방식으로 지원하는 것입니다. 이와 같은 내부 거래는 기업의 비효율성을 증가시키기 때문에 기업 가치를 훼손시키고 결국 주가에 반영됩니다. 우리나라 공시 대상 기업 중 내부 거래 비중은 전체 매출의 10%를 넘어서고, 총수가 있는 기업일수록 내부 거래 비중이 현격히 증가합니다.

한국에서는 CEO의 잘못된 판단을 제어하고 주주들의 이익을 챙기기 위해 만들어진 사외이사 자리가 CEO와 친한 사람들로 채워지곤 합니다. 이로 인해 CEO의 의사결정에 반대 의견을 내는 일은 거의 없고 거의 허수아비 같은 역할만 하는 실정입니다. 실제로 《파이낸셜타임스Financial Times》의 조사에 따르면 현재 사외이사들은 경영진 의견에 99.7%로 찬성하며 거수기 역할에 머물고 있는 실정이라고 합니다.

2022년 1월, LG화학이 핵심 사업 부문인 배터리 사업만 따로 때어내서 IPO주
식시장에 상장를 하고자 했을 때 주주들의 이익을 대변해야 할 사외이사진이 적극적
으로 반대했는지 의문입니다. 배터리 사업 부문만 똑 때어내어 주식시장에 상장
시키면, 기존 LG화학의 기업 가치를 떨어뜨리기 때문에 기존 주주들에게는 크나
큰 손실입니다. 오너 일가들의 경우 주가 하락보다는 새롭게 생기는 자회사의 의
결권 확보가 더 중요하기 때문에 소액 주주들이 피해 보는 물적 분할을 서슴지 않
고 진행합니다. 미국 주식시장에서는 상상도 할 수 없는 일입니다.

마지막으로 창업자가 CEO 자리를 자식들에게 물려주는 것도 우리나라에서
는 당연하게 받아들여집니다. 하지만 미국에서는 기업을 가장 잘 운영할 수 있
다고 믿어지는 사람에게 회사 경영을 맡깁니다. 마이크로소프트의 빌 게이츠Bill
Gates가 경영 일선에서 물러났을 때, 자식에게 CEO 자리를 물려주지 않고 오랫동
안 같이 근무한 스티브 발머Steve Ballmer를 선택했습니다. 워런 버핏Warren Buffett도
자녀에게 경영권을 물려주지 않고 그레그 아벨Greg Abel 버크셔해서웨이 에너지사
업부 CEO에게 승계할 계획입니다.

손주부의 TIP

물적 분할

새로운 회사를 만드는 형태 중 하나로 회사의 한 사업 부문을 똑 잘라내어 새로운 회사를 설립
하는 방식입니다. 이때 새로 생긴 자회사의 지분을 모회사가 100% 보유하게 됩니다. 여기까지
는 미국에서도 가능한 기업 분할 방법입니다. 하지만 우리나라는 여기서 한발 더 나아가서 자회
사를 주식시장에 상장시킬 수도 있습니다. 이렇게 되면 자회사가 다른 투자자에게 팔려가는 꼴
이기 때문에 기존 모회사 주주들에게 손해가 발생합니다.
예컨대 LG 화학의 많은 소액 주주가 배터리 사업 부문을 보고 투자했습니다. 그런데 배터리 사
업 부문만 똑 잘라내어 LG에너지솔루션이란 이름으로 상장시켰습니다. 모회사인 LG화학의 주
가는 폭락했습니다. 2021년 1월 주당 100만 원 하던 LG화학의 주가는 2022년 8월 12일 기준
으로 66만 5,000원에 거래되는 수준입니다.

한국 우량주에 10년 투자해서
얼마나 벌었을까?

주식 투자 전문가들이 하는 말 중 하나가 "우량주에 장기 투자를 하면 돈을 번다"는 것입니다. 그래서 타임머신을 타고 10년 전으로 돌아가 한국의 우량주를 매입해서 지금까지 보유했다면 얼마나 벌었을지 계산해보았습니다. 투자 원금은 총 1억 원이고 2012년 기준 코스피 시총 1위부터 10위까지 종목별 1,000만 원

2012년과 2022년의 국내 주식시장 시총 10대 기업 주가 변화

시총 순위	회사명	주당 가격(원)		주가 차익	수익률	현재 금액
		2012. 8. 10.	2022. 8. 9.			
1	삼성전자	26,960	60,000	33,040	123%	22,255,193
2	현대차	247,000	193,500	-53,500	-22%	7,834,008
3	POSCO	385,000	246,000	-139,000	-36%	6,389,610
4	현대모비스	315,000	223,500	-91,500	-29%	7,095,238
5	기아차	78,800	81,500	2,700	3%	10,342,640
6	LG화학	324,500	671,000	346,500	107%	20,677,966
7	현대중공업	222,663	91,000	-131,663	-59%	4,086,894
8	신한지주	36,950	36,150	-800	-2%	9,783,491
9	한국전력	24,150	21,900	-2,250	-9%	9,068,323
10	삼성생명	96,200	62,400	-33,800	-35%	6,486,486
					Total	104,019,849

출처: Google 금융

씩 분산투자를 했다고 가정했습니다.

10년 전 시가총액 순위를 보면 당시 우리나라의 주요 산업을 알 수 있습니다. 당시는 '차화정'의 시대였습니다. 현대자동차와 기아자동차는 세련된 디자인과 가성비로 세계에서 인정받기 시작했습니다. 화학 기업들도 잘나갔습니다. 일본에 큰 지진이 발생해 우리 기업들이 반사이익을 얻기도 했습니다. 철강과 조선업도 주식시장에서 큰 비중을 차지했습니다.

시총 상위 10개 업체 중 플러스 수익을 기록한 곳은 3곳뿐이었습니다. 삼성전자에 투자한 1,000만 원은 2,225만 원이 되어 있었지만, 현대중공업에 투자한 1,000만 원은 409만 원으로 줄어 있었습니다. 10개 업체 수익을 합산한 최종 결과는 1억 400만 원으로 CAGRCompound Annual Growth Rate, 연평균 수익률이 0.39% 정도 되는 수익이 발생했습니다. 물가 상승률을 고려하면 수익이 났다고 보기도 힘든 수준입니다(단 자본 이익Capital Gain만 감안한 결과입니다).

미국 우량주에 10년 투자해서 얼마나 벌었을까?

미국 우량주에 10년간 투자했다면 어떤 결과가 나왔을지 살펴보겠습니다. 총 투자 금액은 1억 원이며 2012년 당시 시총 1위부터 10위까지 1,000만 원씩 투자했다고 가정했습니다.

2012년과 2022년의 미국 주식시장 시총 10대 기업 주가 변화

시총 순위	회사명	주당 가격(달러)		주가 차익	수익률	현재 금액
		2012. 8. 10.	2022. 8. 9.			
1	애플	22.20	164.92	142.72	643%	74,288,288
2	엑슨모빌	88.44	90.59	2.15	2%	10,243,103
3	MSFT	30.42	282.30	251.88	828%	92,800,789
4	IBM	190.53	129.47	-61.06	-32%	6,795,255
5	쉐브론	113.55	155.41	41.86	37%	13,686,482
6	GE	162.31	74.93	-87.38	-54%	4,616,475
7	구글	16.07	116.63	100.56	626%	72,576,229
8	월마트	73.68	128.87	55.19	75%	17,490,499
9	버크셔	127,175.00	440,057.75	312,882.75	246%	34,602,536
10	AT&T	28.32	18.10	-10.22	-36%	6,391,243
					Total	333,490,899

출처: CNN Business[10]

결과는 놀라웠습니다. 국내 우량주는 1억을 투자하면 10년 뒤에 1억 400만 원이 되었는데, 미국 주식은 3억 3,349만 원이 되어 있었습니다. CAGR도 12.8%로 한국의 0.39%보다 12.4%나 높았습니다. 특히 애플, 마이크로소프트, 구글과 같은 빅테크 기업은 10년 동안 주가가 각각 643%, 828%, 626% 상승했습니다.

미국 우량주는 10년간 하락한 주식이 IBM과 GE, AT&T 이렇게 3곳 밖에 되지 않았습니다. 하지만 이들 기업의 높은 배당 수익까지 감안한다면 실제로 손실이 난 주식은 GE밖에 없었습니다.

손주부의 TIP

시가총액 Market Capitalization
시가총액이란 발행된 주식의 총가격을 말합니다. 계산식으로 나타내면 Market Cap시가총액 = Price주가 × Outstanding Shares발행 주식 수입니다. 예를 들어 A라는 회사의 현재 주가가 100달러이고 발행된 주식 수가 1만 주라면 시가총액은 100만 달러가 됩니다.
미국에서는 편의상 시가총액 규모에 따라서 다음과 같이 정의합니다.

- 메가캡Mega-cap: 시가총액 2,000억 달러240조 원 이상
- 라지캡Large-cap: 100억~2,000억 달러12조~240조 원
- 미드캡Mid-cap: 20억~100억 달러2.4조~12조 원
- 스몰캡Small-cap: 3억~20억 달러3,600억~2.4조 원
- 마이크로캡Micro-cap: 5,000만~3억 달러600억~3,600억 원
- 나노캡Nano-cap: 5,000만 달러600억 원 미만

위에서 언급한 금액은 고정되지 않으며 세월이 흐르면서 변동될 수 있습니다. 메가캡 회사들은 2022년 8월 12일 기준으로 전 세계에 48개 있고 이 중 미국 기업은 32개입니다. 1위는 애플, 2위는 사우디아라비아의 정유 회사 아람코, 3위는 마이크로소프트, 4위는 구글, 5위는 아마존입니다. 2022년 상반기에 유가가 폭등하면서 아람코가 잠깐 1위를 차지하기도 했습니다.

미국 주식시장

미국 주식시장은 크게 3종류가 있습니다.

① 뉴욕증권거래소NYSE: 시가총액으로만 따지면 세계 최대 규모의 증권거래소입니다. 상장을 위해서는 여러 가지 까다로운 조건을 충족해야 합니다. 전통적 우량 기업들이 많이 상장되어 있습니다. 뉴욕증권거래소는 'Big Board'라는 별명을 가지고 있습니다. 버크셔해서웨이, 나이키, 3M, 비자, 월마트, JP모건 등이 상장되어 있으며 우리나라의 포스코, KT, 쿠팡 등도 상장되어 있습니다.

② 나스닥증권거래소NASDAQ: 두 번째로 큰 주식시장으로 뉴욕증권거래소보다는 상장 조건이 관대한 편입니다. 그래서 대한민국 국민이 좋아하는 기술주 및 벤처기업이 많이 상장되어 있습니다. 우리가 잘 알고 있는 마이크로소프트와 애플, 구글 등이 나스닥에 상장되어 있고 국내 제약 바이오 기업인 녹십자와 유한양행 등이 연구에 필요한 자금을 확보하고 기업 이미지를 높이기 위해 나스닥 상장을 추진 중입니다.[11]

③ 아메리카증권거래소AMEX: 아메리카증권거래소도 뉴욕에 있습니다. 상장하기 위한 조건이 까다롭지 않아서 중소기업들이 많이 상장되어 있습니다. 아울러 아메리카증권거래소는 옵션 거래가 활발하게 이루어지는 거래소입니다.

미국 대표 지수

우리나라에 코스피 지수와 코스닥 지수가 있듯이 미국에도 여러 지수가 있는데 대표적인 것이 3가지입니다.

① 다우존스 지수 Dow Jones Industrial Index: 뉴욕증권거래소에 상장된 기업 중에서 우량한 기업 30개를 뽑아서 산출한 주가지수입니다. 아무래도 대표하는 기업의 수가 다른 지수에 비해 적다 보니 대표성이 떨어진다는 약점이 있습니다. 하지만 1884년에 처음 발표된 가장 오래된 주가지수이기 때문에 아직도 많이 사용되며 상징성이 큽니다.

② 나스닥 지수NASDAQ Composite Index: 나스닥거래소에 상장된 3,000여 개 기업들의 보통주를 가중평균으로 산출한 주가지수입니다. 나스닥 주요 기업 100개를 모아놓아 만든 지수는 나스닥 100NASDAQ 100이라고 부릅니다. 1971년에 시작되었고 애플, 마이크로소프트, 구글과 같은 빅테크 기업이 나스닥 지수에 포함됩니다.

③ S&P500 지수S&P500 Index: 미국의 신용 평가 회사 S&PStandard&Poor's에서 만든 지수로 산업 섹터별로 대표성을 갖는 500개 회사를 표본으로 만들었습니다. 처음 소개된 것은 1957년이지만 공식적으로 기준 지수 100을 잡고 시작한 것은 1982년입니다. 역사적으로 S&P500의 연평균 수익률은 10% 정도 되기 때문에 워런 버핏은 가족들에게 자신이 죽으면 S&P500을 추종하는 ETF에 투자하라는 말을 남기기도 했습니다.

미국 주식에 30년 동안
투자하면?

장기 투자의 무서움

주식 투자를 하면서 꼭 피해야 할 것 중 하나가 '빨리 부자가 되고자 하는 성급한 마음'인 것 같습니다. 부자가 되고자 하는 성급한 마음은 너무 높은 수익률을 추구하도록 만들고, 성급한 마음은 연간 수익률 10%가 아닌 100%짜리 종목을 찾아 헤매도록 이끕니다.

앞에서 설명한 바와 같이 미국 시총 순위 톱 10에 투자하면 연간 12.8% 정도의 수익을 올릴 수 있습니다. 12.8%의 수익률은 1억 원을 10년 뒤에 3억 3,000만 원으로 불려줍니다. 3억 3,000만 원으로는 노후 준비하기에 턱도 없다고요?

하지만 10년이 아니라 20~30년을 투자하면 상황이 다릅니다. 처음에 투자한 1억은 20년 뒤에 11억 1,000만 원으로 증가하고, 30년 뒤에는 37억 원으로 불어납니다. 즉 연간 12.8% 정도의 수익만 올려도 30년 뒤에 원금은 37배로 증가합니다. 심지어 60년 뒤에는 1,376배로 증가합니다. 복리가 이만큼 무섭습니다.

예를 들어 아이들이 태어났을 때 2,000만 원증여세 면제 구간어치 미국 우량 주식을 물려주면 아이가 정년퇴직하는 60세에 275억 원2,000만 원 × 1,376배을 찾을 수 있습니다.

여기까지 글을 읽고 나면 이런 질문을 하는 독자도 있을 것 같습니다. "앞으로 수익률은 어떻게 될지 아무도 모르지 않습니까?"

틀린 질문은 아닙니다. 하지만 이에 대한 증명은 미국 주식시장의 오랜 역사가 해줍니다. 미국의 대표적 주가지수인 S&P500은 1926년에 시작되었습니다. 1926년부터 2021년까지 S&P500의 연평균 수익률은 10.49%입니다. 매년 10.49%의 수익만 챙겨도 30년 뒤에는 투자 금액이 20배, 60년 뒤에는 400배로 불어났습니다. 자녀가 태어났을 때 2,000만 원만 S&P500 지수 추종 ETF로 물려주어도 자식이 은퇴할 나이인 60세가 되었을 때는 80억 원으로 불어 있게 됩니다.

어떤 분들은 미래 80억 원의 가치는 지금의 가치보다 훨씬 낮지 않겠냐고 말할 것입니다. 인플레이션을 고려하면 당연한 지적입니다. 하지만 과학 기술이 발전하면 할수록 생산성productivity이 향상되고 제조 비용이 떨어지기 때문에 물가 인상 속도는 주식 가치의 상승 속도보다 빠르지 않습니다.

예를 들어보겠습니다. 앞에서 설명했듯이 S&P500에 투자를 하면 30년 뒤에 20배가 올랐습니다. 그렇다면 우리나라 대표적인 국민 과자인 새우깡과 롯데월드 자유 이용권의 가격은 30년간 얼마나 올랐을까요? 똑같이 20배가 올랐을까요?

1992년에 새우깡의 가격은 300원, 롯데월드 자유 이용권 가격은 1만 3,000원이었습니다. 30년이 지난 2022년에 새우깡 가격은 1,400원, 자유 이용권은 6만 2,000원이 되었습니다. 즉 30년 동안 주식의 가치가 20배 오를 동안 물가는 5배 정도 오른 셈입니다.

지금까지 살펴본 바와 같이 투자 기간이 길어지면 길어질수록 복리 효과 때문에 원금은 기하급수적으로 증가함을 알 수 있었습니다. 이러한 사실을 염두에 두면 절약하는 소비 습관도 기를 수 있습니다. 지금 내가 시켜 먹은 2만 원짜리 치킨을 주식에 투자한다면 30년 뒤에는 40만 원, 60년 뒤에는 800만 원으로 변할 수 있으므로 1,000원 한 장도 허투루 쓸 수 없게 됩니다.

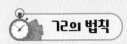

조금 더 알아봅시다!

72의 법칙

많은 사람이 빨리 부자가 되고 싶어 합니다. 그리고 지금 투자한 돈이 얼마나 빨리 불어날지 궁금해합니다. 예를 들어 보겠습니다. 투자하고자 하는 주식의 과거 연평균 수익률이 7%라면, 언제 즈음 투자 원금이 2배로 불어날까요? 공학 계산기로 계산하거나 컴퓨터 엑셀로 계산할 수도 있지만 초등학교 수준의 산수 실력만 있으면 바로 계산할 방법이 있습니다.

투자 원금의 2배가 되는 데 걸리는 시간을 손쉽게 계산하려면 72의 법칙을 사용하면 됩니다. 식은 다음과 같습니다.

> 72 ÷ 연평균 수익률 = 2배가 되는 데 걸리는 시간

72의 법칙은 연평균 수익률을 그냥 나누기만 하면 됩니다. 위 예시의 경우 7% 연수익의 주식은 원금이 2배가 되기까지 약 10년이 소요됩니다 72 ÷ 7 = 10.3년.

그런데 투자자 A는 빨리 부자가 되고 싶었고 10년을 도저히 기다릴 수 없을 것 같았습니다. A는 10년이 아니라 3년 만에 원금을 2배로 불리고 싶었습니다. 그렇다면 3년 만에 원금을 2배로 불리기 위해 필요한 연평균 수익률은 어떻게 될까요? 다음의 식을 사용해서 계산하면 됩니다.

> 72 ÷ 2배가 되는데 걸리는 시간 = 연간 수익률

A는 3년 안에 1억 원을 2억 원으로 불리고 싶으므로 72 ÷ 3년 = 24%, 즉 매년 24%의 수익률이 필요한 것입니다.

02

시작하기 전
알아야 할
최소한의 지식

$$

01 PER·PBR·ROE·ROA·EPS 이게 다 뭔가요?

주식, 뭘 보고 사시나요?

여러분은 주식을 살 때 무엇을 보고 사십니까? 이번에는 기업 가치를 보여주는 가장 기본적인 지표 5가지를 배워보고자 합니다. 향후 재무제표를 읽어보는 시간에 좀 더 자세히 설명할 예정이니 지금 이해가 잘 안 되더라도 너무 실망하지 마시고 한번 쭉 읽어보시기 바랍니다.

일상생활의 다른 예를 하나 들어보죠. 여러분은 겨울옷을 살 때 어떻게 구매하시나요? 저는 겨울옷을 살 때 소재를 주로 봅니다. 옷이 저렴하다고 무작정 사지는 않습니다. 옷이 싼 경우에는 대개 합성섬유의 비율이 높아서 보풀이 잘 생기기 때문입니다.

옷의 주요 기능 중 하나가 보온인 것처럼 기업의 주요 기능 중 하나는 보유 자산을 활용해 돈을 버는 것입니다. 따뜻한 옷을 사기 위해 우리는 울이나 캐시미어가 얼마나 함유되어 있는지 확인합니다. 주식 또한 좀 더 좋은 수익률을 안겨줄 주식을 찾기 위해 주식의 울과 캐시미어를 볼 줄 알아야 합니다. 하지만 대부분의 사람은 주변의 말만 듣고 주식 투자를 시작합니다. 스스로 재무제표를 보고 여러 지표를 해석할 수 있게 된다면 타인의 말에 휩쓸리지 않고 투자에 적합한 기업을 잘 골라낼 수 있을 것입니다. 마치 울 함량이 높은 옷이 겨울에 따뜻하다는

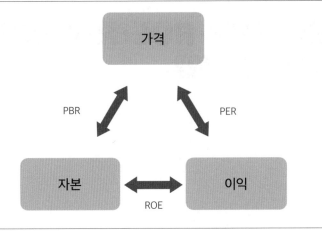

사실을 알 수 있는 것처럼 말이죠.

본격적으로 재무제표를 읽고 해석하는 방법을 배우기 전에 위의 그림을 일단 머리에 암기해두세요. 이해가 되지 않아도 그냥 일단 외우시면 됩니다.

맨 위에 가격이 있고 밑에 자본과 이익이 있습니다. 이렇게 3가지 용어가격, 자본, 이익를 활용하면 기업 가치 평가에 가장 기본적인 지표 3가지를 먼저 도출할 수 있습니다.

ROE

첫 번째로 ROE를 계산할 수 있습니다. 기업이 투자한 자본으로 얼마만큼의 이익을 발생시켰는지를 확인하는 지표가 ROE입니다. 쉽게 이해할 수 있도록 예를 들어보겠습니다.

치킨집을 차렸는데 투자 자본 2억 원으로 연 수익 1억 원을 내는 것과 투자 자본 10억 원으로 연 수익 1억 원을 내는 것은 크나큰 차이가 있습니다. 똑같이 1억 원을 벌더라도 투자 자본이 작은 2억 원으로 1억 원을 버는 것이 훨씬 낫습니다. 이처럼 투자 자본 대비 이익을 보여주는 것이 ROE입니다.

ROE는 '이익 ÷ 자본'으로 구합니다. 식에서 알 수 있듯이 분자의 이익이 커질수록 ROE가 커집니다. 혹은 분모의 투자 자본이 작아져도 ROE 값은 커집니다. 위 치킨집 예시를 보면 2억 원으로 창업한 사람의 ROE는 50%이고 10억 원으로 창업한 사람의 ROE는 10%이므로, 2억 원으로 창업한 사람의 ROE가 훨씬 큽니다.

2021년 1월 12일 《코리아헤럴드》 기사를 보면 코스피 평균 ROE는 7.28%인 반면, S&P500 평균 ROE는 23.1%입니다. 여기서 미국 주식을 해야 하는 또 다른 이유를 찾았습니다. 10억 원을 투자해서 코스피는 7,280만 원을 벌고 S&P500은 2억 3,100만 원을 법니다. 미국 주식이 한국보다 약 3~4배 정도 되는 수익을 얻고 있다는 뜻입니다.

PBR

치킨집을 차릴 때 2억 원을 투자해서 차렸다고 해서 나중에 팔 때도 2억 원에 파는 것이 아닙니다. 만약 장사가 잘되었다면 4억 원에 팔 수도 있고, 반대로 장사가 잘 안되었다면 손해를 보면서 1억 원에 팔 수도 있습니다. 이처럼 내가 치킨집 투자할 때 든 2억 원자본 대비 시장에서 인정해주는 치킨집 가격시가총액을 나타낸 지표가 PBR입니다.

요약하자면 기업이 보유한 자본 대비 가격시가총액이 얼마나 큰지 PBR을 통해 확인합니다. 치킨집을 내 돈 2억 원 투자해서 차렸는데 장사가 너무 잘되어 시장에서 치킨집의 가격을 4억 원에 쳐주면 PBR은 '가격 ÷ 자본 = 4억 원 ÷ 2억 원 = 2가 됩니다.

내가 치킨집 차릴 때 투자한 자본과 시장에서 인정해주는 치킨집 가격이 동일하면 PBR은 1이 됩니다. 따라서 PBR 값이 1보다 크면 시장에서 치킨집을 고평가하고 있다는 뜻이고, 1보다 작으면 저평가하고 있다는 뜻입니다.

2022년 7월 말 기준 코스피 평균 PBR은 0.97이고, 2022년 8월 19일 기준 미국 S&P500의 경우 4.2 입니다. 미국 기업들이 우리나라 기업보다 4배 정도 고평가되어 있습니다. 우리나라 코스피에 상장된 기업 중에 중소형주들은 PBR이 1도 안 되는 저평가된 기업들이 많습니다.

PER

치킨집을 4억 원에 매수했다고 가정할 때, 연간 순이익으로 투자 자본 4억 원을 회수하려면 몇 년이 걸리는지 확인하는 지표입니다. 예컨대 치킨집 투자 자본이 4억 원인데 순이익이 1억 원이면 PER는 4이고 투자 자본 4억 원을 회수하는데 4년이 걸린다는 뜻입니다.

PER는 '가격 ÷ 이익'으로 구합니다. PER이 10이라는 의미는 기업의 10년치 이익을 더하면 기업의 가격시가총액이 된다는 뜻입니다. PER은 산업마다 편차가 심합니다. 테슬라Tesla와 같은 성장주는 PER이 높고, 뱅크오브아메리카Bank of America 와 같은 은행주들은 PER이 굉장히 낮은 편입니다.

EPS

지금까지 가장 기본적인 지표 3가지 ROE·PBR·PER를 배웠습니다. 여기에 추가로 2가지 지표를 더 익히면 좋습니다. 그중 하나가 EPS입니다.

EPS는 한국말로 주당순이익Earnings Per Share입니다. '한 주가 벌어들이는 이익이 얼마'라는 뜻입니다. EPS는 '이익 ÷ 주식 수'로 구할 수 있습니다. EPS 식에서 알 수 있듯이 EPS를 늘리는 방법은 이익을 늘리거나 주식 수를 줄이는 것입니다.

기업이 잉여 현금을 활용해서 자기 주식을 스스로 사들이는 이유가 EPS에 있습니다. 주식을 사들여서 시장에 유통되는 주식 수를 줄이면 회사의 이익을 나누는 사람의 숫자가 줄어들어 주가가 오르는 경향이 있습니다. 쉽게 이해를 돕도록 4인 가족이 피자 한 판을 시켰다고 가정해볼까요. 원래 4명이 나누어 먹을 계획이었는데 피자 배달을 기다리다 2명이 먼저 잠들었다면 깨어 있는 2명의 몫은 자연스레 2배가 되는 것과 같습니다.

ROA

마지막 남은 지표는 ROA입니다. 위에서 배운 ROE가 자본 대비 이익이라면, ROA는 자산 대비 이익을 보여줍니다. 자본, 자산 등은 어렵게 들리지만 예를 들어 살펴보면 쉽게 이해될 겁니다.

예컨대 치킨집을 처음 차릴 때 2억 원이 든다고 가정해 봅시다. 2억짜리 치킨집을 내 돈만으로 창업할 수도 있지만 은행에서 대출을 받아 살 수도 있습니다. 2억짜리 치킨집을 내 돈 1억 원에 대출 1억 원 끼고 샀다면, 치킨집 자산은 2억 원이라고 합니다. 여기서 내 돈 1억은 자본, 은행 돈 1억은 부채라고 합니다.

즉 자산은 치킨집의 전체 가격을 보여주고 자본과 부채는 내 돈과 은행 돈이 얼마나 들어갔는지 보여줍니다. 이를 식으로 환산하면, 자산2억 원 = 자본1억 원 + 부채1억 원입니다. 쉬운 말로 풀어쓰면 2억 짜리 치킨집은 내 돈 1억 원과 은행 돈 1억 원으로 이루어져 있다는 뜻입니다. 이 치킨집의 연간 순수익이 5,000만 원이라면 ROA는 5,000만 원순이익 나누기 2억 원자산으로 구하고 ROE는 5,000만 원순이익 나누기 1억 원자본으로 구합니다. 치킨집의 ROA는 25%이고 ROE는 50%입니다.

식으로 정리하면 'ROA = 이익 ÷ 자산'이고, 'ROE = 이익 ÷ 자본'입니다.

P/S ratioPSR

앞서 설명한 PERP/Eratio은 기업의 이익 대비 시가총액시장에서 인정해주는 치킨집 가격이 얼마나 큰지를 보여줍니다. 하지만 생긴 지 얼마 되지 않은 기업들의 경우 이익이 낮거나 심지어 적자인 경우가 많기 때문에 PERP/E ratio을 이용해서 기업 가치를 보여줄 수 없습니다. 예컨대 테슬라는 2020년이 되어서야 흑자를 내기 시작했기 때문에, 2020년 이전에는 PER을 표시할 수 없었습니다. 테슬라와 같은 성장주뿐만 아니라 경제 상황에 따라 매출의 편차가 큰 경기 순환주도 PER로 기업의 가치를 평가하기에 무리가 있어서 PSRP/S ratio을 사용합니다. PSR은 현재 주가를 1주당 매출액을 나타내는 주당 매출로 나눈 값입니다. '주가 매출액 비율'로 불리는데 기준을 순이익이 아닌 매출액으로 삼는 것이 특징입니다.

경기 순환주Cyclical Stocks와 경기 방어주Defenisve Stocks

경기에 따라서 회사 매출이 크게 늘기도 하고 줄기도 합니다. 그에 따라 경기 민감주와 경기 수혜주 또는 경기 주도주를 구분할 수 있습니다. 대표적인 예로 여행, 숙박, 항공, 영화, 엔터테인먼트 등이 있습니다. 사람들은 경기가 좋아서 주가도 오르고 돈을 많이 벌면 해외여행도 가고 영화관에도 가고 삶을 즐기기 위한 곳에 지출을 늘리게 됩니다.

반대로 경기가 나빠지면 삶에 꼭 필요한 것을 제하고 여행, 영화, 엔터테인먼트 등과 관련된 지출을 줄이게 됩니다. 대신 식음료, 통신, 전기 같은 필수적인 요소에는 지출을 계속합니다. 이처럼 경기와 상관없이 매출이 꾸준하게 발생하는 기업들을 경기 방어주라고 부릅니다.

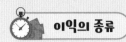

조금 더 알아봅시다!

이익의 종류

기업 관련 뉴스나 재무제표를 읽다 보면 수많은 이익을 만나게 됩니다. 매출총이익, 영업이익, 당기순이익 등등. 이런 말을 들을 때마다 머리가 지끈거립니다. 나중에 따로 자세하게 설명할 예정이니 여기서는 기초적인 개념만 정리하고 가겠습니다.

제가 좋아하는 치킨집 이야기를 다시 떠올려봅니다. 치킨집을 운영하면 여러 비용이 듭니다. 염지 된 닭도 있어야 하고 기름도 있어야 합니다. 완성된 치킨을 포장할 종이 상자도 필요합니다. 만들어놓았다고 해서 팔리는 것도 아닙니다. '배달의민족' 앱에서 검색 결과 상단에 노출되도록 광고비도 내야 하고, 아파트 단지 내에 전단지도 돌려야 합니다. 수도비, 전기요금과 같은 각종 공과금과 은행에 대출 이자도 매달 내야 합니다. 그리고 맨 마지막으로 정부에 세금을 내야 합니다.

매출총이익은 매출에서 매출원가를 뺀 이익입니다. 여기서 매출원가는 완성된 치킨을 만들기 위해 들어간 직접적인 비용입니다. 염지된 닭과 기름, 종이 상자 등이 여기에 포함됩니다.

영업이익은 매출총이익에서 판매관리비 및 일반관리비를 뺀 금액입니다. 매달 나가는 광고비, 전기요금, 가스비, 배달비 등이 여기에 들어갑니다.

당기순이익은 영업이익에서 영업외비용은행 대출 이자 등을 제하고 세금까지 내고 남은 순수익입니다.

02 ▶ PER의 최대 약점

PER만 보고 투자해도 될까?

퇴직하고 떡볶이 가게를 알아보고 있다고 가정해봅니다. 두 군데 가게를 찾았습니다.

> A는 가게 가격이 1억 원이고 연간 순이익이 5,000만 원PER=2
>
> B는 가게 가격이 1억 원이고 연간 순이익이 4,000만 원PER=2.5

그렇다면 어떤 가게를 선택해야 할까요? 아마도 A를 선택하는 것이 옳아 보입니다.

하지만 얼마 뒤 다음과 같은 소식을 접하게 됩니다. B가게 바로 앞에 대규모 아파트 단지와 더불어 중고등학교가 들어선다는 것입니다. 그렇다면 어떤 떡볶이 가게를 선택하는 것이 맞을까요? 미래 성장 가능성이 높은 B를 선택하는 것이 옳아 보입니다.

이처럼 PER만으로 기업의 가치를 평가하고 판단하는 것에는 크나 큰 문제점이 있습니다. PER은 기업 미래 성장성이 반영되지 않은 지표이기 때문입니다. 앞선 예에서 떡볶이 가게를 선택해야 할 때 PER만 보면 A를 선택하는 것이 맞지만,

미래 성장성을 감안하면 인근에 학교와 아파트가 들어서는 B를 선택하는 것이 옳습니다.

PER의 단점을 보완하기 위해 나온 지표가 바로 PEGPrice Earnings to Growth ratio, 주가성장수익비율입니다. PER에다가 연간 주당순이익EPS이 얼마나 빠른 속도로 증가하는지를 나누어 주면 PEG가 나옵니다. PEG 값도 작으면 작을수록 주가가 저평가되어 있다는 뜻입니다.

> PEG = PER ÷ 주당순이익 증가율

예를 들어보겠습니다. 테슬라의 PER는 8월 23일 기준 104.66에 형성되어 있습니다. 테슬라가 지난 1년간 벌어들인 순이익을 104년 동안 모으면 지금 테슬

테슬라와 버라이즌의 PER 비교

Tesla, Inc. (TSLA)
NasdaqGS - NasdaqGS Real Time Price. Currency in USD
☆ Add to watchlist

889.36 +19.62 (+2.26%) **889.75** +(
At close: 04:00PM EDT   After hours: 08:00P

Summary Chart Conversations **Statistics** Historical Data

Verizon Communications Inc. (VZ)
NYSE - NYSE Delayed Price. Currency in USD
☆ Add to watchlist

43.47 -0.70 (-1.58%) **43.50** +0.03 (+
At close: 04:00PM EDT   After hours: 07:59PM EDT

Summary Chart Conversations **Statistics** Historical Data

Valuation Measures[4]

Market Cap (intraday)	908.43B
Enterprise Value	896.18B
Trailing P/E	104.66
Forward P/E	74.07
PEG Ratio (5 yr expected)	2.07
Price/Sales (ttm)	14.81
Price/Book (mrq)	24.97
Enterprise Value/Revenue	13.34
Enterprise Value/EBITDA	62.54

Valuation Measures[4]

Market Cap (intraday)	182.56B
Enterprise Value	356.27B
Trailing P/E	8.73
Forward P/E	8.40
PEG Ratio (5 yr expected)	5.26
Price/Sales (ttm)	1.35
Price/Book (mrq)	2.12
Enterprise Value/Revenue	2.65
Enterprise Value/EBITDA	7.56

출처: 야후 파이낸스

라의 시가총액이 된다는 의미입니다. 반면 안정적 배당주로 유명한 버라이즌의 PER은 같은 날 8.73에 형성되어 있습니다.

PER만 보면 테슬라는 너무 고평가되어 있고 버라이즌은 저평가되어 있는 것 같습니다. 하지만 미래 실적이 얼마나 빨리 증가할지를 감안하면 이야기는 달라집니다. 향후 5년간의 미래 성장 속도를 감안한 PEG 기준으로 보았을 때 테슬라는 2.07이고 버라이즌은 5.26입니다. 즉 테슬라가 버라이즌보다 더 저평가된 것으로 계산됩니다.

전설적인 투자자 피터 린치Peter Lynch는 PEG를 활용하여 투자한 것으로 유명합니다. 그는 PEG값이 0.5 아래일 때 매수하고 1.5가 넘어가면 매도하라고 말했습니다. 피터 린치의 관점에서 보았을 때 테슬라와 버라이즌 모두 다소 고평가된 상태임을 알 수 있습니다. 테슬라에 지금 당장 들어가는 것보다는 조금 기다려보는 것이 좋을 듯합니다.

조금 더 알아봅시다!

너무나도 다양한 PER의 종류

주린이 딱지를 벗기 위해 여러 주식 관련 자료들을 찾다 보면 P/E 뒤에 TTM, FWD, Trailing 등 수많은 단어가 추가로 붙어 있음을 알 수 있습니다.

P/E TTM, P/E FWD, Trailing P/E, Forward P/E, P/E GAAP, P/E Non-GAAP

이 수많은 P/E를 보고 있자니 머리가 터질 지경입니다. 하지만 사실 알고 보면 전혀 어렵지 않습니다.

앞서 설명한 바와 같이 PER은 주당순이익EPS을 사용해서 계산됩니다. 여기서 어떤 주당순이익을 사용하는지에 따라 크게 두 종류로 나뉩니다. 과거 12개월의 주당순이익을 사용하면, 'Trailing' 또는 'TTM' P/E라고 불리며 향후 12개월의 주당순이익 전망치를 사용하면 'Forward' 혹은 'FWD' P/E라고 불립니다.

두 번째로 P/E 뒤에 GAAP라고 붙은 것은 'Generally Accepted Accounting Principles'의 줄임말로 일반적으로 인정되는 회계 원칙에 따라 작성했다는 말입니다. 따라서 'Non-GAAP'는 일반적 회계 원칙을 따르지 않았다는 말입니다. 그런데 이게 무슨 소리일까요? 당연히 GAAP만 있어야 하는 것 아니냐는 생각이 들 수 있습니다. 사실 Non-GAAP가 있는 이유는 재무제표 작성 시 특별한 1회성 이벤트를 제외하기 위해서입니다.

예를 들어보겠습니다. 어떤 사람이 매달 300만 원씩 월급을 받는 직장인인데, 어느 날 로또에 당첨되어 10억 원을 받았습니다. 그렇다면 이 사람의 연봉은 얼마일까요? GAAP 기준에서 본다면 10억 원 더하기 3,600만 원 해서 10억 3,600만 원입니다. 하지만 Non-GAAP 기준에서는 1회성 이벤트인 로또를 제외한 3,600만 원입니다. 이처럼 일회성 이벤트를 제외해주기 때문에 회사의 전반적 추세를 볼 때 Non-GAAP를 더 많이 사용합니다.

왜 내 주식은 다른 주식보다
더 많이 떨어지죠?

우리는 지금까지 총 6가지 지표에 대해 배웠습니다. ROE, PBR, PER을 먼저 배웠고 여기서 파생된 EPS와 ROA에 대해 배웠습니다. 그리고 PER의 결점을 보완한 PEG에 대해서도 배웠습니다. 이번 시간에는 주식의 민감도를 보여주는 베타 값에 대해 배워보고자 합니다.

주식도 민감도가 있다

연애할 때는 마냥 행복하지만 결혼하고 나면 현실적인 일들로 부딪치기 시작합니다. 그중 하나가 집 안 청소입니다. 아내와 저는 더러움에 대한 민감도가 장소마다 다릅니다. 아내는 화장실이 더러워지는 것에 굉장히 민감하고 제 경우 책상위가 지저분해지는 것이 그렇습니다. 목마른 사람이 우물 판다고 화장실 청소는 아내가, 책상과 책장 정리는 제가 주로 합니다.

개별 주식들도 민감도가 있습니다. 민감한 주식은 주가지수가 하락할 때 화들짝 놀라 폭락합니다. 둔감한 주식은 주가지수가 하락해도 주가가 거의 떨어지지 않습니다. 그렇다고 둔감한 주식이 항상 좋다고 말할 수도 없습니다. 주가지수가 상승할 때 민감한 주식은 빨리 오르지만 둔감한 주식은 거의 오르지 않습니다.

이처럼 나스닥이나 S&P500 등 지수가 변동할 때 얼마나 민감하게 주가가 반응하는지 보여주는 지표가 있는데 이를 베타 계수 혹은 베타 값이라고 합니다. 베타 계수가 크면 클수록 주가가 민감하다는 뜻이고 '0'에 가까울수록 둔감하다는 뜻입니다.

아래 표는 야후 파이낸스에서 찾은 테슬라와 버라이즌의 베타 값입니다. 왼쪽은 테슬라의 베타 값2.18이고, 오른쪽은 버라이즌의 베타 값0.31입니다.

테슬라 베타 값 2.18의 의미는 주가지수가 10% 상승했을 때 테슬라 주가는 21.8%주가지수 10% × 베타 값 2.18 상승한다는 뜻입니다. 같은 방식으로 버라이즌 베타 값 0.31의 의미는 주가지수가 10% 상승할 때 버라이즌 주가는 3.1%주가지수 10% × 베타 값 0.31 상승함을 나타냅니다.

참고로 베타 값이 마이너스인 경우도 있습니다. 지수와 반대로 간다는 뜻이지요. 지수가 오르면 주가가 내리고 지수가 내리면 주가가 오르는 종목입니다. 대표적인 예가 '인버스inverse'라는 말이 붙은 투자 상품입니다. '인버스'라는 말이 붙은 ETF 상품은 수익이 지수와 반대로 움직입니다.

테슬라좌와 버라이즌우의 베타 값

Stock Price History		Stock Price History	
Beta (5Y Monthly)	2.18	Beta (5Y Monthly)	0.31
52-Week Change [3]	18.25%	52-Week Change [3]	-21.03%
S&P500 52-Week Change [3]	-10.40%	S&P500 52-Week Change [3]	-10.40%
52 Week High [3]	414.50	52 Week High [3]	55.51
52 Week Low [3]	206.86	52 Week Low [3]	43.22
50-Day Moving Average [3]	266.00	50-Day Moving Average [3]	47.53
200-Day Moving Average [3]	296.58	200-Day Moving Average [3]	50.76

출처: 야후 파이낸스

베타를 활용한 투자 방법

2022년은 투자자들에게 의미심장한 해가 될 것 같습니다. 미국 연방준비제도Fed가 오랫동안 지속해오던 양적 완화QE를 끝내고 양적 긴축QT과 금리 인상을 시작했기 때문입니다. 양적 긴축과 금리 인상은 시중 자금을 고갈되게 하므로 하락장을 유발합니다. 이때 베타 값이 활용됩니다.

하락장이 올 때 베타 값이 낮은 기업들의 주식을 보유하면 주가지수가 하락하더라도 주가의 변동이 적습니다. 따라서 내 주식 계좌 잔고가 녹아내리는 것을 최소화할 수 있습니다. 반대로 대대적 상승장이 시작될 때는 베타 값이 높은 기업을 보유하면 수익률을 극대화할 수 있습니다. 위에 언급한 테슬라와 버라이즌을 예로 들면 하락장에서는 베타 값이 작은 버라이즌이 힘을 발휘하고 상승장에서는 베타 값이 큰 테슬라가 힘을 발휘합니다.

다음은 미국의 유명 투자자 중 하나인 레이 달리오Ray Dalio가 운영하는 브리지워터Bridgewater의 2분기 포트폴리오입니다. 상위 10개 종목 모두 베타 값이 '0'에

레이 달리오의 2분기 포트폴리오

Stock	Company Name	% of Portfolio	Shares	Value	% Change	Change	Ownership History	Price History	Date
PG	Procter And Gamble Co	4.11%	6.75M	$ 970.17M	↓ -1.12%	-76.44k			2022-06-30
JNJ	Johnson & Johnson	3.26%	4.33M	$ 769.09M	↓ -0.28%	-12.37k			2022-06-30
IEMG	Ishares Core Msci Emergin	3.18%	15.31M	$ 751.03M	↓ -4.09%	-652.41k			2022-06-30
SPY	Spdr S&p 500	2.95%	1.84M	$ 695.37M	↓ -2.12%	-39.97k			2022-06-30
KO	Coca Cola Co	2.88%	10.82M	$ 680.73M	↓ -9.36%	-1.12M			2022-06-30
IVV	Ishares Core S&p 500 Etf	2.73%	1.70M	$ 643.72M	↑ 51.15%	574.53k			2022-06-30
VWO	Vanguard Ftse Emerging M	2.72%	15.43M	$ 642.75M	↓ -32.07%	-7.29M			2022-06-30
PEP	Pepsico Inc	2.69%	3.81M	$ 634.80M	↓ -8.69%	-362.31k			2022-06-30
COST	Costco Wholesale Corp	2.46%	1.21M	$ 580.46M	↑ 1.96%	23.33k			2022-06-30
WMT	Wal-mart Stores Inc	2.42%	4.70M	$ 571.15M	↑ 16.51%	665.66k			2022-06-30

출처: 브리지워터

가까운 둔감 기업들입니다. 즉 하락장에서도 주가가 많이 떨어지지 않는다는 뜻입니다. 특히 2분기에 늘린 코스트코COST는 베타 값이 0.68이고 월마트WMT의 베타 값은 0.54입니다. 코스트코와 월마트는 대표적인 경기 방어주입니다. 5월에 인플레이션 우려로 유통주의 주가가 급락했을 때 저가 매수한 것으로 보입니다.

양적 완화Quantitative Easing

연준이 돈을 뿌릴 때 그냥 아무렇게나 시장에 뿌리는 것이 아니고 시중에 있는 채권을 사들이는 방식으로 시장에 유동성을 공급합니다. 처음에는 안정적 자산인 미국 국채 위주로 매입했는데 코로나가 터진 이후에는 지방 정부채와 회사채도 매입했습니다. 애플과 같은 미국 기업들은 회사채를 발행하면 연준이 묻지도 따지지도 않고 매입해주니 보유 현금이 충분해도 회사채를 대량 발행해서 자금을 조달했습니다. 미국 기업들은 조달한 돈으로 자사주를 매입했고 유통되는 주식 수를 줄여 주가를 끌어올렸습니다. 쉽게 말해 연준이 윤전기를 돌려서 찍어낸 돈으로 애플과 같은 미국 기업들의 주가를 강제로 끌어올렸다는 말입니다.

자사주 매입은 명품 회사들이 팔고 남은 재고를 소각해서 희소성을 유지하는 방식으로 비싼 가격을 유지하는 것과 유사합니다. 연준이 지금까지 사들인 채권의 양, 즉 시중에 뿌린 돈은 2022년 8월 23일 기준으로 8.8조 달러입니다. 구글에서 'Fed Balance Sheet'를 검색하여 확인해볼 수 있습니다.

양적 긴축Quantitative Tightening

양적 완화와는 반대로 연준이 보유한 국채나 회사채를 시중에 다시 팔아서 시중에 풀린 유동성을 회수하는 것입니다. 국채나 회사채가 대량으로 시중에 풀리면 시중에 있는 자금을 빨아들이는 역할을 합니다. 아울러 시중에 채권 물량이 많아지게 되니 채권 가격이 떨어집니다. 무엇이든 흔해지면 가격이 떨어집니다. 채권 가격의 하락은 채권 금리 인상을 의미합니다. 채권의 가격과 금리는 반비례 관계에 있기 때문입니다. 따라서 양적 긴축은 시중에 풀려 있는 돈을 빨아들이는 효과가 있기 때문에 돈을 구하기 어려워지고 시중 금리 인상을 유발합니다.

조금 더 알아봅시다!

양적 완화 탄생 배경

양적 완화 탄생 전에는 금리를 내려서 시중에 자금을 공급했습니다. 하지만 어느 순간부터 금리를 아무리 내려도 시중에 돈이 돌지 않고 경제 활성화가 지연되었습니다. 이웃 나라 일본이 그랬습니다. 아무리 금리를 내려도 경제가 살아나지 않았고 결국 최후의 수단으로 양적 완화가 탄생했습니다.

양적 완화는 일본에서 먼저 시작되었습니다. 많은 경제 전문가는 일본이 양적 완화를 하면 인플레이션이 올 것이라고 기대했는데 예상만큼 인플레이션이 오지 않았습니다. 이를 옆에서 지켜보았던 미국과 유럽연합은 일본을 따라 양적 완화를 단행했습니다.

양적 완화는 중앙은행미국의 경우 연준이 시중에 있는 국채나 지방채, 회사채 등 채권을 사들이는 방식으로 통화를 시중에 직접 공급합니다. 연준의 빠르고 과감한 양적 완화 덕분에 세계 금융 위기와 코로나 위기에서도 빠르게 회복할 수 있었습니다.

양적 긴축은 양적 완화와 정확히 반대입니다. 중앙은행이 보유하고 있던 수많은 채권을 금융 시장에 다시 내다 팝니다. 이러한 과정에서 시중에 있던 돈이 중앙은행으로 다시 빨려 들어갑니다. 이로 인해 채권 금리가 상승하고 전 세계에 있던 자금들이 미국으로 돌아가게 됩니다. 안전하기로 유명한 미국 채권이 금리까지 높게 준다고 하는데, 어느 바보가 파산 위험이 큰 신흥국의 채권과 주식을 보유하려 할까요?

연준에서 보유하고 있는 자산의 규모를 보면 그간 얼마나 많은 돈을 시중에 공급했는지 확인할 수 있습니다. 연방준비위원회 홈페이지에 들어가 보면 연준의 현재 자산 규모를 확인할 수 있습니다.[12]

다음 그림에서 알 수 있듯이 2020년 코로나 사태가 터지고 4조 달러에 머물렀던 연준의 잔고는 글을 쓰고 있는 2022년 8월 기준으로 8조 8,000억 달러까지 수직 상승했습니다. 즉 2년 동안 4조 달러 이상 시중에 돈을 풀었다는 뜻입니다. 참고로 4조 달러는 독일의 1년 GDP와 맞먹는 금액입니다. 이로 인해 미국은 2022년 여름 8~9%대의 높은 인플레이션을 경험하고 있습니다.

연방준비위원회의 자산 현황

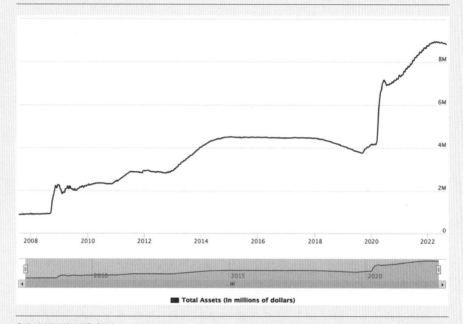

출처: 연방준비위원회 홈페이지

영어로 재무상태표 읽기
(특정 시점의 개념)

재무상태표가 뭔가요?

여기에서는 간단하게 영어로 재무상태표를 읽는 방법을 배울 것입니다. 우리가 투자한 기업이 얼마나 효율적으로 돈을 잘 벌고 있는지 확인하려면 재무상태표를 읽을 줄 알아야 합니다.

예를 들어보겠습니다. 사귀고 있는 상대가 벤츠를 끌고 다닌다고 무작정 좋아할 일이 아닙니다. 연봉은 3,000만 원인데, 벤츠라는 자산을 사기 위해 캐피털에서 대출_{부채}을 받았는지 알아야 합니다. 벤츠의 가격이 1억 원인데 8,000만 원은 대출을 받아 구매했다면 결혼 상대자로 적합한 사람은 아닌 것이지요.

벤츠가 아닌 회사의 예를 들어보겠습니다. 회사는 돈을 벌기 위해 공장, 사무실, 컴퓨터, 차량 등의 자산이 필요합니다. 이것들을 자기 돈으로 구매할 수도 있지만 은행에서 빌려서 구매할 수도 있습니다.

재무상태표는 기업이 돈을 벌기 위해 무엇을 가지고 있는지 보여줍니다. 그리고 이것들을 사기 위해 돈을 어떻게 조달했는지 보여줍니다. 회사 돈으로 샀는지, 아니면 은행에서 빌리거나 주식을 발행해서 샀는지 보여줍니다. 기업도 사람처럼 계속해서 움직이고 변하기 때문에 재무상태표 역시 사진을 찍듯 특정 시점에 회사가 보유하고 있는 자산과 자금 조달 상황을 봅니다.

영어로 재무상태표, 동산과 부동산 등의 자산, 은행에서 빌린 부채, 회사가 가진 자기자본은 다음과 같습니다.

재무상태표: Balance Sheet

자산: Assets

부채: Liabilities

자기자본: Shareholders' Equity

재무상태표를 공부해야 하는 이유

결혼하기 전에 상대방에 대한 다음의 4가지 정보를 미리 알면 좋습니다. 상대방의 은행 계좌에 현금이 얼마나 있는가? 나 몰래 받은 대출은 있는가? 경제 활동은 얼마나 잘하고 있는가? 소위 맞선 시장에서 이 사람의 가치는 어떻게 되는가?

우리가 주식 투자할 때도 똑같습니다. 우리가 주식을 사기 전에 다음 4가지 정보를 미리 체크해야 합니다. 기업에 현금이 충분한가? 빚부채은 얼마나 있는가? 투입한 자본에서 이익은 잘 나오는가? 시장에서 기업 가치는 어떻게 되는가?

이렇게 중요한 정보를 어디서 찾을 수 있을까요? 바로 지금부터 배울 재무상태표에서 찾을 수 있습니다.

현금은 충분한가?

첫째, 기업에 현금이 충분한지 확인하는 방법은 재무제표에서 'Cash'라고 쓰인 것과 'Investments'라고 쓰인 것을 합하면 됩니다. 여기서 'Investments혹은 Marketable Securities'는 현금화가 쉬운 주식, 채권, ETF 등을 말합니다. 식으로 표현하면 다음과 같습니다.

총현금 = Cash / Cash Equivalent + Investments

기업의 현금이 충분한지 확인해야 하는 이유는 기업의 실제 재무 상황을 보기 위해서입니다. 키가 커 보이기 위해 키높이 구두를 신듯 기업도 잘나가는 회사처럼 보이기 위해 신용 거래를 일으켜 매출을 부풀리기 때문에 총현금Total Cash 보유량을 확인해야 합니다. 신발을 벗으면 원래 키가 드러나듯 기업 역시 매출과 순이익이 아무리 좋아 보여도 보유하고 있는 총현금을 보면 그 민낯이 여실히 드러납니다.

아래 애플의 3분기 재무상태표를 보면, 총현금은 482억 달러275억 달러 + 207억 달러입니다. 빨간색 사각형 안에 표시된 부분이 애플이 보유하고 있는 현금입니다. 'Cash'와 'Marketable securities'를 더해주면 총현금이 나옵니다. 아래 숫자의 단위는 100만 달러이고 27,502백만 달러는 275억 달러입니다.

Apple 분기 보고서(10-Q, Jul 29, 2022)

ASSETS:	June 25, 2022	September 25, 2021
Current assets:		
Cash and cash equivalents	$ 27,502	$ 34,940
Marketable securities	20,729	27,699
Accounts receivable, net	21,803	26,278
Inventories	5,433	6,580
Vendor non-trade receivables	20,439	25,228
Other current assets	16,386	14,111
Total current assets	112,292	134,836
Non-current assets:		
Marketable securities	131,077	127,877
Property, plant and equipment, net	40,335	39,440
Other non-current assets	52,605	48,849
Total non-current assets	224,017	216,166
Total assets	$ 336,309	$ 351,002

Apple 분기 보고서(10-Q, Jul 29, 2022)

		Three Months Ended			Nine Months Ended	
		June 25, 2022	June 26, 2021		June 25, 2022	June 26, 2021
Net sales:						
Products	$	63,355	$ 63,948	$	245,241	$ 232,309
Services		19,604	17,486		58,941	50,148
Total net sales		82,959	81,434		304,182	282,457
Cost of sales:						
Products		41,485	40,899		155,084	149,476
Services		5,589	5,280		16,411	15,319
Total cost of sales		47,074	46,179		171,495	164,795
Gross margin		35,885	35,255		132,687	117,662
Operating expenses:						
Research and development		6,797	5,717		19,490	16,142
Selling, general and administrative		6,012	5,412		18,654	16,357
Total operating expenses		12,809	11,129		38,144	32,499
Operating income		23,076	24,126		94,543	85,163
Other income/(expense), net		(10)	243		(97)	796
Income before provision for income taxes		23,066	24,369		94,446	85,959
Provision for income taxes		3,624	2,625		15,364	11,830
Net income	$	19,442	$ 21,744	$	79,082	$ 74,129
Earnings per share:						
Basic	$	1.20	$ 1.31	$	4.86	$ 4.42
Diluted	$	1.20	$ 1.30	$	4.82	$ 4.38
Shares used in computing earnings per share:						
Basic		16,162,945	16,629,371		16,277,824	16,772,656
Diluted		16,262,203	16,781,735		16,394,937	16,941,527

위의 표에서는 애플의 3분기 당기순이익Net Income을 찾을 수 있는데, 194억 달러입니다. 애플의 현금 보유량은 482억 달러로 당기순이익 194억 달러보다 많습니다. 즉 속 빈 강정이 아닌 속이 꽉 차서 터질 지경의 강정이란 뜻입니다(참고로 애플의 회계연도는 매년 10월부터 시작됩니다. 따라서 애플의 2022년 3분기 실적은 2022년 4~6월까지 실적입니다).

부채는 얼마나 있는가?

누군가의 계좌에 1억 원이 들어 있다고 해서 그가 부자일 것이라고 섣불리 판단해서는 안 됩니다. 다른 계좌에 마이너스 1억이 있을지도 모르기 때문입니다. 기업도 똑같습니다. 현금만 많다고 행복할 일이 아닙니다. 부채가 얼마나 있는지도 확인해야 합니다.

기업의 부채 상황을 확인할 때는 부채만 보지 않고 버는 돈 대비 부채를 봐야 합니다. 이를 부채 비율이라고 합니다. 예컨대 연봉 3억 원에 1억 원의 빚이 있는 사람과 연봉 3,000만 원에 1억 원의 빚이 있는 사람의 경제적인 처지는 천지 차이입니다.

기업의 부채 비율은 기업이 연간 벌어들이는 순이익에 대비해서 빚이 얼마나 있는지를 보여줍니다. 부채 비율을 계산하는 공식은 다음과 같습니다.

부채 비율: Net Debt / EBITDA 혹은 Total Debt / EBITDA

참고로 여기서 Total Debt는 Short-term Debt 과 Long-term Debt을 더한 것입니다. Net Debt은 Total Debt에서 Total Cash를 뺀 것입니다. 여기서 사용된 EBITDA Earnings Before Interest, Taxes, Depreciation, and Amortization 는 순이익 Earnings에 이자Interest, 세금Taxes, 감가상각Depreciation and Amortization을 더한 값입니다. 기업이 실질적으로 창출할 수 있는 현금을 빠르게 보기 위해 EBITDA를 많이 사용합니다. 공식을 보고 놀랄 필요는 없습니다. 다만 부채 비율은 '기업이 버는 돈 대비 빚이 얼마나 있는지를 보여주는 지표'라는 사실만 염두에 두면 됩니다. 부채 비율을 보면 기업이 재정적으로 얼마나 튼튼한지 알 수 있습니다.

부채 비율을 쉽게 쓰면, '내가 빚을 모두 갚는 데 몇 년이나 걸릴지'입니다. 통상적으로 Net Debt / EBITDA를 사용한 부채 비율이 '4' 이상을 넘어가면 부채가 많아서 위험한 상황이라고 간주됩니다. 부채 비율이 4라는 말은 연봉이 1억 원인 직장인에게 빚이 4억 원 있다는 뜻입니다.

은행은 대출해줄 때 기업의 부채 비율을 굉장히 유심히 봅니다. 기업의 부채 비율이 높으면 돈을 떼일 염려가 있기 때문입니다. 은행은 대출해줄 때 기업과 미리 부채 비율을 설정해둡니다. 은행은 정해놓은 부채 비율보다 기업의 부채 비율이 높아지면 상환 능력이 떨어진 것으로 보고 대출금을 바로 회수합니다.

따라서 기업에 부채가 많아지면 기업의 신용 등급이 떨어집니다. 상환 능력이 떨어지면 투자자들은 위험하다고 느낍니다. 그러므로 신용 등급이 낮은 회사가 돈을 빌리거나 회사채를 발행할 때는 더 많은 이자를 지급해야 합니다. 마치 신용 등급이 낮은 개인이 대출받을 때 이자가 더 높은 것과 비슷합니다.

부채 비율이 마이너스인 경우는 부채보다 현금 보유량이 많을 때입니다. 부채 비율은 기업이 어떤 산업에 속해 있는지에 따라서 편차가 큽니다. 따라서 산업 평균 부채 비율을 감안해서 보면 좋습니다. 예컨대 항공사들은 항공기 구매 시 큰 자금이 필요하기 때문에 부채 비율이 높습니다.

자본은 효율적으로 사용하나?

저는 아이들을 학원에 보내지 않습니다. 물론 아예 안 보내는 건 아닙니다. 아이들을 학원에 보내는 경우는 본인이 먼저 흥미가 생겨 학원에 보내달라고 요청했을 때입니다. 그래서 지금까지 아이들이 다닌 학원은 발레·수영·보컬 학원 정도입니다.

이처럼 제가 아이들을 학원에 보내지 않는 이유는 투자하는 자본 대비 미래에 거두어들이는 수익이 얼마 되지 않는다고 생각하기 때문입니다. 학원에 가는 이유는 많은 지식을 습득하기 위해서인데 지식은 이미 우리가 달달 외우지 않더라도 손에 쥔 스마트폰 하나로 모두 해결할 수 있는 세상이 왔습니다. 게다가 가까운 미래에는 스마트 안경이나 몸 안에 삽입된 칩을 통해 지식을 습득할 수 있는 세상이 다가올 것입니다. 학원에 보낼 돈으로 스마트 안경이나 칩을 만들고 있는 회사의 주식을 사주는 것이 나중에 아이들이 경제적으로 자립하는 데 도움이 될 것이라 판단했습니다.

기업이 만들어진 이유 중 하나는 수익 창출입니다. 따라서 자본을 얼마나 효율적으로 사용해서 수익을 내고 있는지 확인하는 것은 굉장히 중요합니다. 예컨대 떡볶이 가게가 두 군데 있는데 둘 다 연간 순수익이 1억 원이라고 가정해봅시다. 차이점은 떡볶이집 A는 창업하는 데 5,000만 원이 들었고, B는 1억 원이 들었습니다. 이 경우 떡볶이집 A가 자본을 더 효율적으로 사용했다고 할 수 있습니다.

기업 역시 투하된 자본 대비 수익이 얼마나 나는지 재무상태표를 통해 확인해볼 수 있습니다. 이를 확인하기 위해 많이 쓰이는 지표가 ROIC_{Return on Invested Capital, 투하자본이익률}입니다. ROIC는 영업 활동을 위해 투하된 자본 중에서 세후 영업이익이 얼마나 되는지를 보여줍니다. 구하는 방법은 다음과 같습니다.

ROIC = Net Operating profit after tax / Invested Capital = NOPAT / IC

이 또한 식을 외울 필요는 없습니다. ROIC의 의미만 알고 있으면 됩니다. ROIC는 투하된 자본 대비 수익을 얼마나 잘 뽑고 있는지를 보여주는 지표라고 이해하면 됩니다. ROIC 역시 산업마다 편차가 있기 때문에 사용할 때는 동종 업계 평균과 경쟁사 대비해서 ROIC가 어떠한지 확인하면 됩니다. 투하 자본 이익률을 통해 회사가 얼마나 잘 경영되고 있는지를 확인할 수 있습니다.

참고로 회사가 자금을 조달하는 데 드는 비용은 WACC_{Weighted Average Cost of Capital, 가중 평균 자본 비용}이라고 합니다. ROIC가 WACC보다 낮은 기업은 돈을 조달하는 데 드는 비용보다 수익이 나쁘다는 뜻입니다. 쉽게 말해 사업한다고 8%하는 대출_{WACC}을 받았는데, 회사 투자 자본 대비 순이익율_{ROIC}이 8%도 안 된다는 뜻입니다. 수식으로 정리해보면, ROIC>WACC인 기업은 수익을 잘 창출하고 있는 좋은 기업이라는 뜻입니다.

다음 그림은 모닝스타에서 발췌한 애플의 ROIC를 보여줍니다. 2021년 말 애플의 ROIC는 51.7%의 어마어마한 투자 자본 대비 수익률을 보여줍니다. 경쟁사 삼성전자의 ROIC는 13.1%이고 알파벳_{구글}의 ROIC는 28.36%입니다.

애플의 ROIC

Rating as of May 25, 2022

Quote Stock Analysis News Price vs Fair Value Sustainability Trailing Returns Financials Valuation **Operating Performance** Dividends Ownership

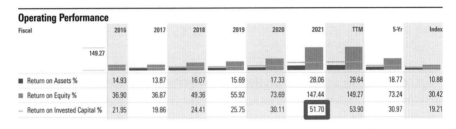

Operating Performance

Fiscal	2016	2017	2018	2019	2020	2021	TTM	5-Yr	Index
■ Return on Assets %	14.93	13.87	16.07	15.69	17.33	28.06	29.64	18.77	10.88
■ Return on Equity %	36.90	36.87	49.36	55.92	73.69	147.44	149.27	73.24	30.42
— Return on Invested Capital %	21.95	19.86	24.41	25.75	30.11	51.70	53.90	30.97	19.21

출처: 모닝스타[13]

기업 가치는 어떤가?

네 번째로 재무상태표를 통해 EV$_{Enterprise\ Value,\ 기업\ 가치}$를 구할 수 있습니다. 기업 가치는 시가총액에 총부채를 더하고 총현금을 빼서 구할 수 있습니다. 생각해보면 한 기업을 인수하려면 그 회사의 주식을 모두 매입$_{시가총액}$하고, 부채도 모두 떠안아야 합니다. 이때 기업이 보유하고 있는 현금이 있다면 부채를 상환할 때 사용 가능하니 총부채에서 빼주면 됩니다. 따라서 기업 가치를 구하는 수식은 다음과 같습니다.

> Enterprise Value$_{기업\ 가치}$
>
> = Market Cap$_{시가총액}$ + Total Debt$_{총부채}$ − Total Cash$_{총현금}$

재무상태표에서 모르는 용어를 만났을 때

이 책을 다 읽고 실전에서 재무상태표를 읽다가 이해되지 않는 용어를 만나면 필자의 책을 참조해도 되지만, 스마트폰을 꺼내서 검색창에 '모르는 용어 + Definition'을 입력해 찾아봐도 됩니다. 이때 검색 엔진은 구글을 활용하는 것이 좋습니다. 우리가 모르는 영어 단어가 있으면 검색 포털이 제공하는 영어 사전을 활용하듯, 금융 용어 중에 모르는 것이 있으면 https://www.investopedia.com/을 활용하면 좋습니다.

미국에서는 회계 용어가 통일되어 있지 않고 기업마다 편한 용어를 선택하여 사용합니다. 그래서 같은 뜻이지만, 서로 다른 형태의 용어들이 존재합니다. 예컨대 매출을 뜻하는 말이 미국에서는 Revenue, Sales, Sales Revenue, Total Sales, Net Sales 등 여러 종류가 있습니다.

EBIT와 Operating Income영업이익의 차이

EBIT는 Operating Income영업이익에서 영업과 관련 없는 이익과 비용이 포함된 것입니다. 회사가 영업 활동과 관련 없는 일로 돈을 벌었다면 EBIT가 늘어나게 됩니다. 수식으로 표현하자면, EBIT = Operating Income영업이익 + Non-operating Income영업외이익 – Non-operating Expenses영업외비용입니다.

EBIT는 당기순이익Net Incomes 또는 Earnings에서 이자 비용Interest과 법인세Taxes를 더해서 구할 수도 있습니다. EBIT라는 말이 Earnings Before Interest and Taxes이자와 세금 내기 전 순이익의 줄임 말이라는 것을 기억한다면 쉽게 구할 수 있겠지요?

Liabilities와 Debts의 차이

'Liabilities'가 'Debts'보다 넓고 포괄적인 개념입니다. 다른 누군가에게 돈이든 서비스든 갚아야 할 의무가 있으면 이것들을 'Liabilities'로 봅니다. 갚아야 할 의무 중에서도 'Debt'는 기업을 운영하기 위해 필요한 돈을 빌려서 생긴 빚을 말합니다. 예컨대 삼성전자가 은행으로부터 돈을 빌리면 'Debts'가 증가합니다. 반면 갤럭시 폰을 1년간 무상 A/S를 한다고 하면 나중에 고객에게 갚아야 할 의무가 증가하므로 'Liabilities'가 생깁니다.

조금 더 알아봅시다!

 재무제표를 활용하여 투자한 조엘 그린블라트

우리가 재미도 없고 힘든 재무제표를 힘들게 공부하는 이유는 좋은 기업을 발굴하여 시장보다 높은 수익을 누리기 위해서입니다. 과거에 헤지펀드를 운용하던 어떤 펀드매니저 또한 같은 생각을 했습니다. 남들보다 먼저 좋은 회사를 발굴하고 높은 수익을 올리기 위해 그는 재무제표를 활용하여 '마법의 공식'이라는 것을 만들었습니다.

그 유명한 펀드매니저의 이름은 조엘 그린블라트Joel Greenblatt입니다. 그는 해당 공식을 활용해서 1985~2005년 고담캐피털이라는 헤지펀드를 설립해서 연평균 40%에 달하는 어마무시한 수익을 냈습니다. 마법의 공식은 다음과 같으며 크게 2가지 식으로 나뉩니다.

Earnings yield = EBIT / (Market Cap + Net Debt)
이익수익률= 법인 세전 이익 / (시가총액 + 순차입금)

Return on Capital = EBIT / [(Current Asset - Current Liabilities) + (Non-current Liabilities - Depreciatio)]
자본수익률 = 법인 세전 이익 / [(유동자산 - 유동부채) + (비유동자산 - 감가상각비)]

식을 보자마자 너무 어려워 보여서 머리가 지끈지끈하고 한숨이 나옵니다. 다행스럽게도 그린블라트는 이익수익률과 자본수익률을 자동으로 계산해주는 '매직 포뮬러 인베스팅Magic Formula Investing'이란 웹사이트를 개설했고 이를 무료로 대중들에게 공개했습니다.[14]

해당 웹사이트에 들어가 회원 가입을 하고 최소 시가총액Market Cap을 설정한 후 'Get Stocks'라는 버튼만 누르면 이익수익률과 자본수익률이 좋은 30개의 기업을 알파벳 순서대로 보여줍니다.

조엘 그린블라트의 매직 포뮬러 인베스팅 웹사이트

출처: 매직 포뮬러 인베스팅 웹사이트

영어로 손익계산서 읽기
(일정 기간의 개념)

손익계산서란?

손익계산서Income Statement를 공부하기 전에 사례를 하나 보겠습니다. 우리가 A라는 떡볶이 가게를 차린다고 가정해봅시다. 떡볶이는 한 그릇에 2,000원을 받고 팔 계획이고 하루 동안 열심히 하면 100그릇 정도 팔릴 것 같습니다. 떡볶이를 만들어 팔기 위해 여러 비용이 듭니다. 일단 재료비로 10만 원을 들여 떡과 어묵, 양파, 양배추, 고추장, 물엿 등을 구입합니다. 동네에 떡볶이 장사를 한다는 사실을 홍보하기 위해 전단지 광고와 인스타그램 광고 비용 5만 원을 씁니다. 그리고 맛있는 떡볶이 레시피 개발을 위해 전국의 유명 떡볶이집 세 군데를 방문할 계획입니다. 여기에는 3만 원을 들어갈 예정입니다.

위의 예시에서 떡볶이 가게 하루 매출은 20만 원2,000원×100그릇입니다. 이 중에서 재료비는 10만 원입니다. 매출에서 재료비를 빼면 10만 원이 남습니다. 이를 매출이익이라고 합니다. 매출이익에서 광고비 5만 원과 레시피 개발비 3만 원을 빼면 2만 원이 남습니다. 이를 영업이익이라고 합니다.

그냥 수익에서 비용 빼면 이익이 나오는 것 아닌가요? 왜 이렇게 복잡하게 계산할까요? 이렇게 세부적으로 나누는 이유는 투자자들이 기업을 분석할 때 회사의 돈을 얼마나 효율적으로 잘 운영하고 있는지 확인하기 위해서입니다.

떡볶이집 손익계산서	A가게	B가게
매출	20만 원	20만 원
재료비	10만 원	5만 원
매출이익	10만 원	15만 원
광고비	5만 원	13만 원
떡볶이 레시피 개발비	3만 원	-
영업이익	2만 원	2만 원

손익계산서는 위와 같이 생겼습니다. 맨 위에 매출이 있고, 아래로 내려갈수록 각종 비용이 추가됩니다. 위의 예에서 떡볶이집 A와 B의 영업이익은 2만 원으로 동일했습니다. 그런데 비용 구조가 달랐습니다.

떡볶이집 B는 유명 연예인을 섭외해서 광고비에 많은 돈을 투자했습니다. 재료비는 유통 기한이 임박한 질 나쁜 재료를 써서 비용을 아꼈습니다. 레시피의 경우 인터넷에 떠돌아다니는 것을 사용했기 때문에 레시피 개발비가 들지 않았습니다.

이처럼 A와 B 2개의 떡볶이집 중 하나에 투자한다고 했을 때 두 가게 모두 영업이익은 2만 원으로 동일하지만 저는 A가게에 투자할 것 같습니다. 그 이유는 제가 굳이 말씀드리지 않아도 잘 아실 것입니다.

여기까지가 초보자분들을 위한 설명이었고, 다음부터는 중급자분들을 위한 설명을 이어가겠습니다.

손익계산서는 일정 기간의 경영 성과를 보여주는 재무제표입니다. 여기서 중요 포인트는 일정 기간입니다. 위의 예에서는 하루 동안의 경영 성과를 보여주었고, 실제 기업들은 분기별로 경영 성과를 보여줍니다.

손익계산서는 크게 수익, 비용, 이익, 이렇게 3가지로 나뉩니다. 사람들이 종종 수익과 이익을 헷갈려하는데 수익은 전체 매출을 생각하면 되고 이익은 수익에서 비용을 빼고 남은 것이라고 생각하면 쉽습니다.

Income Statement손익계산서		
Revenue, Net Sales, Net Revenues매출 CoGS, Cost of Sales, Cost of Revenues매출원가		
Gross Profit, Gross Margin매출총이익 R&D Expense개발 비용 SG&A Expense판매관리비: 개발 비용과 판매관리비를 합한 것을 Operating Expenses영업 비용라고 함.		
Operating Income, Operating Profit, EBIT영업이익 혹은 이자 비용 및 세금 차감 전 이익 Interest Expense이자 Taxes법인세		
Net Income당기순이익 Diluted Shares Outstanding희석된 주식 수 EPS주당순이익		

미국에서는 같은 의미를 갖는 회계 용어가 많이 있으니 모두 다 알고 있으면 좋습니다. 예컨대 매출원가떡볶이 재료비는 CoGS, Cost of Sales, Cost of Revenues 등으로 불립니다.

위의 표는 손익계산서에서 많이 사용되는 용어들을 정리한 것입니다. 절대로 외우려 하지 마시고, 맨 위에는 매출이 있고 아래로 내려갈수록 여러 비용이 포함된다는 사실만 기억하면 좋을 것 같습니다. 그리고 손익계산서의 마지막에는 모든 비용과 세금이 제외된 당기순이익Net Income이 남습니다.

Revenue매출

판매 제품의 수익을 모두 합한 것으로 앞서 언급된 떡볶이집의 경우 2,000원 × 100그릇 = 20만 원이 매출입니다.

CoGS매출원가

판매 제품의 원가를 모두 더한 것입니다. 떡볶이집의 경우 재료비는 10만 원입니다.

Gross Profit_{매출총이익}

매출에서 매출원가를 제하고 남은 이익입니다. 떡볶이 20만 원 팔고 재료비 10만 원을 뺀 10만 원을 의미합니다. 애플은 매출총이익이 높기로 유명합니다. 매출총이익은 기업마다 상이하기 때문에 직접 비교하기 힘듭니다. 그래서 매출 총이익률을 대신 사용합니다. 매출 총이익률은 매출총이익 나누기 매출입니다. 떡볶이집의 경우 10만 원 매출총이익 나누기 20만 원 매출해서 50%가 매출 총이익률입니다.

R&D Expense_{개발 비용}

기업이 어떠한 산업에 속해 있는지에 따라 개발 비용 규모가 다릅니다. 새로운 약을 개발해야 하는 제약 회사들은 매출 대비 개발 비용 비중이 상당히 높습니다. 한국인들이 많이 투자하는 기술 성장주들도 개발 비용이 높은 편입니다. 위의 떡볶이집 예에서 레시피 개발을 위해 사용한 비용이 개발 비용에 들어갑니다.

SG&A Expense_{판매관리비}

판매 활동비와 일반관리비_{직원 급여, 광고 판촉비, 보험료 등}가 포함됩니다. 떡볶이집의 경우 판매를 늘리기 위해 사용한 광고비와 알바생 급여가 여기에 들어갑니다. 여기서 주의할 점이 있는데, 떡볶이집 주방장의 월급은 판매관리비가 아니라 매출원가에 포함됩니다. 즉 기업이 지급한 직원 급여 중에서 생산 공장에 일하는 직원들에게 지급된 돈은 판매관리비가 아니라 매출원가로 들어갑니다.

Operating Income, Operating Profit, EBIT_{영업이익}

영업이익은 매출총이익에서 개발 비용과 판매관리비를 뺀 것입니다. Operating Income, Operating Profit 등으로 불립니다. 그리고 종종 EBIT

도 영업이익이라고 부릅니다. 엄밀히 말하면 EBIT은 영업과 관련 없는 수익과 비용을 합한 것인데 일반적으로 영업과 관련 없는 수익과 비용은 액수를 무시해도 될 정도로 작기 때문에 EBIT와 Operating Income, Operating Profit을 혼용해서 많이 씁니다.

Interest Expense이자 비용

은행에 내는 대출 이자를 말합니다. 반대로 은행에 예금해서 이자를 받을 경우 Interest Income이자 수익이라고 말합니다. 떡볶이집을 차릴 때 대출받아서 차렸다면 매달 이자를 내야 하니 이자 비용이 들고 떡볶이 팔아 번 돈을 은행에 예금해서 이자를 받으면 이자 수익이 생깁니다. 이자 비용과 이자 수익은 영업이익 다음에 위치합니다. 기업이 실제 영업으로 번 돈과 소위 돈놀이이자로 번 돈을 구분하기 위해서입니다.

테슬라는 2021년에 비트코인으로 큰돈을 벌었습니다. 회계 원칙상 비트코인 투자로 인한 수익은 영업이익이 아닙니다. 하지만 똑똑한 창업자 일론 머스크Elon Musk는 비트코인 수익을 영업이익에 포함시키기 위해 편법을 썼습니다. 머스크는 테슬라 차량 구매 시 비트코인으로도 가능하다고 발표함으로써 테슬라 차량과 비트코인 간의 연결고리를 만들었습니다. 이를 빌미로 비트코인 투자로 인한 수익을 영업이익에 편입시킬 수 있게 되었습니다.[15]

Taxes법인세

국가마다 법인세율은 다릅니다. 우리나라 법인세 최고 세율은 27.5%입니다. 미국은 25.8%, 영국은 19%입니다. 이처럼 국가마다 법인세율이 다르기 때문에 전 세계에서 사업을 하는 다국적 기업들은 국가별 사업성과 평가 시 법인세와 이자 비용이 제외된 EBITEarnings Before Interest and Taxes를 주로 사용합니다.

Net Income당기순이익

모든 비용과 세금을 내고 남은 돈을 말합니다. 당기순이익에서 배당금Dividend
을 줄 수 있고 배당금을 주고 남은 돈을 잉여금Retained Earnings이라고 말합니다.

Diluted Shares Outstanding희석된 주식 수

현재 유통 중인 주식은 아니지만 스톡옵션이나 전환사채Convertible Bonds와 같이
향후 발행될 가능성이 큰 주식까지 포함한 것입니다. 스톡옵션 등을 제외한 순수
하게 유통 중인 주식은 'Basic Shares Outstanding'이라고 부릅니다.

희석된 주식 수를 왜 알아야 하냐고요? 희석된 주식 수가 많다는 것은 향후
발행될 주식 수가 많다는 뜻입니다. 쉽게 말해 회사 이익을 나누어 먹어야 하는
데 숟가락 얹는 사람이 늘어난다는 뜻이지요.

야식으로 치킨 한 마리 시켰는데 냄새를 맡고 아내와 딸아이가 다가오면 제가
먹을 양이 줄어드는 것과 같습니다. 따라서 스톡옵션이나 전환사채 등이 많은 기
업의 경우 향후 치킨 먹으려고 달려들 잠재 주주들이 많다고 보면 됩니다.

EPS주당순이익

당기순이익에 발행 주식 수를 나눈 값입니다. 당기순이익에서 희석된 주식 수
스톡옵션까지 포함한 주식 수로 나누면 'Diluted EPS'라고 따로 표시해줍니다. 말 그대
로 숟가락 든 사람이 많아지니, 일반 EPS주당순이익보다 수치가 낮아집니다.

손익계산서 볼 때 주의할 점

미국 기업들의 손익계산서를 볼 때 주의할 점은 기업마다 사용하는 회계 용어
가 조금씩 다르며 회계연도Fiscal Year 역시 다르다는 것입니다. 예컨대 애플의 회계

연도는 아이폰이 새로 출시되는 10월에 시작됩니다. 따라서 애플의 2023년 1분기는 2022년 10월에 시작됩니다.

기업마다 사용하는 회계 용어는 조금씩 다르지만 손익계산서를 작성하는 순서는 같습니다. 맨 위에 매출이 오고 아래로 내려가면서 각종 비용을 빼줍니다. 제품 재료비처럼 제품 생산과 직접적인 비용은 맨 위에 오고 은행 대출 이자처럼 제품 생산과 직접적 관련이 없는 비용이 밑에 위치합니다. 이렇게 모든 비용을 빼면 맨 마지막에 당기순이익이 남습니다.

손익계산서의 활용

손익계산서를 보는 이유는 기업이 돈을 얼마나 잘 버는지와 앞으로도 잘 벌 것인지를 확인해보기 위해서입니다. 유식한 말로 기업의 성장성Growth과 수익성Profitability을 확인하기 위해 손익계산서를 봅니다. 손익계산서를 활용하여 기업의 매출이 점점 증가하는지 확인합니다.

매출이 증가하고 있다고 해서 무조건 좋은 것은 아닙니다. 제품 가격을 떨어뜨려서 일시적으로 매출이 증가했을 수도 있기 때문입니다. 따라서 수익성도 확인해야 합니다. 대표적 수익성 확인 지표는 매출이익률매출이익 / 매출과 영업이익률영업이익 / 매출입니다.

수익성

2014년 1월 560달러로 출발한 알파벳구글의 주가가 2021년에 3,030달러까지 간 이유 중 하나는 알파벳의 개선된 수익성 덕분입니다. 다음 표는 지난 9년간의 알파벳의 수익성 추이를 보여줍니다. 'Net Margin %'는 '당기순이익 / 매출'입니다.

Operating Performance

Fiscal	2014	2015	2016	2017	2018	2019	2020	2021	TTM
32.07									
■ Return on Assets %	11.93	11.36	12.37	6.94	14.29	13.50	13.52	22.40	21.79
■ Return on Equity %	15.06	14.08	15.02	8.69	18.62	18.12	19.00	32.07	30.80
— Return on Invested Capital %	13.77	12.82	14.02	7.98	17.26	16.15	16.63	28.36	27.25
Financial Leverage	1.25	1.23	1.20	1.29	1.31	1.37	1.44	1.43	—
62.44									
■ Gross Margin %	61.07	62.44	61.08	58.88	56.48	55.58	53.58	56.94	56.93
■ Operating Margin %	24.99	25.82	26.27	26.05	22.94	22.20	22.59	30.55	30.47
- Net Margin %	21.88	21.10	21.58	11.42	22.46	21.22	22.06	29.51	27.5

출처: 모닝스타[16]

알파벳의 순이익률Net Margin은 2014년 21.88%에서 2021년 29.51%까지 상승했습니다. 알파벳의 수익성이 개선되고 있음을 손익계산서를 통해 확인했으면 어떻게 해서 수익성이 개선되었는지도 살펴보고 지속 가능성 여부를 확인해봅니다.

수익성이 개선되는 이유는 크게 2가지로 볼 수 있습니다. 제품 가격이 인상되어 매출이 증가하거나 비용이 줄어드는 것입니다. 이를 통해 수익성이 개선됩니다.

알파벳의 경우 서비스 가격 인상에 따른 매출 증대가 주요 원인이었습니다. 유튜브 사용자가 증가하면서 광고 매출이 증가했고 클라우드 사업도 크게 성장했습니다. 아울러 인공지능을 활용하여 생산성을 높인 덕분에 비용 절감을 이룬 것도 수익성 개선에 도움이 되었습니다.

성장성

시킹알파seekingalpha.com라는 미국 주식 정보 제공 사이트에 들어가면 지난 10년간의 연도별 매출을 손쉽게 볼 수 있습니다. 다음은 알파벳의 매출 및 영

알파벳의 매출과 영업이익 추이

Period [Annual ▼] View [Absolute ▼] Order [Latest on the Right ▼]

		Dec 2012	Dec 2013	Dec 2014	Dec 2015	Dec 2016	Dec 2017	Dec 2018	Dec 2019	Dec 2020	Dec 2021	TTM
Revenues												
Revenues		46,039.0	55,519.0	66,001.0	74,989.0	90,272.0	110,855.0	136,819.0	161,857.0	182,527.0	257,637.0	270,334.0
Other Revenues		-	-	-	-	-	-	-	-	-	-	-
Total Revenues		46,039.0	55,519.0	66,001.0	74,989.0	90,272.0	110,855.0	136,819.0	161,857.0	182,527.0	257,637.0	270,334.0
Cost Of Revenues		17,176.0	21,993.0	25,313.0	28,164.0	35,138.0	45,583.0	59,549.0	71,896.0	84,732.0	110,939.0	116,435.0
Gross Profit		28,863.0	33,526.0	40,688.0	46,825.0	55,134.0	65,272.0	77,270.0	89,961.0	97,795.0	146,698.0	153,899.0
Operating Expenses & Income												
Selling General & Admin Expenses		8,946.0	10,986.0	13,982.0	15,183.0	17,470.0	19,733.0	23,256.0	28,015.0	28,998.0	36,422.0	38,332.0
R&D Expenses		6,083.0	7,137.0	9,832.0	12,282.0	13,948.0	16,625.0	21,419.0	26,018.0	27,573.0	31,562.0	33,196.0
Total Operating Expenses		15,029.0	18,123.0	23,814.0	27,465.0	31,418.0	36,358.0	44,675.0	54,033.0	56,571.0	67,984.0	71,528.0
Operating Income		13,834.0	15,403.0	16,874.0	19,360.0	23,716.0	28,914.0	32,595.0	35,928.0	41,224.0	78,714.0	82,371.0

출처: 시킹알파

업이익 추이입니다. 2012년 매출이 460억 달러$46,039M였는데, 2021년에는 2,576억 달러$257,637M까지 증가했습니다. 매출이 5.6배 증가했습니다. 영업이익은 138억 달러$13,834M에서 787억 달러$78,714M로 5.7배 증가했습니다. 이처럼 손익계산서를 통해 기업의 성장성을 확인해볼 수 있습니다.

조금 더 알아봅시다!

기업이 성장하는 방법

　기업들은 어떻게든 제품을 많이 팔아서 매출을 늘리고 기업 가치를 올리려 노력합니다. 기업이 어떻게 매출을 늘리는지 국내 기업인 '농심'을 예로 들어보겠습니다. 농심은 '신라면'이 인기를 끌자 매출을 늘리기 위해 '신라면 블랙'이라는 신제품을 개발했습니다. 농심은 매출 증대를 위해 신라면을 외국_{신규 시장}에 팔기 시작했습니다. 여름 휴가철에는 신라면의 판매를 더욱 늘리기 위해 할인 행사를 진행했습니다.

　전략 경영 전문가 이고르 앤소프_{Igor Harry Ansoff} 박사에 따르면 기업의 매출이 성장하는 방법에는 크게 4가지가 있다고 합니다.

앤소프 매트릭스	기존 제품	신규 제품
기존 시장	① 시장 침투_{market penetration}	② 제품 개발_{product development}
신규 시장	③ 시장 개발_{market development}	④ 다각화_{diversification}

① 시장 침투: 기존 시장에서 기존 제품으로 시장 점유율을 늘려 매출을 늘리는 방법입니다. 농심이 휴가철에 할인 행사를 한 것은 시장 침투의 예입니다. 애플은 스마트폰 시장에서 완성도 높은 제품으로 시장 점유율을 지속적으로 늘려왔습니다.

② 제품 개발: 기존 시장에 신규 제품을 론칭해서 매출을 늘리는 것입니다. 농심의 예에서 신라면 블랙 출시가 제품 개발의 예입니다. 애플은 팀 쿡 체제로 넘어오면서 '애플 워치'를 개발하고 론칭하여 매출을 증대시켰고 향후에는 '애플 글라스'와 '애플 카'를 론칭해서 매출을 증대시킬 계획입니다.

③ 시장 개발: 기존 제품을 신규 시장에 론칭해서 매출을 늘리는 것입니다. 신라면을 유럽에 수출하거나, 미국에서 사용 가능한 애플 페이 서비스가 한국에 들어오는 경우가 시장 개발의 예입니다.

④ 다각화: 신제품을 신규 시장에 론칭해서 매출을 늘리는 방법입니다. 예컨대 농심이 완전 새로운 '신라면 울트라 스파이시'라는 제품을 개발하여 농심 제품이 팔린 적이 없는 국가에 출시하는 것입니다.

위의 4가지 매출 증대 사유 이외에도 외부 환경 변화로 인해 매출이 증가할 수 있습니다. 예컨대, 코로나 기간 집에 머무는 시간이 많아지면서 아마존과 넷플릭스의 매출이 폭발적으로 증가했습니다. 반대로 코로나가 끝날 즈음에는 여행 관련 산업의 매출이 증가할 것입니다.

현금흐름표의 중요성

앞서 설명했듯 매출은 기업이 나쁜 마음만 먹으면 부풀릴 수 있습니다. 하지만 기업이 보유하고 현금의 양은 가짜로 부풀릴 수 없습니다. 회사 역시 매출을 부풀릴 수는 있지만 보유하고 있는 현금은 절대 속일 수 없습니다. 현금흐름표를 보면 내가 투자한 회사가 키 높이 구두를 신은 회사인지 아닌지를 바로 확인할 수 있습니다.

현금흐름표의 종류

현금흐름표는 총 3종류로 구성되어 있습니다. 그중에서 가장 중요한 것이 영업 활동으로 인한 현금흐름입니다.

영업 활동으로 인한 현금흐름 Cash Flow from Operating activities, CFO

영업 활동으로 인한 현금흐름에서 회사의 영업 활동을 통해 들어오고 나가는 현금의 흐름을 확인할 수 있습니다. 회사의 본업이 아니라 부업주식이나 채권 투자 등으로 번 돈은 영업 활동을 통해 번 돈이 아니기 때문에 CFO에 포함되지 않습니다.

우리가 투자할 때 피해야 할 회사는 '영업 활동으로 인한 현금흐름이 점점 안 좋아지는' 회사입니다. 영업 활동으로 인한 현금흐름이 안 좋아지는 경우는 총 4가지입니다. 투자를 고려했던 기업이 혹시 이 4가지 경우에 속하지 않는지 잘 확인해보아야 합니다.

첫째, 당기순이익Net Income이 지속적으로 하락하는 경우입니다. 기업은 고객에게 평소보다 긴 외상 혹은 할인을 해주며 매출을 늘릴 수 있습니다. 하지만 이런 방법은 미래에 발생할 매출을 당겨서 올리는 일이기 때문에 계속 지속하기는 힘듭니다. 따라서 최근 5개년 동안의 매출과 당기순이익의 흐름을 확인해봅니다. 산업 내 경쟁이 치열해질 경우, 가격 인상이 힘들고 광고비 지출이 늘어서 마진 또한 점점 감소합니다. 마진이 줄면 당기순이익도 줄고 현금흐름도 악화됩니다.

둘째, 재고가 점점 증가하는 경우입니다Inventory 증가. 인기가 없는 제품은 팔리지 않아서 창고에 쌓이게 됩니다. 재고가 쌓이면 회사의 돈이 재고에 묶여 있게 되고 현금흐름에 악영향을 줍니다. 특히 패션 업계는 시즌마다 신상품을 출시하기 때문에 재고에 대한 부담이 큽니다. 반대로 재고가 점점 준다는 의미는 제품의 인기가 상승해서 창고에 물건이 쌓일 틈이 없을 정도로 잘 팔리고 있다는 뜻입니다. 최근 애플의 실적 보고서를 보면 재고가 급격하게 줄고 있는 모습을 확인할 수 있습니다Inventory 감소.

셋째, 외상이 증가하고 있는 경우입니다Account Receivable 증가. 아무리 매출이 잘 나와도 대금 회수가 원활하지 않으면 말짱 도루묵입니다. 매출 채권Account Receivable 계좌가 점점 증가하면, 대금 회수가 잘되지 않고 있음을 의미하고 현금흐름이 악화되고 있다는 뜻입니다.

넷째, 매입 채무가 감소하는 경우입니다Accounts Payable 감소. 기업의 금고에 돈이 풍부하려면 받을 것매출 채권은 최대한 빨리 받고 줘야 할 것매입 채무은 최대한 천천히 주어야 합니다물론 계약을 준수하는 선에서. 여기서 줘야 할 것을 '미지급금' 혹은 '매입 채무Accounts Payable'라고 합니다. 영어로 'pay'가 들어간 것을 보니 뭔가 줘야 할 것이라고 기억하면 됩니다. 기업이 소비자들에게 외상으로 물건을 팔듯 기업도 제품을 만들기 위해 원재료를 외상으로 구매할 수 있습니다. 매입 채무의 감소는 원재료 회사에 돈을 빨리 갚고 있다는 의미입니다. 원재료 회사의 현금흐름에는 좋은 일이지만, 기업 입장에서는 좋지 않습니다.

지금까지 설명한 것을 정리하면, 영업 현금흐름이 증가하는 경우는 당기순이익이 증가하고 재고가 감소하며 외상 매출이 줄고 매입 채무가 증가할 때입니다. 영업 현금흐름이 감소하는 경우는 당기순이익이 감소하고 재고가 증가하며 외상 매출이 늘고 매입 채무가 감소할 때입니다.

	영업 현금흐름 증가	영업 현금흐름 감소
Net Income당기순이익	+	-
Inventory재고	-	+
Accounts Receivable외상매출	-	+
Accounts Payable매입채무	+	-

다음 표는 애플의 2021년 연간 실적 보고서에서 발췌한 현금흐름표Consolidated Statements of Cash Flows입니다. 애플은 전형적인 '영업 활동에 따른 현금 증가'를 보여주고 있습니다. 당기순이익 증가Net Income+, 재고 감소Inventories -, 외상 매출 감소 Accounts receivable -_, 매입 채무 증가Accounts Payable+가 나타납니다.

	Years ended		
	September 25, 2021	September 26, 2020	September 28, 2019
Cash, cash equivalents and restricted cash, beginning balances	$ 39,789	$ 50,224	$ 25,913
Operating activities:			
Net income	94,680	57,411	55,256
Adjustments to reconcile net income to cash generated by operating activities:			
Depreciation and amortization	11,284	11,056	12,547
Share-based compensation expense	7,906	6,829	6,068
Deferred income tax benefit	(4,774)	(215)	(340)
Other	(147)	(97)	(652)
Changes in operating assets and liabilities:			
Accounts receivable, net	(10,125)	6,917	245
Inventories	(2,642)	(127)	(289)
Vendor non-trade receivables	(3,903)	1,553	2,931
Other current and non-current assets	(8,042)	(9,588)	873
Accounts payable	12,326	(4,062)	(1,923)
Deferred revenue	1,676	2,081	(625)
Other current and non-current liabilities	5,799	8,916	(4,700)
Cash generated by operating activities	104,038	80,674	69,391

Cash Flow from Investing activities 투자 활동으로 인한 현금흐름

영업 활동으로 인한 현금흐름은 플러스가 무조건 좋은 것이지만 투자 활동으로 인한 현금흐름은 상황에 따라 다릅니다. 미래에 기업이 성장하기 위해서는 현재에 많은 투자를 해야 합니다. 그래야 미래 성장을 기대할 수 있기 때문입니다. 테슬라는 기가 팩토리 설립을 위해 투자를 늘렸고 아마존은 더 빠른 배송을 위해 물류 창고를 더욱 촘촘히 짓고 있습니다. 이로 인해 투자 활동으로 인한 현금흐름은 마이너스가 되었지만 투자자들은 이런 투자를 긍정적 시그널로 봅니다.

Cash Flow from Financing activities 재무 활동으로 인한 현금흐름

해당 항목에서는 자금이 어떻게 조달되었고 주주들에게 돈이 얼마나 돌아갔는지를 보여줍니다. 즉 자사주 매입, 배당금 지급, 대출금 상환과 같은 항목들이 여기에 표시됩니다. 재무 활동으로 인한 현금흐름이 플러스이면 회사가 지금 현재 돈이 없어서 채권과 주식을 발행해서 돈을 조달하고 있다는 뜻입니다. 당연히

재무 활동으로 인한 현금흐름

Financing Activities

All values USD.

ITEM	2017	2018	2019	2020	2021	5-YEAR TREND
Cash Dividends Paid - Total	(12.77B)	(13.71B)	(14.12B)	(14.08B)	(14.47B)	▮▮▮▮▮
Common Dividends	(12.77B)	(13.71B)	(14.12B)	(14.08B)	(14.47B)	▮▮▮▮▮
Preferred Dividends	-	-	-	-	-	-------
Change in Capital Stock	(32.35B)	(72.07B)	(66.12B)	(71.48B)	(84.87B)	▪▮▮▮▮
Repurchase of Common & Preferred Stk.	(32.9B)	(72.74B)	(66.9B)	(72.36B)	(85.97B)	▪▮▮▮▮
Sale of Common & Preferred Stock	555M	669M	781M	880M	1.11B	▁▁▂▃▮

출처: 마켓워치[17]

투자자들은 부정적인 신호로 받아들입니다. 반면 배당을 늘리고 자사주 매입에 돈을 사용하는 것은 회사가 돈 버는 것에 자신 있다는 신호이므로 투자자들이 좋아합니다.

위의 표는 애플의 2017년부터 2021년까지의 재무 활동으로 인한 현금흐름표 일부입니다. 해당 항목 중에 'Repurchase of Common & Preferred Stk'라는 부분이 있는데, 이는 자사주 매입을 나타냅니다. 자사주 매입으로 기업이 돈을 썼기 때문에 빨간색 괄호로 숫자를 표시했습니다. 애플은 최근 5년 동안 자사주 매입을 굉장히 적극적으로 하는 모습이 보입니다.

CapExCapital Expenditures, 자본 지출

CapEx 항목은 투자 활동으로 인한 현금흐름표에서 찾을 수 있습니다. 회사가 현재 사업을 유지하거나 성장시키기 위해 유형 자산을 새로 취득할 때 사용되는 자금입니다. 유형 자산이라는 말이 어려운데 기업에 돈을 벌어다 주기 위해 필요한 자산이라고 생각하면 됩니다. 필자가 우버 택시로 돈을 벌기 위해 소나타를 한 대 뽑았다고 가정하면, 소나타는 필자에게 돈을 벌어다 주는 자산이므로 유형 자산이 됩니다. 소나타가 고장 나지 않도록 유지하고 보수하고 개선하는 데 사용되는 자금도 유형 자산에 포함됩니다.

자본 지출CapEx은 '몇 년간 사용할 수 있는 유형 자산' 취득에 들어간 돈을 의미합니다. 예를 들어 삼성전자는 반도체를 만들기 위해 ASML반도체 장비 회사로부터 반도체 장비를 구매해야 합니다. 구매한 장비는 삼성이 돈 버는 데 도움을 주므로 유형 자산이 되고 이때 지출한 돈은 자본 지출이 됩니다.

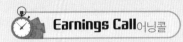 Earnings Call 어닝콜

초등학생인 딸아이가 시험 성적표를 들고 오면 어떤 부분이 어려웠고 어디서 많이 틀렸는지 상세히 물어봅니다. 그리고 앞으로 같은 유형의 문제를 다시 틀리지 않도록 함께 틀린 문제를 풀어봅니다.

상장된 기업들 또한 매 분기 성적표를 들고 옵니다. 그러면 투자자들은 어떠한 부분에서 잘했고 어떤 부분에서 못했는지 성적표를 상세히 봅니다. 성적표를 보다 보면 여러 의문이 생깁니다.

미국에 상장된 기업들은 분기마다 실적 발표를 합니다. 실적 발표와 함께 왜 이런 실적이 나왔는지 투자자들 앞에서 설명합니다. 실적이 좋았다면 어떤 이유로 좋았고 떨어졌다면 무슨 이유로 떨어졌는지 설명합니다. 이런 일련의 과정을 미국에서는 어닝콜Earnings Call이라고 합니다.

어닝콜 자료는 회사 홈페이지 안에 IRInvestors Relations 섹션에서 쉽게 찾을 수 있습니다. 여기에 들어가면 10-K 혹은 10-Q라는 파일을 다운로드할 수 있고 이는 연간 보고서10-K와 분기 보고서10-Q를 말합니다.

어닝콜에서 어떠한 대화가 오고 갔는지 직접 오디오 파일을 구해서 들어도 되고, 영어 실력이 조금 부족하다면 어닝콜 대본Transcript을 구해서 번역기로 돌려서 읽어볼 수도 있습니다. 시킹알파라는 기업 분석 사이트에 가면 기업별 어닝콜 대본Transcript이 정리되어 있습니다.[18]

웹사이트에 들어가면 애플의 어닝콜 대본을 찾아볼 수 있습니다. 다음 그림은 시킹알파에서 애플의 어닝콜을 다시 들어볼 수 있는 화면을 캡처한 것입니다.

시킹알파에서 찾아본 애플의 어닝콜

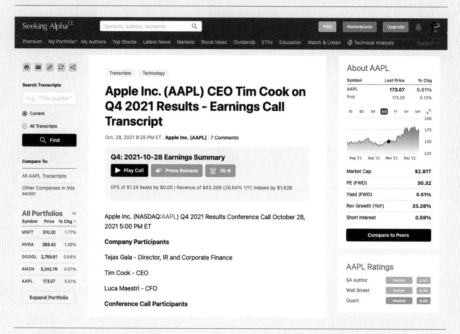

출처: 시킹알파

03

어떤 주식을
선택할 것인가?

$$

01 ▶ ⊪⊪⊪|⊪⊪|
나만의 투자 철학을
정립하자

투자 철학이 없을 때 벌어진 일

처음 주식 투자를 시작했을 때 아무런 기준도, 투자 철학도 없었습니다. 단지 좋은 정보가 있으니 해당 주식을 매입하라는 지인들의 연락을 받으면 그 말을 믿고 그냥 매입했습니다. 10여 년 전 어느 날 있는 돈 없는 돈 모두 모아서 한 주당 20만 원인 어느 회사의 주식을 50주, 즉 1,000만 원어치 매입했습니다. 그런데 한 주에 20만 원 하던 주가는 다음 날부터 떨어지기 시작했습니다. 밑도 끝도 없이 떨어지더니 4개월 뒤에는 한 주에 10만 5,000원까지 떨어졌습니다. 4개월 만에 투자 원금의 50%가 날아갔던 것이지요. 1,000만 원이 4개월 만에 500만 원이 되자 하늘이 노랗게 보였습니다.

그 주식을 추천해준 친구의 멱살을 잡고 욕이라도 한 바가지 쏟고 싶었습니다. 하지만 친구는 덩치가 크고 싸움을 잘해서 도무지 용기가 나지 않았습니다. 무엇보다 그 역시 다른 사람 말만 듣고 묻지마 투자를 해서 똑같이 50% 손실을 보고 있었습니다. 그래서 멱살을 잡는 대신 함께 소주잔을 잡고 밤새 같이 마셨던 기억이 납니다.

그때 그 주식을 팔지 않고 2022년 현재까지 보유하고 있었다면 친구의 말대로 대박이 났을지도 모릅니다. 하지만 저는 투자에 대한 철학도, 투자한 회사에 대한 지식도 없이 그냥 친구 말만 듣고 매입했기에 주식이 반 토막 났을 때 팔지 않고 기다릴 능력이 없었습니다.

글을 쓰는 2022년 8월 17일 현재 그 주식은 한 주당 62만 9,000원에 거래되고 있습니다. 10년 동안 3배가 오른 것입니다. 저의 원금을 반 토막 냈던 문제의 주식은 바로 삼성SDI입니다.

투자로 큰 소실을 본 가슴 아픈 사연을 공유하는 와중에 워런 버핏의 말이 떠오릅니다.

"주식시장은 인내심 없는 사람의 돈이 인내심 있는 사람에게 흘러가는 곳이다."

그렇게 주식으로 쪽박을 차고 정신을 못 차리고 있던 와중에 회사의 지원을 받아 MBA를 하게 되었습니다. 오랜만에 공부하니 머리가 지끈지끈했지만 그때 기업과 산업을 분석하기 위한 다양한 모델들을 배웠습니다. 그리고 그 모델을 기반으로 해서 투자 기준을 만들어나가기 시작했습니다.

미래를 같이할 배우자를 선택할 때 어떤 사람이 좋을지 자기만의 기준을 정하는 것처럼 미래를 같이할 기업을 선택하기 위한 기준을 정해나가기 시작했습니다. 이렇게 투자 기준을 정하고 주식을 매입하자 신기한 일이 벌어졌습니다. 주가가 떨어져서 반토막이 나도 조바심이 생기지 않게 되었습니다. 주식을 손절매하거나 조금만 오르면 바로 팔아버리는 일이 사라졌고 그렇게 5년이란 세월이 흘렀습니다.

그렇다고 묻지마식 장기 투자를 한 것은 아닙니다. 투자하는 와중에도 투자 기준에서 벗어났다고 판단될 때면 미련 없이 주식을 팔았습니다. 최근에 팔았던 기업은 넷플릭스와 AT&T입니다. 넷플릭스는 OTT 시장의 경쟁 강도가 점점 치열해져서 2021년에 미련 없이 팔았습니다. AT&T는 내부 직원들의 회사 만족도가 점점 하락하고 있어서 2020년 초에 모두 정리했습니다.

투자 기준을 세우자

투자 기준을 세울 때 2가지 모델을 참고하여 정성적 분석 틀을 만들었습니다. 'Service Profit Chain Model'과 '5 Forces Model'입니다. 대학 다닐 때 경영학을 전공이나 부전공으로 했다면, 한 번쯤 들어보았을 모델입니다. 모델 이름이 영어로 되어 있어 어려워 보이지만 설명을 듣고 나면 그렇게 어렵지 않습니다.

Service Profit Chain Model

이 모델은 하버드비즈니스스쿨에서 만들어진 사업 모델입니다. 기업이 직원들을 위한 업무 환경과 사내 문화를 개선하면 내부 직원들의 만족도가 높아집니다. 내부 직원들의 만족도가 올라가면 이직이 줄고 생산성이 향상됩니다. 향상된 생산성은 좋은 품질의 제품이나 서비스로 전환됩니다. 소비자들은 해당 제품에 만족하고 충성도가 올라갑니다. 소비자들의 충성도가 올라가면 기업의 매출이 증가하고 수익성이 개선됩니다. 회사가 돈을 많이 벌면 직원들을 위한 업무 환경을 더 좋게 만들 수 있고 이러한 과정이 선순환하는 모델을 Service Profit Chain Model이라고 합니다.

실제로 한 기관에서 일하기 좋은 기업이 주식시장에서 좋은 수익률을 보여주는지 실험해보았습니다. 2019년 'Best Place to Work일하기 좋은 기업' 리스트에

일하기 좋은 기업들의 주식시장 수익률

2019년 5월 31일	수익률(%)				
	1년	2년	3년	4년	5년
S&P500 기업	2	14	31	30	43
Best Place to Work 10위 이내	16	95	141	181	284
Best Place to Work 20위 이내	11	67	120	157	229
Best Place to Work 30위 이내	13	58	110	137	226
Best Place to Work 40위 이내	8	46	93	112	183

출처: App Economy Insights

1~40위를 기록한 기업의 수익률은 시장 평균 수익률S&P500을 상회했습니다. 앞선 표에서 알 수 있듯이, S&P500의 5년간의 수익은 43%였는데, 일하기 좋은 상위 10위 기업들의 평균 수익률은 284%였습니다.

또 다른 사례를 들어보겠습니다. 2001년 9월 9·11 테러가 터진 후 항공 산업은 깊은 침체기에 빠졌습니다. 테러의 위협 때문에 사람들은 비행기 대신 다른 교통수단을 이용하기 시작했습니다. 대부분의 항공사는 비용을 줄이기 위해 직원들을 해고했습니다. 직원들이 해고되면서 사내 분위기는 점점 험악해졌습니다. 해고에서 살아남은 직원들 또한 언젠가는 이렇게 커다란 기계의 부속품처럼 버려질 수 있다고 생각하자 회사에 대한 충성도와 만족도는 급격히 떨어졌습니다.

그런데 이렇게 모든 항공사가 인원 구조조정을 할 때, 사우스웨스트항공이란 항공사는 구조조정 대신 함께 허리띠를 졸라매는 선택을 했습니다. 사람을 자르는 대신 다른 부분에서 비용을 줄이고자 노력했습니다. 이를 지켜본 직원들의 사기가 어땠을지 안 봐도 뻔합니다. 직원들은 회사에 감사한 마음을 갖기 시작했습니다. 감사한 마음을 가진 직원들로부터 진심 어린 서비스가 나왔고 소비자들의 만족도 역시 올라가기 시작했습니다. 소비자들의 브랜드 충성도가 증가하자 회사의 매출 또한 성장했습니다. 9·11 테러 이후 항공 여객 산업이 어려웠던 시절이었지만 사우스웨스트항공은 구조조정 없이도 위기를 잘 극복할 수 있었습니다.

이때 배운 레슨이 있습니다. 나중에 투자할 기업을 고를 때 내부 직원들의 만족도와 소비자들의 충성도, CEO가 어떤 철학을 갖고 있는 사람인지 확인하는 것이 정말 중요하다는 것입니다.

5 Forces Model

하버드대학교 경영대학 교수인 마이클 포터Michael Porter에 의해 고안된 산업 분석 모델입니다. 이 모델은 산업을 분석하는 데 있어 5가지 사항을 고려합니다.

공급자의 협상력, 구매자의 협상력, 대체재, 기존 사업자의 위협, 신규 진입자의 위협 해당 항목별로 예를 들어보겠습니다. 이 모델을 사용해 왜 퇴직 후 치킨집을 차리면 안 되는지도 설명해보겠습니다.

① 공급자의 협상력

치킨집을 차릴 때 퇴직자의 대부분이 프랜차이즈를 선택합니다. 경험이 없어도 사업을 시작하기 쉽기 때문입니다. 하지만 모든 재료를 프랜차이즈 본사_{공급자}로부터 받아야 하므로 다소 비싸더라도 군말 없이 받아야 합니다. 즉 공급자의 협상력이 높습니다. 다른 말로 본사가 갑, 퇴직자는 을이라는 뜻입니다.

② 구매자의 협상력

치킨을 시키기 위해 배달 앱을 켜보면 치킨집이 끝도 없이 나옵니다. 아무리 스크롤해서 내려보아도 새로운 치킨집이 계속 화면에 뜹니다. 치킨집이 이렇게 많다 보니 구매자_{소비자}의 협상력이 훨씬 커집니다. 시골 마을에 치킨집이 하나만 있는 경우라면 치킨집의 협상력이 크겠지만, 대부분의 경우에는 내 주변 2km 이내에 여러 개의 치킨집이 있기에 소비자의 협상력이 큽니다.

③ 대체재

치킨 대신 먹을 수 있는 배달 음식도 정말 많습니다. 피자, 햄버거, 한식, 중식, 일식 등등. 너무 많아서 늘 선택의 고민에 빠집니다. 대체재가 많으면 가격을 올리기도 쉽지 않습니다.

④ 기존 사업자의 위협

치킨 시장에는 이미 사업을 잘 영위하고 있는 사장님들이 많습니다. 이분들은 치킨을 워낙 많이 팔기 때문에 치킨 한 마리당 고정비가 낮아 수익성이 좋습니다. 재료도 대량으로 구매하기 때문에 더 싸게 살 수 있습니다. 경쟁자보다 좋은 수익성과 자본력을 활용해 소비자들을 대상으로 후기 이벤트도 할 수 있습니다. 후기 이벤트 덕분에 리뷰와 평점은 더 좋아지고 치킨 주문자는 더 많아지는 선순환 구조가 만들어집니다.

⑤ 신규 진입자의 위협

돈만 있으면 쉽게 차릴 수 있는 것이 치킨집이기 때문에 신규 진입자가 많아 경쟁도 치열한 편입니다. 치킨집 평균 창업 비용은 7,000만 원으로 자영업 중에서 저렴한 편에 속합니다. 반면 삼성전자의 경우 미국 텍사스 오스틴에 신규 반도체 공장 설립에 들어가는 돈이 20조 원에 달합니다. 투자 규모가 큰 만큼 신규 진입자의 위협도 낮습니다.

위 2가지 모델과 투자 경험을 기반으로 만든 저의 투자 기준은 '경주산소시직'입니다. 6가지 투자 기준의 첫 글자를 따서 기억하기 쉽도록 만들었습니다.

구분	6가지 투자 기준
1	경쟁자가 얼마나 있는가? Competitors
2	주주 친화적인가? Shareholder Friendly
3	산업이 성장하고 있는가? Growth Industry
4	소비자들이 좋아하는 브랜드인가? Brand Loyalty
5	CEO는 어떤 사람인가? Leadership
6	직원들의 만족도는 어떠한가? Employee Satisfaction

다음부터는 각 기준에 대해 좀 더 자세히 설명하고 관련 자료들을 어떻게 습득하는지에 대해 알아보고자 합니다.

조금 더 알아봅시다!

 **sector**섹터

　미국 주식에 투자할 때 '섹터'라는 말을 많이 들어보았을 겁니다. 특히 요즘에는 우크라이나와 러시아와의 전쟁으로 인해 에너지 섹터에 있는 기업들의 실적이 아주 좋다는 경제 뉴스가 많습니다. 반면 기술 섹터의 주식들은 금리 인상의 영향을 받아서 한도 끝도 없이 폭락하고 있다는 기사도 접해보셨을 겁니다. 그렇다면 여기서 말하는 섹터는 도대체 무엇일까요? 섹터는 비슷한 성격의 사업체들이 모인 업종 혹은 산업군 정도로 번역하면 될 것 같습니다.

　내가 투자하고자 하는 기업이 어떠한 섹터에 속해 있는지 미리 알아두면 좋습니다. 동일 섹터에 속한 기업들의 주가는 같은 방향으로 움직이는 성격이 있기 때문입니다. 예를 들어보겠습니다. 넷플릭스는 'Communication Services' 섹터 내 'Entertainment'에 속해 있습니다. 넷플릭

섹터별 주요 기업의 주가 변동

출처: 핀비즈[19]

스는 2022년 1분기 실적 발표 후 주가가 폭락했는데, 동일 섹터에 있는 디즈니와 워너브라더스 디스커버리의 주가도 함께 폭락했습니다. 동일 섹터 안의 기업들은 주가가 같은 방향으로 움직이는 경향이 있기 때문에 섹터가 다른 기업들의 주식을 섞어서 매수해야 분산투자가 가능해집니다.

섹터가 다르면 기업의 성격도 다릅니다. 예컨대 Technology Sector기술 부문에 속해 있는 기업들은 미래에 대한 기대감이 높아서 PER가 높습니다. Healthcare Sector헬스케어 부문에 속한 기업들은 제약·바이오 기업들이기 때문에 연구개발 비용R&D Expense이 높으며, Consumer Staples Sector필수 소비재 부문에 속한 기업들은 경제 상황과 관계없이 소비자들에게 꼭 필요한 제품을 팔기 때문에 경기와 상관없이 실적이 꾸준하게 나옵니다.

주식시장에는 총 11개의 섹터가 있습니다. 1999년 MSCI와 S&P가 개발한 GICSGlobal Industry Classification Standard라는 산업 분류 체계에서 11개의 섹터가 정립되었습니다.

앞의 그림은 핀비즈finviz.com에서 볼 수 있는 섹터별 주요 기업과 주가 변동을 보여줍니다. 사각형의 크기가 클수록 거래 규모가 큰 것을 의미하며 녹색이 상승, 적색이 하락을 나타냅니다.

섹터	설명	대표 회사	알아 두면 좋아요!
기술 Technology	소프트웨어, 하드웨어, 반도체	애플, 마이크로소프트, 엔비디아	- PER가 높고 변동성 높음 - 금리 상승기에 주가 급락
금융 Financial	은행, 신용카드사, 투자지주회사	버크셔해서웨이, JP모건, 비자, BOA	- 규제 및 금리 변화에 민감 - 금리 상승기에 예대 마진 증가로 실적 개선 - 2022년 상반기에 금리 상승에도 불구, 러시아 관련 리스크 증가로 주가 저조
헬스케어 Health Care	제약, 의료장비, 바이오테크	존슨앤드존슨, 유나이티드헬스, 머크	- 신약 개발 등을 위해 R&D 비용이 높음 - 경기와 관계 없이 꾸준한 실적

커뮤니케이션
Communication
Services
	SNS, 영화, 드라마,
	음악 등 커뮤니케이션
	관련 회사, 알파벳은
	유튜브의 매출 비중이
	높아 해당 섹터에
	속함
		알파벳, 메타,
		디즈니, 넷플릭스
			- OTT 시장에 여러 빅테크 기업들이
			  참전하면서 경쟁 심화, 이로 인한수익성
			  감소 전망
			- 디지털 광고 시장은 성장 중

필수 소비재 Consumer Staples 혹은 Consumer Defensive	경제 상황과 상관 없이 소비자가 필수적으로 사야 하는 음식, 음료, 담배, 대형 할인점	월마트, 코스트코, P&G, 코카콜라	- 경제 변화에 덜 민감해서 경기 방어주 라고도 불림 - 주가 변동폭이 낮고 배당주가 많음

산업재
Industrials
	건설, 중장비, 항공
	우주, 방위 등 거대
	기계 장비가 사용되는
	업종
		보잉, 유니온
		퍼시픽, 허니웰
			- 경기 순환에 민감하며, 대규모 자본 투자가
			  필요해 진입장벽이 높음
			- 정치적 영향을 많이 받음. 예컨대 중국은
			  미국과 관계가 악화되면 보잉 대신 에어버
			  스 비행기를 구매함

임의 소비재 Consumer Discretionary 혹은 Consumer cyclical	자동차, 호텔, 외식, 인터넷 쇼핑 등 사람들이 원하지만 필수적이지는 않은 제품이나 서비스 제공	테슬라, 맥도날드, 아마존, 나이키, 홈디포	- 경기 침체 시에는 임의 소비재의 소비를 줄 이므로 실적이 악화됨
에너지 Energy	석유, 천연가스 등 생산 관리하는 산업	엑슨모빌, 쉐브론, 코노코필립스	- 원자재 가격과 주가가 밀접하게 관련됨 - 경제 변화 및 소비자 수요에 민감 - 진입장벽이 높음
유틸리티 Utilities	가스, 수도, 전기 관련 산업	넥스테라, 듀크 에너지, 써던컴퍼니	- 수요가 안정적이기 때문에 꾸준히 배당금 지급 - 10년이상 배당을 늘려온 기업이 많음
부동산 Real Estate	부동산 개발 및 관리	아메리칸타워, 프롤로지스, 에퀴 닉스	인플레이션 시기에 부동산과 렌트비가 오르므로 인플레이션 헤지 수단으로 여겨짐
원자재 Basic Materials	제품을 만드는 데 필요한 소재를 공급하는 산업	린데, 에코랩,	- 진입장벽이 높음 - 경기 순환에 민감 - 원자재 가격 변동에 민감

경쟁자가 얼마나 있는가?

Competitors

경쟁이 심할 때 겪는 일

예전에 한 개그우먼이 토크쇼에서 애인을 사귀는 방법과 관련해서 했던 이야기가 떠오릅니다. "남친을 사귀고 싶으면 친구들과 와인바나 레스토랑에 가서 와인을 마시지 말고 대기업 다니는 남자들이 득실거리는 테헤란로 삼겹살집에 가서 소주를 마셔라!"

연애뿐만 아니라 비즈니스 세계에서도 경쟁자가 적으면 사업하기 수월합니다. 경쟁 강도가 낮다는 의미는 아직 시장이 성숙한 상태가 아니고 시장 초기 단계라는 뜻도 됩니다. 시장 초기 단계에 먼저 사업을 하고 있으면 다른 경쟁자가 쳐들어오기 전에 가격 경쟁력을 갖출 수 있어_{규모의 경제 활용} 좋습니다. 그뿐만 아니라 소비자들로부터 '원조'라는 칭호를 얻을 수 있으므로 브랜드 자산 강화에도 유리합니다. 이런 식으로 시장이 커지기 전에 적의 침입을 막을 수 있는 성벽을 쌓아놓을 수 있습니다_{경제적 해자}.

시간이 흘러 시장이 성숙해지더라도 강력한 경제적 해자를 보유하고 있다면 특별한 경쟁자 없이 행복하게 사업할 수 있습니다. 스마트폰 기기 시장은 포화 상태가 되어 경쟁이 치열하고 마진율이 굉장히 낮지만, 애플만큼 강력한 브랜드 파워, 즉 경제적 해자를 가진 회사는 높은 마진을 향유합니다. 애플은 스마트폰 시장 전체 영업이익의 75%를 차지하고 있습니다.

시장 초기 단계에서 낮은 경쟁 강도로 사업했던 회사의 대표적인 사례는 2000년대 중반 온라인 스트리밍 서비스를 시작한 넷플릭스입니다. 당시만 하더라도 온라인 스트리밍으로 영화나 드라마를 보는 것은 상상 속의 일이었습니다. 온라인으로 영화를 볼 수 있을 정도의 속도가 나오는 인터넷망이 이제 막 설치되던 시절이었기 때문입니다. 따라서 대부분의 사람은 온라인으로 영화를 보는 것보다는 블록버스터라는 DVD 대여점에서 영화를 빌려 보는 것에 더 익숙했습니다.

그러나 넷플릭스의 CEO는 가까운 미래에 인터넷으로 드라마나 영화를 시청하는 시대가 올 것임을 확신했고 사업 규모를 확장하기 위해 당시 DVD 대여 1등 업체였던 블록버스터를 찾아갔습니다.

"우리 같이 손잡고 온라인 스트리밍 서비스 사업을 성장시킵시다. 지분 투자 좀 해주세요."

세상의 흐름을 읽지 못했던 블록버스터는 넷플릭스의 제안을 거절했습니다. 이후에도 넷플릭스는 포기하지 않고 여러 차례 지분 투자를 제안했는데 블록버스터는 매번 거절했습니다. 그로부터 6년 뒤 블록버스터는 세상이 변하고 있음을 뒤늦게 깨달았고 온라인 스트리밍 사업을 시작하려 했지만 이미 때는 늦었습니다.

넷플릭스는 그로부터 10여 년간 큰 경쟁자 없이 행복하게 온라인 스트리밍 사업을 했습니다. 넷플릭스의 우수한 사업성은 주가에도 드러났습니다. 2002년 월드컵 당시 넷플릭스는 한 주에 1달러 선에 거래되었는데, 2021년에는 700달러까지 치솟았습니다. 무려 700배나 상승했습니다.

영원할 것만 같던 넷플릭스의 성장은 2022년에 정점에 달한 것처럼 보입니다. 꽃이 있는 곳에 벌이 몰리듯, 돈 냄새가 나는 OTT 사업Over The Top media service, 인터넷을 통해 미디어 콘텐츠 제공에 다른 우량 기업들도 대거 참여했기 때문입니다.

애플애플티비플러스, 아마존아마존프라임비디오, 디즈니디즈니플러스, AT&THBO맥스와 같은 초우량 기업들도 OTT 산업의 미래를 밝게 보고 해당 시장에 뛰어들었습니다. 넷플릭스와 달리 경쟁 업체들은 OTT 사업이 주력이 아닙니다. 별도의 캐시카우 Cash Cow, 꾸준히 현금을 창출하는 사업가 있기 때문에 넷플릭스의 어려움은 더 커 보입니다.

넷플릭스 주가 추이

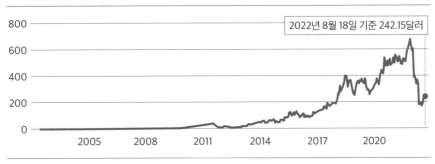

출처: 구글

경쟁 기업이 많아지자 좋은 콘텐츠를 확보하려는 기업 간의 경쟁도 심화되었습니다. 경쟁 심화는 항상 비용 상승을 유발합니다. 아마존은 아마존프라임비디오 내 콘텐츠 강화를 위해 〈반지의 제왕〉 시리즈의 판권비로 2억 5,000만 달러약 3,400억 원를 지불했습니다. AT&T의 HBO맥스는 시트콤 〈프렌즈〉의 5년 사용료로 2020년에 4억 2,500만 달러약 5,800억 원를 냈습니다. 넷플릭스는 경쟁이 심해지자 콘텐츠 강화를 위해 2021년도에 170억 달러를 사용했습니다.[20]

경쟁 확대에 따른 수익성 감소와 FED의 금리 인상 우려로 2021년 700달러까지 올랐던 넷플릭스의 주가는 글을 쓰는 2022년 8월 18일 현재 기준 240달러 선에서 거래되고 있습니다. 위의 그래프는 지난 20년간의 넷플릭스 주가 추이를 보여줍니다.

경쟁 강도를 어떻게 확인할 수 있나?

시장 점유율Market Share 확인을 통해 경쟁자 파악

가장 간단한 방법은 구글과 같은 검색 사이트에서 'Market share of 산업명'을 입력해보는 것입니다. 클라우드 시장의 경쟁 강도가 어떤지 알아보기 위해 구글에서 'Market Share of Cloud Infrastructure'를 입력해보았습니다. 맨 처음 뜨는 결과값을 클릭하였더니, 다음과 같은 자료를 구할 수 있었습니다.

2022년 2분기 기준 2,035억 달러 규모의 클라우드 인프라 시장은 아마존, 마이크로소프트, 구글 세 곳에서 시장을 장악한 과점oligopoly 형태를 띠고 있습니다. 클라우드 컴퓨팅 시장은 오랫동안 아마존 혼자 독식하고 있었는데, 이제는 아마존·마이크로소프트·구글의 3강 체제로 변하고 있는 모습입니다.

클라우드 시장에서 아마존의 시장 점유율

aws	34%
Azure	21%
Google Cloud	10%
Alibaba Cloud	5%
IBM Cloud	4%
salesforce	3%
Tencent Cloud	3%
ORACLE CLOUD	2%

Cloud infrastructure market size (12 months ended June 2022): $203.5 billion

출처: 시너지리서치그룹[21]

마진율EBIT Margin 확인

경쟁 강도가 낮으면 대체할 수 있는 상품이 적기 때문에 마진이 좋습니다. 워터

파크에서 파는 음식들이 시중보다 비싼 가격을 받을 수 있는 것도 주변에 경쟁자가 없기 때문입니다. 내가 선택한 기업과 섹터Sector, 글로벌 산업 분류 기준으로 11개의 섹터로 나뉨 평균 마진율을 비교해보면 경쟁 강도를 알 수 있습니다.

마이크로소프트는 영업이익률EBIT Margin이 40%를 넘어섭니다. 마이크로소프트가 속한 기술 섹터 기업들의 영업이익률 중간값은 8.93%이니, 마이크로소프트가 얼마나 높은 경제적 해자를 보유하고 있는지, 그리고 대적할 경쟁자가 적다는 사실을 알 수 있습니다.

필자가 주로 사용하는 마진율 확인 방법은 다음과 같습니다. 우선 시킹알파에 들어갑니다. 마이크로소프트의 티커명회사 검색 시 사용하는 약어 'msft'를 입력하고 검색합니다. 'Profitability'를 클릭하고 마진율을 확인합니다.

시킹알파에서 마진율 확인 방법

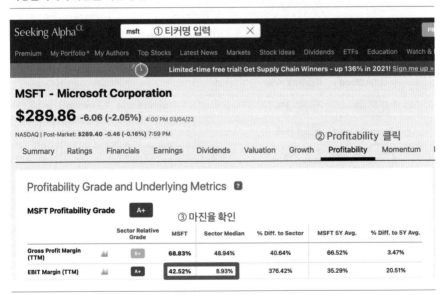

출처: 시킹알파[22]

가격 결정권 보유 여부 확인

경쟁이 적은 곳에서 사업하는 기업혹은 강력한 경제적 해자를 보유한 기업은 인플레이션 시기에도 가격을 올릴 수 있습니다. 예컨대 생산성 향상 소프트웨어를 만드는 마이크로소프트는 인플레이션으로 인한 비용이 상승하자 '오피스 365'의 가격을 인상하기로 결정했습니다. 즉 비용 상승을 소비자에게 전가하기로 정했습니다. '오피스 365'를 대체할 만한 제품이 많지 않기에 이렇게 과감하게 가격을 인상할 수 있었습니다.

아마존 또한 '아마존 프라임 연간 멤버십'의 가격을 2022년에 17% 인상했습니다. 이렇게 높게 인상할 수 있는 이유도 아마존을 대체할 만한 기업이 없기 때문입니다. 아마존은 그간 미국 전역에 물류 시스템을 구축하기 위해 천문학적인 돈을 투자했습니다. 경쟁 업체가 아마존처럼 빠른 배송 서비스를 제공하기 위해서는 아마존과 같은 수준의 물류망 구축이 필요한데, 이는 거의 불가능에 가깝습니다. 아마존이 멤버십 가격을 인상하더라도 소비자들은 대체 서비스가 없기 때문에 가격 인상을 받아들이거나 타사의 느린 배송 서비스를 이용해야 합니다.

애플은 강력한 브랜드 파워를 바탕으로 가격 결정권을 보유하고 있습니다. 최근 미국의 한 마케팅 업체의 조사 결과에 따르면 미국의 MZ 세대들은 애플 제품을 부의 상징으로 받아들이고 있었습니다. 그뿐만 아니라 애플은 아이클라우드iCloud를 통한 기기 간의 연동성이 우수하므로 락인 효과Lock-in Effect, 고객을 가둔다는 뜻으로 잠금 효과, 자물쇠 효과 등으로 부른다. 제품이나 서비스 관련 생태계 자체를 만들거나 장악해 고객의 선택을 제한시킨다까지 보유하고 있어 가격을 인상해도 소비자 이탈이 적을 것으로 보입니다.

경제적 해자

중세 시대에 적의 침입을 막기 위해 성벽 둘레에 구덩이를 파고 물을 채워 넣었던 것을 해자moat, 垓子라고 부릅니다. 요즘에는 경쟁사의 공격을 막기 위해 진입장벽을 설치하는 것을 경제적 해자라고 말합니다. 쉽게 말해 경쟁사 대비 우리가 갖고 있는 특별한 강점이라고 보면 됩니다. 워런 버핏은 경제적 해자를 지닌 기업에 투자해서 큰 성공을 거두었다고 언급했습니다.

규모의 경제 Economies of Scale

한 기업의 생산량이 많아질 때 생산 비용이 떨어지는 것을 말합니다. 생산량이 많아지면 재료를 좀 더 저렴하게 구매할 수 있고 제품 수량이 많아지면 고정 비용을 여러 제품에 분산시킬 수 있기 때문에 제품 한 개당 생산 단가도 떨어집니다.

락인 효과 Lock-in Effect

자물쇠에 잠기듯 한 제품에서 다른 제품으로 옮길 때 많은 비용이 발생하도록 만들어서 우리 제품에 가두어두려는 전략입니다. 예컨대 애플의 아이클라우드에 저장된 수많은 데이터를 전부 다운로드받아서 구글의 클라우드 드라이브로 이동시키는 것은 상당히 번거로운 일이기 때문에 대부분의 사람이 처음 정착한 클라우드 드라이브에 안착합니다.

대한항공이 마일리지를 제공하고 카페에서 쿠폰 10장에 무료 한 잔을 제공하는 것도 락인 효과의 예시입니다.

03 주주 친화적인가?
Shareholders Friendly

주주 친화적 기업이란

기업을 고르는 두 번째 기준은 투자할 기업이 얼마나 주주 친화적인 기업인가입니다. 주주들에게 잘해주는 기업이 어떤 기업일까요? 사업으로 돈을 잘 벌고 벌어들인 돈을 잘 나눠 주고 주가 부양에 힘쓰는 기업이 주주 친화적인 기업입니다. 다시 말해 주주를 부자로 만들어주는 기업니다.

2022년 연초부터 동학 개미들이 한국 주식을 팔고 미국 주식으로 많이 넘어가고 있다는 뉴스를 심심찮게 봅니다. 한국 주식에 크게 실망한 개미들이 미국 주식으로 갈아타는 것 같습니다. 실망한 이유 중 하나는 한국 기업들이 주주 친화적이지 못한 것에 대한 실망감이 아닐까 생각합니다. 실제로 한국의 평균 배당 성향은 20% 정도인데 미국은 한국의 2배인 40% 정도가 됩니다. 미국의 부동산 리츠 회사들은 배당 성향이 90%를 넘습니다. 배당 성향은 회사가 번 돈 중에 얼마만큼을 배당금으로 쓰는지를 보여줍니다. 예컨대 100만 원 벌어서 20만 원을 배당하면 배당 성향은 20%입니다.

한국 기업들이 배당에 인색한 이유

한국 기업들은 배당에 굉장히 인색합니다. 왜 그럴까요? 그것은 바로 우리나라 재벌 총수들의 대부분이 매우 적은 지분으로 회사를 경영하고 있기 때문입니다. 지분이 적다는 말은 보유 주식이 적다는 말입니다. 따라서 주주들에게 배당하는 것보다는 다른 방법으로 회사의 이익을 빼내는 것이 이익입니다.

어떤 재벌의 지분이 5%라고 가정하고 당기순이익 1,000억 원으로 흑자가 났다면 1,000억 원을 모두 배당하더라도 자기에게 돌아오는 돈은 50억 원_{1,000억 원 × 5%}밖에 되지 않습니다. 게다가 배당금을 받으면 배당소득세 15.4%도 내야 하고 45%_{2022년부터 10억 원 이상 적용}에 달하는 종합소득세도 내야 하기 때문에 배당에 대한 동기 부여가 떨어집니다. 배당을 받지 않고 법인 명의로 고급 자동차를 몰고 법인 카드로 레스토랑에 가는 것이 더 현명해 보입니다. 법인 돈을 쓰면 비용으로 인정되어 법인세 절감도 되니 일석이조입니다.

일부 기업은 자식이나 친인척이 설립한 회사에 일감을 몰아주고 시장 가격보다 비싼 가격으로 물건을 사줍니다. 이렇게 비싸게 물건을 사주어서 당기순이익을 최대한 줄입니다. 이런 방식으로 법인세를 절감하고 편법으로 자녀들에게 증여해줍니다. L 모 그룹의 딸들이 팝콘 회사를 만들어 계열 극장 체인에 비싼 가격으로 납품했던 일화는 유명합니다.

반면 미국은 창업자가 자식에게 경영권을 세습하지 않고 전문 경영인에게 기업을 맡기기 때문에 주주 친화적으로 운영될 확률이 높습니다. 창업자는 전문 경영인에게 기업을 맡기면서 대규모 스톡옵션_{Stock Option, 특정 기간 안에 정해진 가격으로 주식을 살 수 있는 권리}을 지급하기 때문에 주주를 위해 주가를 올리고 배당금을 지급하는 것이 전문 경영인 자신의 이익과 일치하게 됩니다.

주주 친화적인 기업을 찾는 방법

투자하고 싶은 기업이 주주 친화적 기업인지 알아보는 첫 번째 방법은 현금흐름표를 통해 확인해보는 것입니다. 3개의 현금흐름표 중에 재무 활동으로 인한 현금흐름표를 확인하면 자사주 매입과 배당금에 돈을 얼마나 써왔는지 점검할 수 있습니다.

영어로 자사주 매입은 다시 사들인다는 뜻의 'Buyback' 또는 'Repurchase'이고 배당금은 '나누다'는 뜻에서 나온 단어 'Dividends'입니다. 다음은 애플의 현금흐름표입니다. 빨간색으로 표시된 부분에서 'Repurchases of common stock자사주 매입'과 'Payments for dividends and dividend equivalents배당금 지급' 현황을 볼 수 있습니다. 현금이 지출된 것이기 때문에 마이너스괄호로 표시되어 있습니다.

다음 표에서 알 수 있듯이 2021년 애플이 지급한 배당금Dividends은 144억 달러$14,467M이고 자사주 매입Repurchases에 사용한 돈은 860억 달러$85,971M입니다. 애플이 주주를 위해 사용한 돈은 총 1,000억 달러에 달합니다. 약 120조 원에 달합니다. 이것이 얼마나 큰 금액인가 하면 글을 쓰고 있는 5월 27일 기준으로 우리나라 시총 120조 원이 넘는 기업은 삼성전자 한 곳뿐입니다396조 원. 시총 2위

애플의 현금흐름표에서 나타난 자사주 매입과 배당금 지급

단위: 백만 달러

Financing activities:	2021	2020	2019
Proceeds from issuance of common stock	1,105	880	781
Payments for taxes related to net share settlement of equity awards	(6,556)	(3,634)	(2,817)
Payments for dividends and dividend equivalents	(14,467)	(14,081)	(14,119)
Repurchases of common stock	(85,971)	(72,358)	(66,897)
Proceeds from issuance of term debt, net	20,393	16,091	6,963
Repayments of term debt	(8,750)	(12,629)	(8,805)
Proceeds from/(Repayments of) commercial paper, net	1,022	(963)	(5,977)
Other	(129)	(126)	(105)
Cash used in financing activities	(93,353)	(86,820)	(90,976)

출처: 애플 10-K 2021

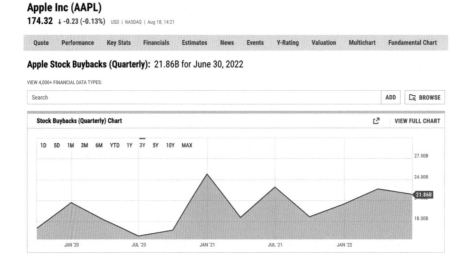

Apple Inc (AAPL)
174.32 ↓ -0.23 (-0.13%) USD | NASDAQ | Aug 18, 14:21

| Quote | Performance | Key Stats | Financials | Estimates | News | Events | Y-Rating | Valuation | Multichart | Fundamental Chart |

Apple Stock Buybacks (Quarterly): 21.86B for June 30, 2022

VIEW 4,000+ FINANCIAL DATA TYPES:

Search | ADD | ⌕ BROWSE

Stock Buybacks (Quarterly) Chart | ⤢ | VIEW FULL CHART

1D 5D 1M 3M 6M YTD 1Y 3Y 5Y 10Y MAX

27.00B
24.00B
21.86B
18.00B

JAN '20   JUL '20   JAN '21   JUL '21   JAN '22

출처: 와이차트[23]

LG에너지솔루션의 시총은 100조 원입니다.

10-K에서 현금흐름표를 보는 것이 어렵다면 와이차트_YCharts를 통해 확인해볼 수도 있습니다. 와이차트에 들어가면 애플의 분기별 자사주 매입 현황을 위와 같이 확인할 수 있습니다. 그래프에서 알 수 있듯이 애플은 분기별로 200억 달러_$20.00B씩 꾸준히 자사주를 매입하고 있습니다.

주의할 사항

배당이나 자사주 매입을 하지 않는 기업이라고 해서 무조건 나쁜 기업은 아닙니다. 빠르게 성장하는 기업들은 배당보다는 연구개발 투자를 지속적으로 늘려 경제적 해자를 먼저 구축하는 데 총력을 기울입니다. 일단 경제적 해자가 구축되고 나면 경쟁사가 침범하지 못하고 주가는 자연스레 상승하기 때문에 결과적으로 주주들에게 이익입니다. 이러한 사업 모델의 대표적인 예가 아마존입니다. 아마존은 자사주 매입과 배당을 하는 대신 기업 경쟁력 향상을 위해 지속적으로 투자해온 기업입니다. 비록 배당은 없었지만 아마존은 1997년 5월에 1주당 0.09달러 정도 했는데주식 분할 적용 가격 2022년에 8월 17일에는 142.10달러에 거래되고 있습니다.

손주부의 TIP

배당 성향

배당 성향이란 회사가 벌어들인 순이익Net Income 중에서 배당금Dividends으로 쓰인 돈의 비중을 말합니다. 수식으로 표현하면, '배당 성향 = 배당금 / 당기순이익Payout Ratio = Dividends / Net Income'입니다. 배당 성향이 낮으면 낮을수록 배당을 조금 한다는 의미입니다.

조금 더 알아봅시다!

자사주 매입을 왜 하는 걸까요?

신문을 보면 자사주 매입을 하겠다는 미국 회사들이 정말 많이 눈에 띕니다. 애플은 이미 팀 쿡이 CEO가 되고 난 이후로 10년 넘게 자사주 매입을 하고 있고 구글도 앞으로 본격적으로 자사주 매입을 하겠다고 발표했습니다. 자사주 매입은 회사가 벌어들인 돈으로 자기 주식을 산다는 말인데 이걸 도대체 왜 하는 것일까요? 자사주를 매입하면 주주들이 좋아하기 때문입니다. 차근차근 설명해보겠습니다.

자사주 매입을 하면 일단 주식시장에서 유통되는 주식 수가 줄어듭니다. 그러면 EPS주당순이익 = 당기순이익 / 유통 주식 수가 상승하지요. 분모가 줄어드니 EPS가 상승하는 겁니다. 쉽게 예를 들어보면 늦은 밤에 친구 4명이 야식으로 먹기 위해 피자를 한 판 시켰는데 두 명이 피곤해서 먼저 잠들면 남아 있는 두 사람의 몫이 증가하는 것과 같습니다. 회사의 이익은 똑같은데 이익을 나누어 먹을 주주의 수가 줄어들면 남아있는 주주의 몫이 커집니다.

EPS가 상승하면 PERPER = 주가 / EPS은 줄어듭니다. 분모가 커지니 PER 값이 줄어드는 겁니다. PER이 낮으면 투자자들이 저평가되었다고 생각하고 주식에 대한 매수 수요가 증가합니다. 결국 자사주 매입은 회사의 주가를 상승시키는 효과를 가져옵니다. 정리하면 다음과 같습니다.

> 자사주 매입 → 유통 주식 수 감소 → EPS 증가 → PER 감소 →
> 회사 저평가 신호 → 투자 수요 증가 → 주가 상승[24]

04 ▶ ·ıılıl|ıılıı

산업이 성장하고 있는가?

Growth Industry

성장이 중요한 이유

신입 사원 시절에 세상에서 가장 부러웠던 사람은 부장님이었습니다. 아침에 출근하면 당시 막내였던 저에게 커피를 부탁하고는 4대 일간 신문을 읽기 시작했습니다. 속독하는 것이 아니라 천천히 정독해서 읽었습니다. 2시간에 걸쳐 신문을 모두 읽고 나면 주식 창을 띄워놓고 주식을 하기 시작했습니다. 그러다 점심시간이 되면 밥을 먹으러 갔고 식후에는 자리에 앉아 낮잠을 즐겼습니다. 부장님이 그렇게 쉬엄쉬엄 일해도 우리나라 경제가 매년 10% 이상 성장하던 시절이었기 때문에 때가 되면 승진했고 월급도 매년 자동으로 올랐습니다.

2022년 현재 우리나라 예상 경제성장률은 2~3% 수준입니다. 저성장 시대죠. 저성장 시대에는 성장이 둔화되었기 때문에 취직도 어렵고 승진도 어렵습니다. 과거에는 시간만 되면 자동으로 승진을 했는데 지금은 부장 되기도 정말 힘든 세상입니다. 운 좋게 부장이 되었더라도 과거 대리보다 더 열심히 일해야 합니다. 보고서도 직접 쓰고 실무도 직접 합니다. 승진해서 관리직이 되어도 언제 잘릴지 모르기 때문에 늘 불안해합니다.

기업도 똑같습니다. 성장하는 산업에 속해 있으면 이익 창출이 훨씬 수월합니다. 열심히 노력하는 만큼 성과도 잘 나옵니다. 하지만 담배나 디지털카메라처럼 사양 산업에 속해 있으면 회사 경영도 점점 힘들어집니다. 열심히 노력해도 전체 시장 규모가 줄고 있기 때문에 좋은 성과를 거두기 힘들어집니다.

성장 산업의 예

대표적 성장 산업은 파운드리Foundries, Fabs입니다. 파운드리란 반도체를 대신 생산해주는 일을 말합니다. 반도체는 4차 산업혁명 시대에 석유와 같은 존재입니다. 멀지 않은 미래에 사물인터넷과 자율 주행차 시대가 본격적으로 시작되면 반도체 수요는 폭발적으로 증가하게 됩니다.

예컨대 일반 내연기관 자동차에는 반도체가 200~300개가 들어가는데 자율 주행차 1대에 들어가는 반도체는 2,000~3,000개로 추정됩니다. 현재보다 10배나 많은 반도체가 필요합니다.

파운드리 시장 전망

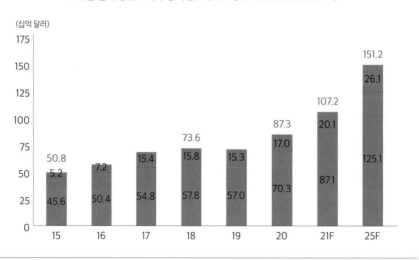

■ 설계 능력이 없는 순수 제조 파운드리 Pure Play Foundry
■ 개발·설계·생산 자체 수행 파운드리 IDM(Integrated Device Manufacturer) Foundry

출처: IC Insights[25]

사물인터넷이 활성화되면 우리가 사용하는 물건에도 반도체가 들어가게 됩니다. 벌써 많은 가전제품에 반도체가 사용되기 시작했고 스마트폰으로 가전 기기를 콘트롤할 수 있게 되었습니다. 《LA타임스》에 따르면 미국 중산층 가정에 평균적으로 30만 개의 물건이 있다고 합니다. 30만 개의 물건들 하나하나에 반도체가 들어간다면 반도체 시장이 얼마나 더 커질지 상상도 안 됩니다.

파운드리 시장은 2025년까지 앞으로 매년 11.6%CAGR씩 규모가 커질 것으로 전망됩니다. 10%를 넘는 성장률은 우리나라 1970~1980년대에 고속 성장하던 시절의 성장률과 비슷합니다.

또 다른 예는 미국의 전기자동차 시장입니다. 2021년 미국 내 전기자동차는 전체 자동차 판매량의 3.39%밖에 되지 않습니다. 하지만 2030년이 되면 29.50%까지 증가할 예정입니다. 대수로 계산하면 2021년 53만 대에서 2030년 472만 대까지 증가할 예정입니다. 아래 그래프는 미국의 전기자동차 점유율과

미국 전기차·수소차 시장 전망(2021~2030년)

출처: EVAdoption[26]

판매 대수를 보여줍니다.

사양 산업의 예

애플의 아이폰이 스마트폰의 대중화 시대를 열면서 여러 산업은 사양 산업이 되었습니다. 대표적인 예가 디지털카메라입니다. 2010년만 하더라도 연간 디지털카메라의 판매량은 1억 2,000만 대에 달했습니다. 하지만 2021년 디지털카메라 판매량은 800만 대에 불과합니다. 11년 전의 10분의 1도 안 되는 수량입니다.

사양 산업에 속한 기업들은 아무리 전 세계 판매량 1, 2위를 다툴지라도 전체 시장 규모가 줄었기 때문에 사업 수익성이 현격하게 악화됩니다. 이런 회사들의 어려움은 주가에서도 잘 드러납니다. 다음 그래프는 디지털카메라 시장 1위인 캐논의 주가 차트입니다. 2007년 7,000엔을 넘어섰던 주가는 2022년 8월 18일 3,457엔까지 하락했습니다.

캐논 주가 차트

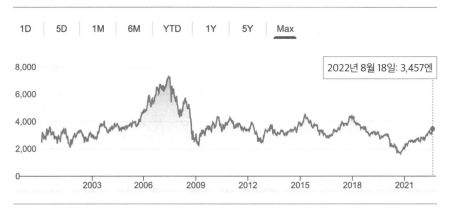

출처: 구글

CAGR Compound Annual Growth Rate

주식 투자를 하다 보면 심심찮게 만나는 용어가 'CAGR'입니다. 연평균 성장률이라고도 불립니다. 하지만 여기서 주의할 점이 있습니다. CAGR의 첫 번째 글자인 'Compound'는 복리라는 뜻입니다. 따라서 직역하면 복리 연간 성장률이 됩니다.

예를 한번 들어보겠습니다. 어떤 산업의 2022년의 시장 크기가 100달러라고 가정합니다. 그리고 2025년까지 CAGR이 30%라고 한다면 시장 크기는 어떻게 바뀔까요? 100달러에서 30% 증가한 130달러라고 말하면 틀린 답입니다. CAGR은 매년 30%씩 3년간 성장한다는 뜻이기 때문에 '[($100 × 1.3) × 1.3] × 1.3'으로 계산하여 정답은 219.7달러입니다. 즉 CAGR이 30%라면 3년 만에 원금이 2배 넘게 불어납니다. 투자 시에는 CAGR이 연간 목표 수익률이라고 볼 수 있습니다.

CAGR = (최종 금액 / 최초 금액) ^ (1 / 기간 연수) – 1

예를 들어 1억 원 투자 원금으로 3년 만에 2배_{2억 원}로 불리고 싶다면 매년 필요한 수익률의 계산식은 다음과 같습니다.

CAGR = (2억 원 / 1억 원) ^ (1 / 3) –1 = 26%

CAGR을 계산하기 위해서는 공학 계산기가 필요한데 엑셀 프로그램으로도 CAGR을 쉽게 구할 수 있습니다. 'RATE 함수'를 쓰면 됩니다.

= RATE(필요 기간, 0, –원금, 목표 금액)

여기서 주의하실 점은 원금 앞에 '-' 기호를 넣어주는 것입니다.

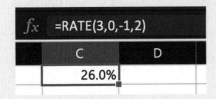

● **Fabless**팹리스

앞에서 반도체 산업에 대해 다루면서 파운드리라는 용어를 접했습니다. 반도체 생산을 전문으로 하는 기업을 말합니다. 팹리스는 파운드리와 달리 반도체 설계를 전문적으로 하는 회사입니다. 팹리스 회사로는 퀄컴, 엔비디아, AMD 등이 있습니다. 하지만 이 모든 팹리스는 반도체 생산 설비는 없기 때문에 TSMC나 삼성전자에 생산을 맡겨야 합니다.

파운드리는 대규모 설비 투자가 필요하지만 팹리스는 유능한 인재만 있으면 가능합니다. 인공지능이 발전하면서, 여러 빅테크 기업이 인공지능에 특화된 칩을 자체적으로 설계하기 시작했습니다. 아마존, 애플, 구글, 테슬라 등은 각자 관심 있는 인공지능 분야가 조금씩 다르기 때문에 범용 칩 사용을 점점 줄이고 직접 설계한 칩의 사용을 늘리고 있습니다. 맞춤 전문점에서 맞춰 입은 옷이 내 몸에 꼭 맞고 편한 것처럼 자체 설계한 칩이 성능도 우수하고 에너지 소비량도 적습니다.

05 소비자들이 좋아하는 브랜드인가?
Brand Loyalty

브랜드의 중요성

네 번째로 언급할 투자 기업 선정 방법은 소비자들이 투자 기업의 브랜드를 얼마나 좋아하는지 확인해보는 것입니다. 우리는 현재 인류 역사상 가장 물건이 많은 시대에 살고 있습니다. 수많은 물건 중에서 어떤 것을 선택해야 할지 고민에 빠진 소비자들에게 '브랜드'는 쉽고 빠른 선택을 도와줍니다.

그뿐만 아니라 브랜드는 개인을 표현하기 위한 수단으로 발전하고 있습니다. 그러므로 기업이 강력한 브랜드를 보유하고 있다는 것은 엄청난 경제적 해자가 아닐 수 없습니다. 애플이 전 세계 스마트폰 제조사 영업이익의 75%를 독식하고 있는 것만 보더라도 브랜드의 중요성을 실감할 수 있습니다.

브랜드 보유 기업들의 높은 수익률

2000년대 초반 애플 아이팟이 나왔을 때 그 인기는 상상을 초월했습니다. 당시 젊은 세대들은 깔끔하고 미니멀한 디자인에 열광했습니다. 그때 애플의 가치를 보고 1,000달러 상당의 애플 주식을 샀다면 2,000주_{한주당 0.5달러, 주식 분할 반영 가격}를 살 수 있었습니다. 2022년 8월 기준 애플의 주가는 170달러 정도이니

2,000주면 34만 달러_{2,000주 × 170달러}에 달하는 금액입니다. 약 100만 원을 투자했다면 지금 4억 원으로 불어 있을 것입니다.

몇 년 전 아내로부터 "룰루레몬_{여성 운동복 전문 브랜드} 레깅스가 참 예쁜데 너무 비싸다"는 이야기를 들었을 때 룰루레몬에 관심을 갖고 주식을 샀더라면 4년 만에 6배의 수익을 누릴 수 있었습니다. 당시 한 주 가격은 50달러였고 2022년 8월에는 330달러 선에서 거래되고 있습니다.

테슬라가 만든 첫 번째 로드스터가 2008년에 출시되었을 때 자동차를 사랑하는 사람들은 열광했습니다. 신생 기업 테슬라에서 만든 자동차의 가속 능력_{제로백 3.7초}이 수억 원대의 자동차보다 우수했기 때문입니다. 이때부터 테슬라의 팬들이 생기기 시작했고 기업의 미래 가치를 보고 주식을 산 사람은 200배가 넘는 수익률를 누리며 지금 어마어마한 부자가 되어 있습니다. 2010년 1월 테슬라의 IPO 당시 한 주의 가격은 17달러였는데, 2022년 8월 현재 900달러에 거래되고 있습니다. 2020년에 있었던 5 : 1 주식 분할을 감안하면 현재 4,500달러까지 오른 셈입니다. 2022년 하반기에는 3 : 1 액면 분할도 있을 계획입니다.

Interbrand Global Brands

인터브랜드라는 회사는 전 세계 100대 브랜드를 선정해서 매년 10월에 발표합니다.[27] 인터브랜드의 리포트를 활용하면 최근 소비자들이 열광하는 브랜드와 관심이 식어가는 브랜드를 한눈에 파악할 수 있습니다. 평소 요가복과 레깅스에 관심이 없었더라도 인터브랜드 리포트를 매년 확인해보았다면 2014년부터 룰루레몬을 알 수 있었을 겁니다. 이때부터 룰루레몬에 관심을 갖고 투자를 시작했더라면, 지금쯤이면 600%의 수익을 챙길 수 있습니다.

물론 인터브랜드에 혜성처럼 등장한 브랜드가 항상 괜찮은 수익률을 보여

인터브랜드 Best Brand 순위

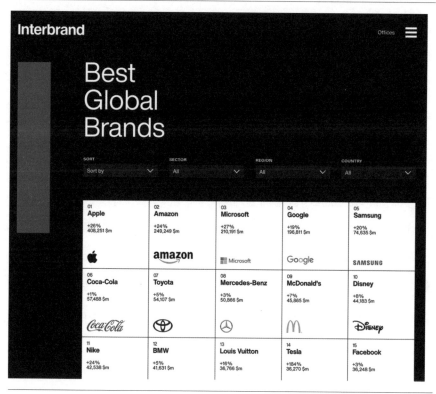

출처: 인터브랜드

주는 것은 아닙니다. 줌Zoom 비디오 커뮤니케이션의 경우 2020년 Interbrand Global Brands 순위에 처음 진입했는데, 코로나가 한창이던 2020년 10월에 최고가를 찍고 그 이후로 주가는 계속해서 하락했습니다. 따라서 Interbrand Global Brands 순위에 등장하는 신규 브랜드들을 '묻지도 따지지도 않고 매수하기'보다는 투자 후보군에 올려놓고 개인 투자 기준에 따라 평가하는 과정이 필요합니다.

인터브랜드 활용법

인터브랜드 리포트가 나오면 100대 브랜드 순위에 새롭게 진입한 브랜드가 어떤 회사이고 그 회사들은 투자하기 괜찮은 기업인지 살펴봅니다. 가장 최근에 발간된 2021년 10월 리포트의 경우 새롭게 진입한 브랜드로 세포라^{Sephora}가 있었습니다. 새롭게 진입한 브랜드가 있으면 브랜드를 소유한 기업이 어떤 회사인지 조사해봅니다. 세포라는 프랑스에서 설립된 화장품 유통 회사로 1997년부터 LVMH그룹 산하에 있으며 여러 유명 뷰티 브랜드들과의 협업 제품으로 유명하다는 사실을 데스크 조사를 통해 알게 됩니다.

새롭게 진입한 브랜드 이외에도 빠르게 브랜드 가치가 상승하는 브랜드들도 유심히 살펴봅니다. 이러한 브랜드를 보유한 기업들은 미래 성장 가능성이 크기 때문입니다. 전년 대비 브랜드 가치가 30% 이상 성장한 기업들부터 살펴보고 다음에는 20% 이상 성장한 기업들을 살펴봅니다. 최근 리포트에 따르면 테슬라·어도비·세일즈포스의 브랜드 가치가 전년 대비 30% 이상 급성장했습니다. 특히 테슬라는 전년도 대비 브랜드 가치가 184% 성장했습니다.

반대로 브랜드 가치가 하락하고 있는 기업들도 확인해 봅니다. 혹시라도 내가

인텔과 캐논의 최근 5년 주가 차트

출처: 구글

투자한 기업의 브랜드 가치가 하락하고 있다면 투자 부적격 신호로 인식하고 매도 여부를 진지하게 고민해봅니다. 리포트에 따르면 인텔·IBM·휴렛팩커드·캐논의 브랜드 가치가 하락하고 있습니다. 실제로 이들 기업의 주가 차트를 살펴보면 최근 주가 상황이 그리 좋지 않음을 알 수 있습니다.

인터브랜드에서 선정한 글로벌 베스트 브랜드

No.	Brand	Change	Value
01	Apple	+26%	408,251 $m
02	amazon	+24%	249,249 $m
03	Microsoft	+27%	210,191 $m
04	Google	+19%	196,811 $m
05	SAMSUNG	+20%	74,635 $m
06	Coca-Cola	+1%	57,488 $m
07	Toyota	+5%	54,107 $m
08	Mercedes	+3%	50,866 $m
09	McDonald's	+7%	45,865 $m
10	Disney	+8%	44,183 $m
11	Nike	+24%	42,538 $m
12	BMW	+5%	41,631 $m
13	LOUIS VUITTON	+16%	36,766 $m
14	TESLA	+184%	36,270 $m
15	FACEBOOK	+3%	36,248 $m
16	CISCO	+6%	36,228 $m
17	intel	-3%	35,761 $m
18	IBM	-5%	33,257 $m
19	Instagram	+23%	32,007 $m
20	SAP	+7%	30,090 $m
21	Adobe	+36%	24,832 $m
22	CHANEL	+4%	22,109 $m
23	HERMES	+20%	21,600 $m
24	J.P.Morgan	+6%	21,401 $m
25	HONDA	-2%	21,315 $m
26	YouTube	+21%	20,905 $m
27	IKEA	+6%	20,034 $m
28	Pepsi	+4%	19,431 $m
29	UPS	+1%	19,377 $m
30		-2%	19,075 $m
31	GE	+3%	18,420 $m
32	accenture	+7%	17,758 $m
33	GUCCI	+6%	16,656 $m
34	Allianz	+17%	15,174 $m
35	HYUNDAI	+3%	15,168 $m
36	NETFLIX	+19%	15,036 $m
37	Budweiser	-4%	15,022 $m
38	salesforce	+37%	14,770 $m
39	VISA	+19%	14,741 $m
40	NESCAFE	+4%	14,466 $m
41	SONY	+20%	14,445 $m
42	PayPal	+36%	14,322 $m
43	H&M	+1%	14,133 $m
44	Pampers	-8%	13,912 $m
45	ZARA	-9%	13,503 $m
46	Audi	+8%	13,474 $m
47	VW	+9%	13,423 $m
48	AXA	+10%	13,408 $m
49	adidas	+11%	13,381 $m
50	Mastercard	+18%	13,065 $m
51	Starbucks	+16%	13,010 $m
52	Ford	+2%	12,861 $m
53	L'OREAL	0%	12,501 $m
54	citi	+5%	12,501 $m
55	Goldman Sachs	+3%	12,491 $m
56	ebay	0%	12,285 $m
57	Philips	+4%	12,088 $m
58	Porsche	+4%	11,739 $m
59	NISSAN	+5%	11,131 $m
60	SIEMENS	+5%	11,047 $m
61	Gillette	-8%	10,657 $m
62	Nestle	+4%	10,646 $m
63	hp	+8%	10,481 $m
64	HSBC	+2%	10,317 $m
65	DANONE	-5%	9,846 $m
66	Spotify	+16%	9,762 $m
67	3M	+3%	9,702 $m
68	Colgate	+3%	9,629 $m
69	Morgan Stanley	+6%	9,380 $m
70	Nintendo	+26%	9,197 $m
71	LEGO	+21%	9,082 $m
72	Kellogg's	-9%	8,642 $m
73	Cartier	+9%	8,161 $m
74	Santander	+8%	8,100 $m
75	FedEx	+2%	7,548 $m
76	Ferrari	+12%	7,160 $m
77	DIOR	+17%	7,024 $m
78	Corona	+6%	6,952 $m
79	Canon	-14%	6,897 $m
80	DHL	+7%	6,747 $m
81	JACK DANIELS	+4%	6,537 $m
82	CAT	+11%	6,503 $m
83	LinkedIn	+22%	6,368 $m
84	Hewlett Packard Enterprise	-5%	6,313 $m
85	HUAWEI	-2%	6,196 $m
86	Kia	+4%	6,087 $m
87	Johnson&Johnson	+3%	5,937 $m
88	Panasonic	0%	5,832 $m
89	Heineken	+4%	5,720 $m
90	JOHN DEERE	+5%	5,616 $m
91	zoom	+24%	5,536 $m
92	TIFFANY & CO.	+10%	5,484 $m
93	KFC	+6%	5,428 $m
94	PRADA	+20%	5,416 $m
95	Hennessy	+3%	5,299 $m
96	MINI	+5%	5,231 $m
97	BURBERRY	+5%	5,195 $m
98	LAND ROVER	0%	5,088 $m
99	Uber	-4%	4,726 $m
100	SEPHORA	New	4,628 $m

출처: 인터브랜드[28]

조금 더 알아봅시다!

고객 충성도Customer Loyalty와 브랜드 충성도Brand Loyalty의 차이점

미국 주식을 일단 매입하고 나면 내가 산 기업에 대한 관심이 저절로 생깁니다. 필자의 경우 애플 주식을 매입하고 난 후 애플의 일거수일투족에 관심이 생겼습니다. 애플과 관련된 여러 영문 기사를 읽다가 'Customer Loyalty'와 'Brand Loyalty'라는 말을 만난 적이 있습니다. 한글로 번역해보면 각각 고객 충성도, 브랜드 충성도인데 뭔가 비슷하면서도 다른 것 같습니다. 하지만 정확하게 어떠한 차이가 있는지는 잘 모르는 사람이 더 많은 것 같습니다.

두 가지 개념은 유사한 점과 다른 점이 있습니다. 유사한 점은 소비자들이 제품과 브랜드에 대한 만족도가 높아서 지속적으로 구매하려는 경향이 있다는 것입니다. 그러면 다른 점은 무엇일까요? Customer Loyalty와 Brand Loyalty를 구분 짓는 가장 중요한 요소는 가격입니다. Brand Loyalty가 높은 고객은 제품 구매 시 가격 요소보다는 브랜드가 주는 경험과 가치, 브랜드가 가지고 있는 철학 때문에 제품을 선택합니다. Customer Loyalty가 높은 고객은 제품 선택 기준 중에 가격의 역할이 큽니다. 일반적으로 '가성비'가 좋아서 혹은 가격 대비 만족감이 좋아서 선택하게 됩니다.

애플의 아이폰과 삼성의 갤럭시가 출시될 때 시행하는 마케팅 활동을 비교해보면 Customer Loyalty와 Brand Loyalty의 차이점을 쉽게 이해할 수 있습니다. 삼성의 경우 사전 예약 시 많은 혜택을 줍니다. 삼성 케어 서비스, 할인 쿠폰, 무료 케이스 등을 제공합니다. 즉 소비자들에게 가격 대비 만족감을 주기 위해 Customer Loyalty에 집중합니다.

반면 아이폰의 경우 가성비로 소비자들에게 어필하는 것이 아니라 애플의 철학과 브랜드가 가져다주는 이미지로 어필합니다. 이를 위해 애플은 전 세계 주요 대도시 핵심 상권에 아름다운 인테리어로 꾸며진 직영 매장을 오픈하고 제품 디자인과 사용자 경험 향상을 위해 최선의 노력을 기울입니다. 애플의 미니멀한 디자인과 사용자 환경에 만족한 소비자들은 스스로가 브랜드 앰버서더Ambassador, 대사가 되어 주위 사람들에게 추천합니다.

CEO는 어떤 사람인가?
Leadership

CEO의 중요성을 보여주는 역사적 사례

투자 기업을 고를 때 고려해야 할 다섯 번째 사항은 CEO가 어떤 사람인지 확인하는 것입니다. CEO의 역량에 따라 회사가 흥하기도 하고 망하기도 한다는 것을 우리는 많이 목격해왔습니다.

청바지를 최초로 만든 스트라우스의 일화를 들어보면 CEO의 중요성을 깨달을 수 있습니다. 리바이스 청바지의 설립자인 스트라우스는 원래 텐트용 천을 납품하는 사업가였습니다. 어느 날 텐트용 천을 납품해달라는 주문을 받았는데 직원의 실수로 바이어가 요구하지 않은 파란색으로 천을 염색하게 되었습니다. 바이어는 파란색 텐트 천의 인수를 거부했고 스트라우스는 엄청난 양의 텐트 천을 악성 재고로 보유하게 되었습니다. 다른 사람 같았으면 실의에 빠져 사업을 포기했을지 모르지만, 그는 위기를 기회로 삼았습니다. 당시 광부들의 옷이 빨리 해지는 것을 보고 튼튼한 텐트 천을 이용하여 바지를 만들었는데 광부들에게 선풍적인 인기를 끌었습니다. 이것이 바로 청바지의 유래입니다.

CEO의 역량으로 위기에서 기회를 찾은 일화는 최근에도 있었습니다. 반도체 회사인 AMD에서 생긴 일입니다. 2011년 AMD는 인텔을 무찌를 비장의 무기로 CPU와 GPU가 결합된 APU라는 제품을 출시했습니다. 막상 출시되고 나니

APU는 어정쩡한 제품으로 드러났습니다. CPU라고 부르기에도, GPU라고 부르기에도 기존 제품들에 비해 성능이 너무 어중간했기 때문입니다. 제품은 팔리지 않았고 주식시장은 이에 즉각 반응했습니다. 출시 당시 주당 8달러 하던 주가는 하락을 거듭해 주당 2달러까지 떨어졌습니다. 이렇게 어려운 상황에서 CEO로 등판한 사람이 현재 AMD의 수장 리사 수Lisa Su입니다.

그녀는 APU 칩을 개인용 컴퓨터 말고 다른 곳에 활용할 수는 없을지 고민했습니다. 마치 스트라우스가 텐트용 천으로 청바지를 만들었던 것처럼 말이죠. 그리고 그녀는 APU의 활용 방안을 찾았습니다. 그것은 바로 플레이스테이션과 엑스박스 같은 비디오 게임기에 사용하는 것이었습니다.

비디오 게임기는 개인용 컴퓨터보다 크기가 작게 디자인되기 때문에 CPU와 GPU가 합해진 APU가 유리했습니다. 게임기를 만드는 소니와 마이크로소프트는 AMD의 반도체 칩을 사용하기 시작했고 플레이스테이션 4소니 게임기와 엑스박스마이크로소프트 게임기가 사상 최대 실적을 거두면서 AMD는 다시 사업을 정상화시킬 수 있었습니다. 2022년 8월 기준으로 AMD 주식은 100달러 선에서 거래되고 있으니 10년 만에 약 50배가 상승했습니다.

CEO가 어떤 사람인지 확인하는 방법

CEO는 회사라는 배를 이끄는 선장이고 직원들은 선원입니다. 선장이 훌륭하지 못하면 배가 침몰하는 것도 시간문제입니다. 선장이 어떤 사람인지 누구보다 잘 아는 사람들은 선원들입니다. 그러면 우리는 경영진에 대해 어떻게 알 수 있을까요? 크게 3가지 방법이 있습니다.

인디드_{indeed} 활용

첫 번째로 인디드_{indeed.com}에 들어가면 경영진에 대한 리뷰를 읽어볼 수 있습니다. 실제로 근무했던 직원들의 생생한 리뷰도 찾아볼 수 있습니다. 다음 그림은 인디드에 수록된 AT&T 경영진 관련 리뷰입니다.

AT&T 경영진의 점수는 5점 만점에 3.3점으로 100점으로 환산하면 66점입니다. 점수가 점점 낮아지고 있는 것이 크나큰 문제점이라고 볼 수 있습니다. AT&T 경영진에 대한 내부 직원들의 리뷰를 찬찬히 읽어 내려가다 보면, 지금 현재 AT&T의 상황을 쉽게 이해할 수 있습니다. 제가 찾은 리뷰 중에서 인상적이었

인디드에서 본 AT&T의 리뷰

출처: 인디드

던 부분을 공유해봅니다.

"I feel like AT&T as a whole is a sinking ship and they have no idea where they want to go. The company made very bad investments and now the employees have to pay for the lack of leadership this company has저는 AT&T 전체가 침몰하는 배처럼 느껴지고 그들은 어디로 가고 싶은지 전혀 모릅니다. 회사는 매우 나쁜 투자를 했고 이제 직원들은 이 회사의 리더십 부족에 대한 대가를 치러야 합니다."

출처: 인디드

AT&T 경영진에 대한 리뷰를 읽다 보니 몇 가지 내용이 반복적으로 언급되는 것을 확인할 수 있었습니다.

① 직원들을 숫자로 봄. 즉 잦은 정리해고Frequent layoffs

② 관료주의적 사내 분위기Bureaucracy

③ 리더십 부재Lack of leadership

④ 사회적 책임 결여Lack of Social responsibility

저는 AT&T가 두둑한 배당금을 주기로 유명한 회사여서 주식을 보유하고 있었는데 경영진에 대한 리뷰가 점점 악화되는 것을 보고 주식을 모두 정리했습니다.

글래스도어Glassdoor 활용

두 번째로 글래스도어glassdoor.com에 들어가서 CEO에 대한 평가를 확인해볼 수 있습니다. 글래스도어는 평판 조회 웹사이트 중 가장 유명한 곳입니다. 경영진뿐만 아니라 사내 문화, 보수 등이 어떠한지 조회할 수 있습니다. 글래스도어는 매년 최고의 CEO 100명을 선정하여, 발표합니다. 실제 근무하고 있는 직원들이 익명으로 참여하여 선정하기 때문에 신뢰도가 높습니다.

다음 그림은 글래스도어에 실린 회사 내부 직원들이 생각하는 AT&T 입니다.

글래스도어에서 본 AT&T와 경쟁사 버라이즌의 리뷰

출처: 글래스도어

위에서 볼 수 있듯이 AT&T 경영진에 대한 내부 직원들의 평가가 경쟁사 버라이즌과 비교해서 좋지 못합니다62% vs. 76%. 두 기업 재무제표 상태가 비슷한 상태에서 어떠한 기업에 투자할지 고민이 될 때 이와 같은 정성적 분석을 통해 좀 더 나은 기업을 추려낼 수 있습니다.

글래스도어에서 제공하는 주요 정성 지표들은 다음 표와 같습니다.

Overall	회사에 대한 전반적 평가
Culture&Values	사내 문화와 가치
Diversity&Inclusion	직원 간 차이나이, 성별, 인종, 종교에 대한 존중 정도
Work / Life Balance	일과 삶의 균형 정도를 보여주며 점수가 높을수록 균형
Senior Management	최고 경영진에 대한 생각, 점수가 높을수록 잘하고 있다고 생각
Compensation and Benefits	보수 및 복지
Career Opportunities	회사 근무를 통한 성장 기회
Recommend to a Friend	친구에게 추천 여부
Approve of CEO	CEO가 잘하고 있다고 생각하는가?
Positive Business Outlook	회사 미래에 대한 전망, 점수가 높을수록 긍정적으로 봄

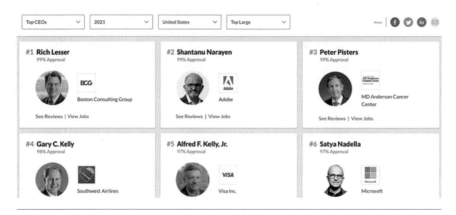

출처: 글래스도어

글래스도어에서는 해당 지표들을 통해 매년 최고의 CEO를 선정합니다. 선정된 CEO와 회사 실적 및 주가를 확인해보면 큰 상관관계가 있음을 발견할 수 있습니다. 마이크로소프트, 비자, 어도비, 사우스웨스트항공 등의 CEO가 좋은 점수를 받고 있었습니다.

어닝콜 활용

세 번째로 분기마다 발표되는 어닝콜을 확인하고 CEO가 얼마나 약속을 잘 지키는 사람인지 확인해봅니다. 어닝콜은 분기마다 실적 발표를 하고 경영진이 투자자 및 애널리스트들에게 앞으로 회사 실적이 어떻게 될 것인지가이던스 설명하는 자리입니다.

어닝콜을 확인해야 하는 이유는 향후 운영 방향과 실적에 대한 가이던스를 파악하고 CEO가 지난 어닝콜 때 언급한 가이던스를 얼마나 잘 지켰는지 확인해보기 위함입니다. 가이던스에 따라서 애널리스트들의 회사에 대한 평가가 달라지고 주가는 영향을 받게 됩니다. CEO가 준 실적 전망이 틀렸다고 해서 소송을 당하지는 않지만 CEO에 대한 신뢰는 추락하게 됩니다.

대표적으로 신뢰를 잃어버린 CEO는 펠로톤Peloton Interactive의 존 폴리John Foley입니다. 그는 투자자들에게 회사 미래에 대해 걱정하지 말라고 말하면서 마음속으로는 회사의 미래가 걱정되어 보유하고 있던 주식 중 1억 1,900만 달러어치를 매각했습니다. 투자자들은 CEO와 경영진의 주식 매도 소식을 뒤늦게 듣고 경영진을 맹비난했습니다. 결국 펠로톤의 주가는 폭락했습니다. 화가 난 투자자들은 CEO 사퇴를 요구했고 결국 펠로톤은 2022년 2월 8일 CEO 교체 및 대규모 정리해고를 발표했습니다.

물론 제시한 가이던스가 항상 맞을 수는 없습니다. 하지만 틀린 가이던스에 대한 합리적 이유를 제시하면 CEO의 신뢰도 하락은 막을 수 있습니다. 예컨대 애플의 수장 팀 쿡Tim Cook은 전 세계 반도체 부족과 공급망 문제로 실적이 가이던스보다 다소 떨어질 수 있다고 실적 발표 전에 언급했습니다.

손주부의 TIP

가이던스Guidance

경영진이 향후 기업의 실적이 어떻게 될 것이라고 주주들에게 비공식적으로 알려주는 리포트를 말합니다. 가이던스는 외부 애널리스트가 아닌 내부 직원이 만드는 향후 실적 전망입니다. 가이던스는 의무 사항은 아니지만, 대개는 분기 실적 발표 시 함께 제공됩니다. 제공된 가이던스가 향후 크게 변할 것 같으면 수정해도 됩니다. 워런 버핏은 분기별 가이던스가 기업의 장기적 성장보다는 단기적 숫자 맞추기에 집착하게 될 가능성이 크기 때문에 없어져야 한다고 말하기도 했습니다. 하지만 가이던스는 기업 운영 방향에 대한 많은 정보를 제공하므로 투자자들에게 필요한 자료인 것은 분명합니다.[29]

07

직원들의 만족도는 어떠한가?

Employee Satisfaction

직원 만족도의 중요성

예전에 러시아에서 담배 생산 공장의 관리 팀장을 맡은 적이 있습니다. 러시아는 인플레이션이 심해서 매년 임금 인상이 있었는데 우리 공장 임금이 타 회사 평균보다 낮아지면 직원들의 불만이 증가했습니다. 직원들의 불만이 올라가면 이직률 또한 올라갔습니다. 퇴사하는 직원이 많아지면 새로운 직원을 다시 뽑아 교육시켜야 하기 때문에 비용이 증가하고 생산성 역시 떨어졌습니다.

실제로도 직원들의 불만이 높을 때 생산된 제품에서 품질 문제가 자주 발생했습니다. 재미있는 것은 직장 만족도와 생산성 사이에 유의미한 관계가 있음을 증명하는 논문이 많다는 사실입니다. 《하버드비즈니스리뷰Harvard Business Review》에 소개된 「서비스 이익 사슬 모형Service Profit Chain Model」에는 다음과 같은 내용이 있습니다.

> "자신의 직무에 만족하고 행복한 직원이 많은 조직은 여러모로 회사에 긍정적인 영향을 끼칩니다. 자기 일에 만족하는 직원이 많아지면 일을 긍정적으로 바라보게 됩니다. 긍정적 분위기의 조직은 어떻게 하면 일을 잘되게 할지 고민하는 직원으로 가득 찹니다. 이런 조직에서는 새로운 일을 시작하는 것을 두려워하지 않습니다. 새로운 일을 시도하다 실패를 하더라도 서로가 감싸주고 실패로부터 배울 수 있도록 격려합니다."

하지만 스트레스가 많고 직업 만족도가 낮은 기업에서는 실패에 대한 두려움이 강하기 때문에 새로운 일을 도전하는 것을 꺼립니다. 우리나라가 연구개발 투자액으로만 보면 세계에서 다섯 손가락 안에 들지만, 생산성이 떨어지고 노벨상을 받은 사람이 없는 이유도 실패에 대한 두려움 때문입니다. 많은 조직에서 실적에 대한 스트레스가 많고 실패에 대한 징벌이 많은 환경이기 때문에 연구개발도 성공 확률이 높아 보이는 것들만 합니다. 우리나라 연구개발 성공률이 98%를 넘어서는 것을 보면 성공 확률이 높고 접근이 쉬운 단기 연구만 하고 있음을 알 수 있습니다.

직원들의 직무 만족도가 떨어지면 제품과 서비스에 문제가 생기기 시작합니다. 낮은 품질의 제품과 서비스를 경험한 소비자들은 구매를 멈춥니다. 이에 따라 회사 실적이 하락하기 시작합니다. 회사는 실적 개선과 비용 절감을 위해 구조조정을 하고 이로 인해 사내 분위기는 더욱 안 좋아집니다. 회사는 실적 개선을 위해 구조조정을 하고 직원들을 다그쳤는데, 직원들의 회사 만족도는 더욱 떨어지고 제품과 서비스의 품질은 더욱 안 좋아지는 악순환이 생깁니다.

직원 만족도와 사업 성공의 실제 사례

2000년대 초반에 잘나가던 스타벅스가 외형적 성장만 중시하다가 소비자들에게 외면을 받고 주가가 폭락하던 시절이 있었습니다. 이렇게 침몰하는 스타벅스를 되살리기 위해 경영 일선을 떠났던 창업자 하워드 슐츠Howard Schultz가 2008년 CEO로 복귀하였습니다. 복귀 후 그가 가장 먼저 한 일은 직원들의 만족도를 높이고 직무 역량을 향상시키는 것이었습니다. 슐츠는 정규직이든 비정규직이든 차별하지 않고 모든 직원에게 건강보험을 가입시켜주었고 현장에 있는 직원들의 목소리를 경청했습니다.

슐츠는 직원들에게 자신의 이메일 주소를 알려주면서 건의 사항이 있으면 중간 관리자를 거치지 말고 자신에게 직접 연락해달라고 말했습니다. 직원들로부터 받은 5,000통이 넘는 이메일을 본인이 직접 답하면서 그들과 소통하고 회사가 직원들을 챙겨주고 있다는 느낌을 받게 했습니다. 매출 손실을 감수하면서까지 가게 문을 닫고 직원들의 역량 향상을 위해 여러 교육을 시켰습니다. 직원들을 'employee'라고 부르지 않고 사업의 'partner'라고 부른 슐츠의 직원 우선주의 전략은 직원들의 만족도를 상승시켰고 떨어지던 매출과 주가는 머지않아 다시 상승하기 시작했습니다.

2017년에 슐츠가 CEO 자리를 내려온 이후 새롭게 임명된 CEO 케빈 존슨 Kevin Johnson은 직원을 우선시하는 사내 문화를 이어나가지 못했습니다. 매장별 매출이 증가하면 업무 강도가 올라가기에 추가로 직원을 뽑았어야 했는데 비용 절감을 위해 충원 없이 직원들을 혹사했습니다. 결국 직원들의 회사 만족도는 계속해서 떨어졌고 불만 가득한 직원들로부터 나오는 서비스는 형편없어졌습니다. 스타벅스에 대한 소비자들의 만족도가 떨어졌고 결과적으로 회사 주가도 떨어졌습니다.

케빈 존슨은 2022년 4월에 실적 악화에 책임을 지고 CEO 자리를 내려왔습니다. 그리고 슐츠가 임시로 CEO직을 다시 맡고 있습니다.

직원 만족도 확인 방법

CEO 평판 조회 때와 마찬가지로 인디드와 글래스도어를 이용해서 내부 직원들의 만족도를 확인해볼 수 있습니다. 스타벅스처럼 한때 일하기 좋았던 기업이 안 좋아지는 경우도 있으므로 주기적으로 별점과 순위를 확인해보는 것이 좋습니다.

예를 들어 최근 스타벅스의 직원 만족도를 확인해보았습니다. 스타벅스의 경우 2012년에 '글래스도어 선정 일하기 좋은 기업 100Best Places to Work Top 100'에서 34위에 오를 정도로 일하기 좋은 기업이었는데, 2018년에는 96위로 떨어졌고 2022년 현재에는 100위 밖으로 밀려났습니다. 하워드 슐츠에 이어 새로 부임한 케빈 존슨이 2017년에 취임하였는데, 슐츠의 인본주의 경영 정신을 계승하지 못하고 있는 것처럼 보였습니다. 스타벅스는 2018년 이후로 일하기 좋은 기업 100 순위에 들어오지 못하고 있는 상황입니다.

다음은 글래스도어에서 찾은 스타벅스에 대한 내부 직원들의 생각입니다. 직원들은 스타벅스의 장점에 대해 회사 복지가 좋고 근무시간이 유동적이라고 답변했습니다. 반면 단점으로 손님들이 너무 많아서 정신이 없고 스트레스 많은 근무 환경을 꼽았습니다.

스타벅스가 현재 직면한 가장 큰 문제는 인건비 상승과 공급망 우려에 따른 비용 증가입니다. 손님이 증가하면 직원을 추가로 고용하여 원활한 고객 응대가 이

스타벅스 직원들이 생각한 자사의 장단점

Pros

"Great benefits with this company" (in 4371 reviews)

"Flexible hours with great benefits" (in 2135 reviews)

"Flexible schedule for college students" (in 1883 reviews)

"Very fast-paced environment always doing something" (in 1750 reviews)

"Meeting new people and free food/drinks" (in 1464 reviews)

Cons

"low pay high volume of customers" (in 1383 reviews)

"no complaints besides rude customers" (in 1349 reviews)

"Fast paced somewhat stressful environment" (in 1347 reviews)

"people mangers hours making drinks hard work" (in 1177 reviews)

"Customer's repeditive long hours sometimes" (in 863 reviews)

출처: 글래스도어

뤄질 수 있도록 해야 하는데, 스타벅스는 비용 절감을 위해 충원을 미뤘습니다. 적은 수의 직원으로 매장 운영을 하려다 보니, 기존 직원들의 업무가 가중되고 직원들의 직무 만족도가 떨어졌습니다. 스트레스가 많은 직원으로부터 나오는 서비스는 좋을 가능성은 아무래도 낮습니다. 불쾌한 서비스를 경험한 손님들이 많아지면 매출은 자연스레 떨어질 수밖에 없습니다.

다음은 한국 스타벅스의 과도한 업무량을 잘 말해주는 기사입니다.

"강도 높은 노동 등으로 정신 질환을 호소하는 직원들도 늘고 있다. 류호정 정의당 의원실이 최근 국민건강보험공단과 국민연금공단에서 받은 자료에 따르면, 스타벅스의 정신 질환 진료 노동자 수는 2016년 172명에서 2021년 600명으로 5년 사이 서너 배 가까이 급증했다."[30]

08

일상생활에서 힌트를 찾자

일상생활에서 투자 기업 찾기

아내는 아침에 일어나서, 코스트코에서 산 스타벅스 원두로 내린 커피를 마십니다. 출근이 늦지는 않을까 주기적으로 손목에 찬 애플 워치를 확인합니다. 애플 아이패드를 통해 오늘 일정을 확인합니다. 간단히 아침을 먹고 나서 유튜브로 음악을 들으며 출근합니다. 일을 마치고 집에 돌아오면 운동복을 입고 필라테스를 합니다. 운동 후에는 살이 얼마나 많이 빠졌는지 샤오미 체중계에 올라가 확인해봅니다. 애플 아이폰에 최근 체중 변화가 자동으로 저장되고 지난달보다 살이 2kg이나 쪘다고 알려줍니다. 저녁 식사 후에는 인텔 프로세서가 탑재된 데스크톱을 켜고 마이크로소프트의 파워포인트로 남은 업무를 합니다. 업무 후에는 샤워를 하고 침대에 누워 넷플릭스에 새로 올라온 드라마를 봅니다.

마젤란펀드를 운용했던 전설적인 펀드매니저 피터 린치도 아내와 딸이 쇼핑몰에서 어떠한 제품들을 주로 구매하는지 유심히 살펴보고 투자 아이디어를 얻었다고 합니다. 여성과 젊은 층이 새로운 문화와 쇼핑 트렌드를 주도하기 때문에 피터 린치의 투자 전략은 유효했습니다. 그는 이러한 방식으로 1977년부터 1990년까지 13년 동안 연평균 29.2%의 수익률을 거둘 수 있었습니다. 1977년에 1억 원을 투자했다면 1990년에 투자금이 27억 원으로 불어났다는 뜻입니다.

마젤란펀드는 1977년 1,800만 달러 규모로 시작해서 1990년에는 140억 달러까지 성장했습니다.

이처럼 하루 일상을 적어 내려가면서 투자 대상을 찾는 전략이 좋을 수도 있지만 나쁠 수도 있습니다. 관찰 대상안내이 사회 흐름을 선도하는 오피니언 리더 opinion leaders가 아니라 뒤늦게 사회 흐름을 따라가는 사람laggards이라면 관련 기업 주식이 이미 고평가되어 있을 수 있기 때문입니다. 따라서 주변 사람을 관찰하는 것과 더불어 데스크 스터디desk study를 통해 최신 문화와 쇼핑 트렌드를 지속적으로 확인하는 습관이 필요합니다.

트렌드 투자 사례

젊은 사람들의 트렌드에 따라 투자를 하면 왜 좋은지 개인적 경험을 공유해 보도록 하겠습니다. 1998년에 미국에서 경영학 공부를 시작했습니다. 당시 미국에서는 젊은 대학생들 사이에서 스타벅스의 인기가 점점 증가하고 있었습니다. 이걸 한국에 들여와서 운영하면 잘되겠다는 생각이 들었습니다. 그러다 친구를 통해 어떤 부잣집 아드님신세계 정용진 부회장이 조만간 한국에서 스타벅스 사업을 시작한다는 이야기를 들었습니다. 다음 해에 정말 한국 스타벅스 1호점이 이대 앞에 생겼습니다. 당시 스타벅스 한 주의 가격은 2달러 정도 되었습니다(2022년 8월 18일 현재 88.55달러입니다).

2000년대 초반 학교 친구들과 조별 과제를 할 때는 구글의 인기가 예사롭지 않음을 느낄 수 있었습니다. 당시 검색 포털의 대명사는 야후였는데, 친구들이 검색할 때는 구글이 더 좋다고 추천해주었던 기억이 납니다. 친구 따라 강남 간다고 주로 사용하던 핫메일hotmail 대신 구글에서 제공하는 지메일gmail로 갈아탔습니다. 구글은 2004년 2달러 정도액면 분할 감안에 거래되었습니다(2022년 8월 18일 현재

120.17달러입니다).

스타벅스와 구글은 2000년대 초반에 인기 있었던 서비스였고 당시 인기 있었던 제품은 단연코 애플의 아이팟이었습니다. 기숙사에 있던 친구들이 아이팟을 사기 위해 파트타임을 뛰고 식비를 아꼈던 기억이 납니다.

정리하면 2000년대 초반에 스타벅스·구글·애플의 주식을 샀다면 지금쯤 어마어마한 부자가 되어 있을 겁니다. 특히 애플의 주가는 당시 한 주당 0.9달러 정도 했는데액면 분할 감안, 2022년 8월에는 170달러 선에 거래되고 있습니다. 약 189배 상승했습니다. 그때 1,000만 원을 애플 주식에 투자했다면 지금 18억 9,000만 원이 되어 있겠군요.

여기까지 글을 읽으셨다면 이런 의문이 들 것 같습니다.

'2000년대 초에는 인기가 많았지만, 지금은 망했거나 주가가 폭락한 기업도 있지 않을까요?'

네, 물론 있습니다. 지금은 영어로 "Netflix and Chill라면 먹고 갈래?"이라는 말이 있을 정도로 전 세계 젊은 층에서 넷플릭스의 인기가 대단한데, 2000년대 초에는 블록버스터Blockbuster라는 DVD 대여 업체가 지금의 넷플릭스만큼 인기가 많았습니다. 당시 대학생들은 금요일 저녁만 되면 오징어가 불빛을 쫓아가듯 블록버스터로 향했습니다. 블록버스터가 한창 잘나갈 때는 매장 수가 9,000개나 있었고 가입 회원이 4,300만 명에 달했습니다. 이렇게 잘나가던 블록버스터는 온라인 스트리밍 시대의 흐름을 읽지 못했고 2010년에 결국 파산 신청을 하게 됩니다.

즉 트렌드를 선도하던 기업들도 시대의 흐름을 못 읽으면 머지 않아 파산의 길로 접어듭니다. 따라서 트렌드 선도 기업들을 지속적으로 모니터링하되 시대의 흐름에 거스르지 않는지도 계속 관찰해야 합니다.

트렌드 모니터링 방법

세월이 흘러 어느덧 40대 아저씨가 되었고 지나간 투자 기회를 붙잡고 후회해봐도 아무런 이득도 없습니다. 다시 젊은 20대로 돌아갈 수는 없지만, 다음과 같은 방법을 활용하면 20대들의 최신 트렌드를 확인하고 투자 아이디어를 얻을 수 있습니다.

College Marketing Group

미국의 마케팅 기업인 칼리지마케팅그룹College Marketing Group에서는 대학생들이 좋아하는 브랜드들을 조사해서 매년 홈페이지에 발표합니다.[31] 조사 결과의 일부를 공유해보자면 다음과 같습니다.

조사 결과 미국에 거주하는 18세에서 34세 사이 성인의 81%가 아마존 프라임의 회원이고 온라인으로 주로 쇼핑하는 것으로 밝혀졌습니다. 대학교 캠퍼스 내에는 아마존 전용 픽업 장소가 있어서 학생들이 편리하게 쇼핑할 수 있다고 합니다. 미국의 젊은 대학생들은 학교 교재에서부터 게임기까지 아마존에서 쇼핑하고 있었습니다.

리포트에서 두 번째로 인상 깊었던 부분은 나이키와 애플입니다. 20대들은 나이키와 애플 제품을 'status symbol부의 상징'로 받아들이고 있었습니다. 어느덧 물건은 필요에 의한 구매를 넘어서, 자기 자신을 표현하기 위한 수단으로 변하고 있음을 알 수 있었습니다. 나이키는 전문 스포츠용품 브랜드에서 라이프스타일 패션 브랜드로 진화해가고 있었습니다.

세 번째로 흥미로웠던 부분은 '타깃Target'의 성장입니다. 타깃은 월마트와 유사한 대형 유통 업체인데, 대학생들의 감성을 자극하는 예쁜 디자인의 PB 브랜드들을 론칭하면서 큰 성공을 거두고 있었습니다. 예컨대 월마트에서 파는 옷은 가격은 저렴해도 디자인이 좀 아쉽다는 의견이 많았는데 타깃에서 파는 자체 생산

CMG
COLLEGE MARKETING
GROUP

Our Services   Why College Student Marketing?   Our Work

Have questions about mar

« Back to Our Blog

The Top Brands in 2021 for Gen Z and College Students

BY COLLEGEMKTGRP | JULY 21, 2021 | BRANDS/ADVERTISERS

1. Amazon

In January 2020, the number of Amazon Prime users in the U.S. rose by 11% for shoppers between 18 and 34, and 81% of all adults used Amazon for their shopping. College students fall squarely in this bracket.

Convenience and the range of products available are the main reasons why college students are hooked on Amazon. Students can now enjoy customized Amazon Lockers and designated pickup locations on campus.

Everything from textbooks to gaming consoles is available at their fingertips, making this a dream brand for college-goers. If you're planning a campaign to target this age group, take into account college students' bias for Amazon over other shopping experiences.

2. Netflix

If college students are given the option of choosing only one streaming service to watch, an overwhelming number will pick Netflix. By the numbers alone, about 90% of college students have a Netflix account or share one with friends or family.

Gen Z doesn't watch as much TV as previous generations, but it's the Netflix format they identify with most. Having access to on-demand content and being able to binge-watch entire seasons of a series continue to make Netflix the preferred pastime for college students.

3. Nike

The Nike brand is timeless and transcends generations. This sporting goods manufacturer has turned its sports-oriented apparel into a lifestyle brand.

The bold new designs appeal to carefree youth, and "Just Do It" is basically a different way of saying #YOLO.

4. Apple

Gen Z and Millennials don't know what it feels like to live without mobile technology. These data-hungry generations have created a lucrative tech industry centered on hand-held devices.

Although Android devices still lead in global sales, Apple is the preferred choice for U.S. college students. Sleek product design, dependability, and status symbol qualities are the main reasons why over 80% of teens either own an iPhone or want one.

Apple products aren't just functional items — they're fashion accessories that young people can relate to. Apple's product design focuses on esthetics which is a significant reason for their popularity with younger demographics.

5. Chick-Fil-A

The management of Chick-Fil-A may be less politically correct than your average teen or twenty-something college student, but the fast-food brand appeals to them more than ever before.

So what's the secret sauce?

The Piper Sandler bi-annual survey puts Chick-Fil-A ahead of any other restaurant after interviewing thousands of older teenagers. It's not just the famous crispy chicken sandwich that the students liked — other favorable attributes of the food chain include quality customer service and regular free giveaways.

6. TikTok

Kids and young adults have flocked to this new social media platform that boasts close to a billion users. TikTok is now a cultural phenomenon that checks a lot of boxes for college students.

8. Target

Young adults greatly influence the retail space with their purchasing habits. Since they control almost half of online retail spending, big brands are paying attention to them.

Target now differentiates its market segments and concentrates on catering to each one exclusively. Their way of reaching out to youth is with the right products and targeted marketing.

The Heyday brand, for instance, offers a range of youth-centric items like speakers, headphones, and cell phone cases. These best brands for college students are heavily marketed on YouTube, Snapchat, and Instagram.

Target also has other brands like Wild Fable and Original Use that offer edgy, trendy clothing at an affordable price. These are among the most popular clothing brands for college students.

9. Dove

Dove is rated as one of the top brands for college students in 2021. The skincare products top the list of trusted brands for Gen Z and Millennials. In 2021, Dove had an 11% share of its market segment, ahead of CeraVe at 9%.

The marketing campaigns for the products are value-driven and fight against unattainable beauty standards. Dove's marketing campaign involves online influencers such as Hyram Yarbro, who adds personality to the products and attracts new customers to their large following.

Connect Your Brand to College Students

Trends and algorithms are constantly changing. But what appeals to college students remains consistent: they love convenient and accessible brands that tie into their lives at college.

출처: 칼리지마케팅그룹

옷들은 디자인과 가격 모두를 만족시키고 있었습니다.

그 밖에도 패스트푸드 체인 중 하나인 '칙필레Chick-Fil-A'의 성장이 두드러져 보였고 퍼스널 케어 제품 중에서는 도브Dove, 소셜네트워크서비스에서는 틱톡TikTok이 강세를 보였습니다.

이처럼 내가 20대로 돌아가거나 미국에서 거주하지 않더라도, 요즘 젊은 사람들이 어떤 제품을 사용하고 또 어떤 서비스에 지갑을 여는지 확인해볼 수 있습니다.

ShopifyTrending Products

쇼피파이Shopify는 우리나라의 '네이버 쇼핑'처럼 소상공인들의 온라인 쇼핑몰 구축을 도와주는 전자상거래 플랫폼 기업입니다. 캐나다 기업으로 아마존의 대항마로 불리고 있습니다. 쇼피파이는 소상공인들의 매출 증대를 돕기 위해 최근에 어떠한 제품들이 잘 팔리는지 조사해서 결과를 공유합니다.[32]

조사 결과 신발 부문이 쇼피파이에서 폭발적으로 성장했는데, 주문량이 전년 대비 1,086% 증가했다고 합니다.[33] 그중에서도 나이키와 에어조던의 인기가 대단했다고 합니다. 나이키의 기업 실적이 당분간 튼튼할 것으로 전망됩니다.

Google Trends

세 번째 방법은 구글 트렌드를 이용하는 것입니다. 구글 검색창에 'google trends'를 치면 다음과 같은 화면이 나옵니다.

구글 트렌드에 들어가서 지금까지 찾은 투자 후보군의 제품과 서비스 관련 검색량을 시계열로 확인해봅니다. 요즘 대학생들 사이에서 유행한다는 패스트푸드 체인인 'Chick-Fil-A'를 검색창에 입력해보았습니다. 다음 그림과 같이 칙필레에 대한 소비자들의 관심이 지속적으로 증가하고 있음을 확인할 수 있었습니다.

인기 많은 제품 말고 점점 쇠퇴해가는 제품의 예도 찾아보았습니다. 2021년에 휴대폰 사업을 철수한 LG의 검색량을 시계열로 확인해보았습니다.

Chick-Fil-A 관심도 변화

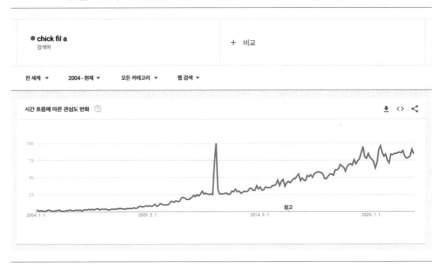

출처: 구글

LG Mobile 관심도 변화

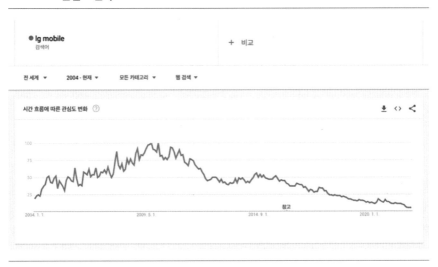

출처: 구글

구글 트렌드 검색창에 'LG Mobile'을 넣어보았습니다. 위의 그래프에서 확인할 수 있듯이 'LG Mobile'의 검색량은 2009년에 정점을 찍고 계속해서 하락하고 있었습니다. 그래프 하락의 의미는 사람들의 관심이 점점 떨어지고 있다는 것입니다. 구글 트렌드의 가장 큰 장점은 국가별, 기간별로도 검색량을 확인할 수 있고 연관 검색어도 확인해볼 수 있다는 것입니다.

'LG Mobile'은 현재 파키스탄과 인도, 그리고 네팔 등지에서 많이 검색되고 있음을 확인해볼 수 있습니다. 우리나라에서 사용되었던 수많은 중고 폰이 파키스탄, 인도, 네팔 등의 지역으로 수출되어 재사용되고 있음을 알 수 있습니다.

LG Mobile 국가별 관심도

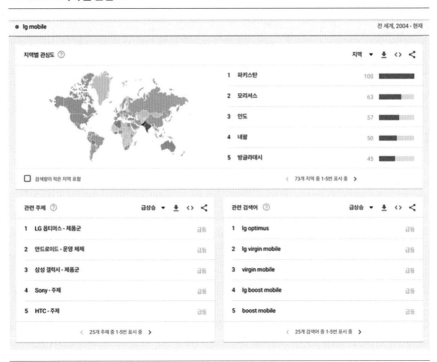

출처: 구글

Exploding Topics

익스플로딩토픽스_{explodingtopics.com}에 들어가면 웹사이트 이름처럼 최근에 폭발적으로 인기를 끌고 있는 키워드들을 카테고리별로 확인할 수 있습니다. 카테고리를 클릭하면 product, ecommerce, beauty, food, gaming, lifestyle 등 수많은 주제가 나옵니다. 그중에서 하나의 주제를 선택할 수 있고 해당 주제 안에서 어떠한 키워드가 현재 인기를 끌고 있는지 확인할 수 있습니다. 필자는 아마존에 투자하고 있어서 최신 ecommerce 트렌드가 궁금하여 ecommerce에서 유행하는 키워드를 확인해보았습니다.

관심 카테고리 설정

출처: 익스플로딩토픽스

ecommerce 카테고리에서 페이스북 마켓플레이스가 선풍적 인기를 끌고 있는 것으로 확인됩니다. 페이스북 마켓플레이스는 미국의 개러지 세일_{Garage Sale}을 온라인으로 옮겨놓은 것입니다. 우리나라의 당근마켓과 비슷하다고 보면 됩니다.

틱톡의 쇼핑도 보입니다. 우리나라에는 아직 론칭 전인데 미국에서는 틱톡 쇼핑이 활발하게 이루어지고 있습니다. 틱톡 쇼핑은 크리에이터가 만든 영상을 보며 착용한 옷이나 제품들을 바로 구매할 수 있도록 도와줍니다.

오픈페이Openpay라는 핀테크 기업도 보입니다. 오픈페이는 소비자가 갑작스럽게 큰 지출을 하게 되었을 때 24개월 할부 지불을 할 수 있도록 도와주는 기업입니다. 현재는 미국과 호주, 영국에서만 운영 중입니다.

'ecommerce' 검색을 통해 2가지 인사이트를 얻을 수 있었습니다. 하나는 소셜네트워크서비스 플랫폼 기업들이 쇼핑 영역으로 사업을 확장시키고 있다는 점이고, 다른 하나는 할부 구매를 도와주는 핀테크 기업들이 빠른 속도로 성장하고 있다는 점입니다. 우리나라 쿠팡에도 할부 구매를 도와주는 '나중결제'라는 카테고리가 새로 생성되어 카드 할부가 안 되는 사람도 간편하게 12개월 할부로 물건을 구매할 수 있게 도와줍니다.

Ecommerce 카테고리 내 인기 키워드

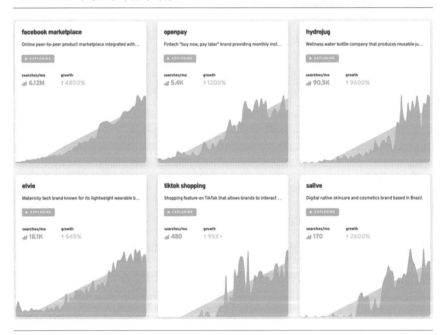

출처: 익스플로딩토픽스

이어서 'Product' 카테고리를 클릭해보았습니다. 다음과 같은 제품들이 인기를 끌고 있었습니다.

Product 카테고리 내 인기 키워드

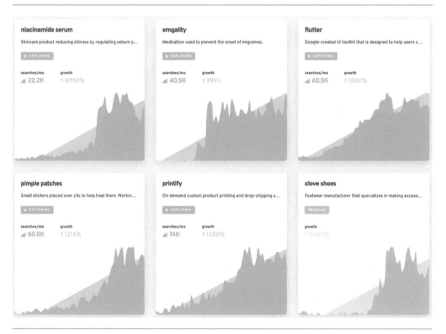

출처: 익스플로딩토픽스

'Product' 카테고리 안에 'Apple Watch'가 보이길래 클릭해보았습니다. 'Apple Watch'에 대한 소비자들의 관심이 지난 5년간 꾸준히 성장하고 있는 모습을 보여줍니다. 현재 월간 검색 수는 335만 회로 나타났고 같은 기간 동안 조회수는 158% 성장했음을 보여줍니다.

최근 5년 애플 워치 검색량

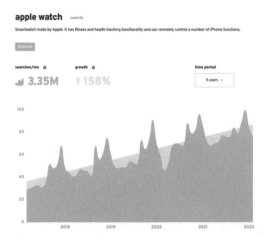

출처: 익스플로딩토픽스

지인에게 물어보기

마지막으로 소개할 최신 트렌드를 확인 방법은 10대부터 20대 사이의 지인들에게 직접 물어보는 것입니다. 필자의 경우 중학생 딸에게 친구들 사이에서 유행하는 제품이나 서비스 등을 물어보고 투자 아이디어를 찾습니다. 반 친구들이 졸업·입학 선물로 무엇을 받고 싶은지 물어보았는데, 애플 관련 제품들이 심심찮게 언급되는 것을 들으며, 애플의 강세는 당분간 지속될 것이란 생각이 들었습니다.

09

전문가의
도움을 받자

정성적 분석과 정량적 분석

지금까지 배운 내용을 간단히 정리해보겠습니다. 우리는 지금까지 크게 정량적 분석과 정성적 분석에 대해 배웠습니다.

정량적 분석에서는 재무제표에서 산출한 여러 지표들PER, ROE, PBR 등이 경쟁사, 섹터, 과거 평균 대비 투자할 만한지 분석했습니다. 또한 현금흐름표를 보고 회사의 재정 상태가 건강한지 파악하는 법도 배웠습니다. 정성적 분석에서는 섹터 내 경쟁 정도, 주주 친화적 활동 여부, 산업 성장 여부, 소비자들의 제품 충성도, CEO의 경영 방향, 직원들의 만족도를 확인하는 방법을 살펴보았습니다.

마지막 스텝은 정량적·정성적 분석을 통해 고른 투자 기업을 전문가들은 어떻게 생각하는지 확인해보는 것입니다.

전문가 의견 확인 방법
월스트리트의 애널리스트는 어떻게 생각하나?

시킹알파를 통해 월스트리트 애널리스트들의 의견을 확인할 수 있습니다. 우선 검색창에 애플의 티커명인 'aapl'을 입력합니다. 다음에 'Ratings'를 클릭하고 'Wall St. Analysts Rating'을 클릭합니다. 5가지의 분류강력 매수, 매수, 보유, 매도, 강력 매도가 나오고 월스트리트에서 유명한 45명의 애널리스트가 애플 주식에 대해 어떻게 생각하는지 확인할 수 있습니다.

애플 주식에 대한 월스트리트 애널리스트들의 의견

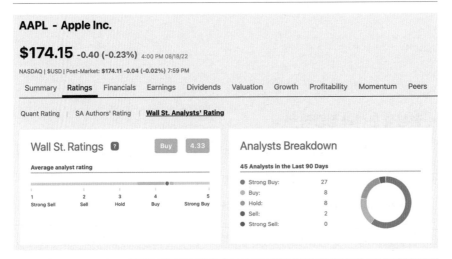

점수	투자 의견	의미	동의한 애널리스트 수
5	Strong Buy / Very Bullish	강력 매수	27
4	Buy / Bullish	매수	8
3	Hold / Neutral	보유 혹은 중립	8
2	Sell / Bearish	매도	2
1	Strong Sell / Very Bearish	강력 매도	0

출처: 시킹알파

시킹알파에서는 월스트리트 외에도 시킹알파 애널리스트들의 의견과 그들 자체적으로 만든 가치 평가 모델 점수Quant Rating를 확인할 수 있습니다. 5점 만점으로 유료회원 전용입니다. 다음 그림은 애플의 가치 평가 모델 점수입니다.

가치 평가 모델은 총 5개의 요소로 이뤄집니다. Valuation가치은 주가가 현재 얼마나 저평가되었는지 보여줍니다. F에 가까울수록 고평가되어 있다는 뜻입니

시킹알파에서 본 애플 주식에 대한 가치 평가 모델 점수

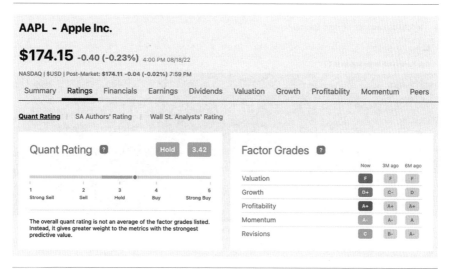

다. Growth성장성는 경쟁사 및 과거와 비교해서 앞으로 얼마나 더 성장할 것인지를 보여줍니다. Profitability수익성는 마진율을 나타내고 섹터 평균 혹은 과거 대비 얼마나 개선되었는지 보여줍니다. Momentum모멘텀은 앞으로 주가를 끌어올릴 모멘텀 보유 여부를 나타냅니다. 마지막으로 Revisions는 향후 매출이나 EPS 추정치가 시장 컨센서스보다 상승할지 하락할지를 보여줍니다. 5개의 항목은 A+부터 F까지 표시되고 5점 만점에 몇 점인지 보여줍니다.

헤지펀드 포트폴리오 활용

두 번째 방법은 유명 헤지펀드들의 포트폴리오를 엿보는 것입니다. 해당 정보를 얻기 위해 필자는 헤지플로우hedgefollow.com를 사용합니다. 전 세계 유명 헤지펀드들의 포트폴리오를 한눈에 확인해볼 수 있기 때문입니다. 해당 웹사이트가 좋은 점은 헤지펀드 안에 있는 주식들이 어떻게 늘거나 줄었는지 그래픽을 통해 직관적으로 확인할 수 있기 때문입니다. 회색은 전 분기와 동일한 비중이라는 뜻입

헤지플로우에서 본 AT&T 관련 자료(2022년 2분기 기준)

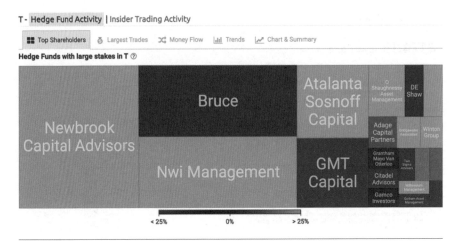

출처: 헤지플로우

니다. 녹색은 비중이 늘었다는 뜻이고 빨간색은 줄었다는 뜻입니다. 사각형의 크기는 투자 금액 크기를 의미합니다. 예컨대 헤지펀드매니저들이 AT&T티커명 T에 대해 어떤 포지션을 취했는지 확인해봅니다. 녹색은 AT&T 투자를 헤지펀드에서 늘렸다는 뜻이고 빨간색은 줄였다는 뜻입니다. 회색은 변동 없음을 의미합니다. 금리 인상과 우크라이나 전쟁으로 인해 주가의 변동성이 심해지자, 전통적 배당주인 AT&T로 자금이 피신한 모습입니다.

다음은 워런 버핏이 운영하는 버크셔해서웨이의 포트폴리오입니다. 애플AAPL의 비중이 40.76%로 가장 높음을 알 수 있습니다. 녹색으로 표시된 옥시덴탈OXY과 액티비전 블리자드ATVI 비중이 늘었음도 확인할 수 있습니다. 석유·가스 기업인 옥시덴탈의 비중이 늘었다는 것은 향후에도 에너지 가격이 높은 수준에 유지될 것으로 판단한 것 같습니다. 아울러 게임 회사 액티비전 블리자드의 비중을 늘린 것은 향후 마이크로소프트가 해당 기업을 인수하기 때문에 가격이 더 오를 것으로 전망한 것 같습니다. 버핏의 포트폴리오에는 애플 다음으로 뱅크오브아

헤지플로우에서 본 버크셔해서웨이의 포트폴리오(2022년 2분기 기준)

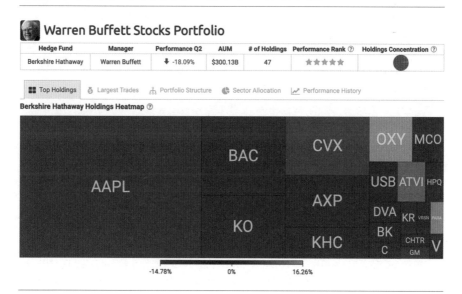

메리카BAC, 아메리칸익스프레스AXP, 코카콜라KO 등도 보입니다.

헤지펀드 포트폴리오는 매 분기 말에 작성되는 '13F'라는 공시 자료를 토대로 공개되기 때문에 우리가 자료를 보는 시점과 실제 자료가 준비된 시점 간에 시간 차이가 있음을 항상 유념해야 합니다.

Outperform

가끔 투자 의견 중에 'Outperform'이라는 것을 발견할 수 있습니다. 한국어로 '능가하다'라는 뜻인데, 시장보다 수익률이 높을 것이란 뜻입니다. Hold보유보다는 좋지만, Buy매수 혹은 Strong Buy강력 매수보다는 못한 매수 의견입니다.

Underperform

주가 수익률이 시장 평균보다 저조할 것이란 뜻입니다. Hold보유와 Sell매도 사이에 있다고 보면 됩니다.

우리나라 증권사들의 투자 의견

우리나라 애널리스트들은 투자 의견에 매도를 거의 표기하지 않습니다. '매도'라는 의견을 내면 관련 기업으로부터 불이익을 당하는 경우가 종종 있기 때문입니다. 기업들은 매도 의견을 낸 애널리스트들에게 자료 협조를 잘 안 해주는 방식 등으로 불이익을 줍니다.

2015년도 조사 결과에 따르면 우리나라에 1,000여 명의 애널리스트가 활동하고 있는데, 매도 의견을 낸 리포트는 전체 리포트의 1%도 안 된다고 합니다. 따라서 우리나라 애널리스트들이 작성한 리포트는 투자 의견은 한두 단계 낮추어서 생각하면 편합니다. '중립Neutral'부터는 매도하라는 의미로 보면 되고 '강력 매수'만 진짜 매수로 보면 됩니다.

반면 미국에서 활동하는 애널리스트들은 자신의 의견을 자유롭게 표현하는 편입니다. 기업의 눈치 따위는 보지 않고 소신껏 자신의 의견을 밝힙니다. 앞의 애플 예에서 보았듯이 8월 18일 현재 애플 주식을 중립 혹은 매도로 전망하는 애널리스트는 총 45명 중 10명이나 됩니다. 이는 약 한 달 동안 단기적으로 주가가 급등하였기에 매수를 잠시 쉬어가는 것이 좋을 것 같다는 의견을 소신 있게 제시한 것입니다.

조금 더 알아봅시다!

워런 버핏의 투자 원칙 중에 다음과 같은 말이 있습니다.

첫 번째, 돈을 잃지 않는다.
두 번째, 첫 번째 원칙을 잊지 않는다.

이 말을 듣는 순간 학창 시절 전교 1등의 말이 떠올랐습니다.

"공부 잘하는 방법은 예습과 복습을 철저히 하는 거야."

어찌 보면 너무나 당연한 말인데 간과하기 쉬운 말이기도 합니다. 그렇다면 어떻게 하면 잃지 않는 투자를 할 수 있을까요?

'리스크 헤지'라는 말이 있습니다. 헤지는 영어로 울타리라는 뜻이 있습니다. 투자에 있어 헤지는 자산을 '울타리' 안에 잘 보호한다는 의미입니다. 우리가 흔히 듣는 "한 바구니에 모든 달걀을 담지 말라"는 말도 헤지라고 볼 수 있습니다. 헤지를 한 투자자는 잃지 않는 투자를 할 수 있습니다.

일상 속에 우리는 알게 모르게 헤지를 하고 있습니다. 우리 부모님 세대가 기를 쓰며 집을 마련하려 했던 것은 인플레이션에 대한 헤지를 하기 위함이었고 IMF 이후로 달러 예금 가입자가 증가한 것은 환에 대한 헤지를 하기 위함입니다.

주식 투자에서도 다양한 헤지가 있습니다. 기관 투자자들이 전통적으로 가장 많이 사용했던 헤지 방법은 주식 60%, 채권 40%를 투자하는 것이었습니다. 주식과 채권은 반대 방향으로 움직여왔기 때문에 주식이 내릴 때 채권 가격이 올라주어서 손실을 줄일 수 있었습니다.

하지만 채권을 활용한 헤지 방식도 코로나 19 이후로는 바뀌기 시작했습니다. 기술주를 중심으로 주식과 채권이 같은 방향으로 움직였기 때문입니다. 예컨대 기술주가 떨어질 때 채권이 올라야 하는데 채권 가격도 떨어지는 일이 많아졌습니다. 이로 인해 기관 투자자들은 옵션이나 공매도 등을 활용한 헤지를 많이 하기 시작했습니다Pairs Trade.

하지만 기관 투자자와 달리 개미 투자자들은 옵션이나 공매도 사용이 현실적으로 어렵기 때문에 다른 방법을 사용해 헤지를 합니다. 옵션이나 공매도를 직접 하는 대신 옵션 및 공매도 기능이 있는 ETF를 매입하거나 내가 보유한 주식과 음의 상관관계가격이 반대 방향으로 움직이는 관계에 있는 주식을 보유함으로써 헤지를 합니다.

● 음의 상관관계에 있는 자산 보유

필자는 마이크로소프트, 애플, 구글, 엔비디아와 같은 기술주를 많이 보유하고 있습니다. 기술주는 저금리 시대에 시중 자금을 빨아들이며 폭발적으로 성장하지만 2022년과 같은 인플레이션 시기에는 힘을 많이 못 씁니다.

반면 석유, 구리, 철 등과 관련된 원자재 기업, 수도, 전기, 가스 등과 같은 유틸리티 기업, 콜라, 담배, 생활용품 등을 만드는 필수 소비재 기업, 부동산 리츠 기업 등은 인플레이션 시기에 힘을 냅니다.

따라서 헤지를 하기 위해서는 내가 보유하고 있는 주식이 어떠한 섹터에 속해 있고 유가, 인플레이션, 금리와 같은 매크로 변수macro indicators가 변함에 따라 어떻게 주가가 변하는지 파악하고 있어야 합니다.

다음은 기술주 마이크로소프트와 대표적인 정유 회사 쉐브론의 2021년 12월 중순부터 2022년 3월 중순까지 3개월 동안의 주가 그래프입니다.

마이크로소프트와 쉐브론 주가 그래프(2021년 12월 중순~2022년 3월 중순)

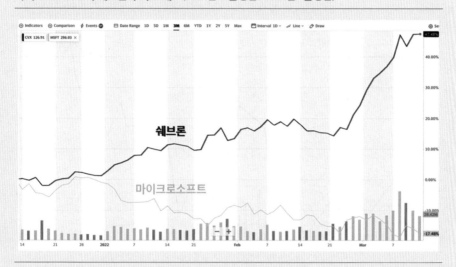

출처: 야후 파이낸스

    마이크로소프트와 쉐브론은 음의 상관관계에 있기 때문에 마이크로소프트의 주가가 하락했을 때 쉐브론의 주가가 올라 손실을 완화해줄 수 있습니다.

● 공포 지수 추종 ETF 보유

    앞에서 설명드렸듯이 주식시장이 얼마나 공포에 질렸는지 확인하는 지표로 VIX 지수가 있습니다. ETF 중에 VIX 지수를 추종하는 ETF티커명 VIXY가 있습니다. 해당 ETF는 주식시장이 공포에 질려서 폭락했을 때 수익이 나는 상품이므로 대부분의 주식에 대한 헤지가 가능합니다. 다음 그래프는 마이크로소프트와 VIXY의 가격 변동 그래프인데, 마이크로소프트의 주가가 떨어졌을 때 VIXY의 가격이 상승하는 모습을 보여줍니다.

마이크로소프트와 VIXY 주가 그래프(2021년 12월 중순~2022년 3월 중순)

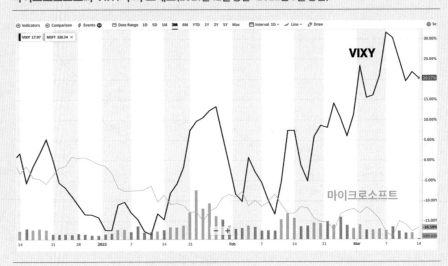

출처: 야후 파이낸스

● 옵션 및 공매도 ETF 활용

개인 투자자들은 주가 하락 시에도 수익을 낼 수 있는 공매도가 어렵기 때문에 주요 지수 하락 시에 수익을 낼 수 있는 인버스 ETF를 활용합니다. 개별 주식에 대한 인버스 상품은 없기 때문에 지수와 반대로 움직이는 ETF를 매입해서 헤지합니다. 마이크로소프트의 경우 나스닥에 상장되어 있으므로 나스닥 100 지수와 반대로 움직이는 ETF인 PSQ티커명에 투자하여 공매도 효과를 누려봅니다.

마이크로소프트와 PSQ 주가 그래프(2021년 12월 중순~2022년 3월 중순)

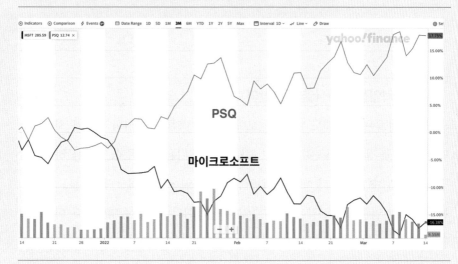

출처: 야후 파이낸스

● **헤지의 장단점**

　헤지를 활용하면 하락장에도 수익을 내는 종목이 있기 때문에 심리적으로 안정감을 가질 수 있습니다_{심리적 안정}. 또한 하락장에 수익을 내는 자산을 팔아서 손실 나고 있는 자산을 저가에 매수할 수 있습니다_{리밸런싱}.

　헤지의 단점은 하락장에서 손실을 완화시킬 수 있지만 대세 상승장에서는 소수 종목에 올인한 투자자보다 수익이 줄어드는 일이 발생한다는 것입니다. 아울러 옵션 혹은 공매도로 헤지를 할 경우에, 이에 따른 비용이 수반됩니다. 예컨대 옵션으로 만들어진 ETF 상품의 경우 운용 수수료가 높기 때문에 이용 시 주의해야 합니다_{예: VIXY 0.85%, PSQ 0.95% vs QQQ 0.20%}.

10 미국 정치인들은 어떤 주식을 샀는가?

미국 정치인들도 주식을 사랑한다

국회의원들은 아무래도 일반인들보다 정보가 빠릅니다. 의회 활동을 하다 보면 여러 고급 정보를 획득하게 되고 해당 정보를 이용해서 주식 거래를 하면 큰 수익을 챙길 수 있습니다. 미국 하원의장이자 서열 3위인 낸시 펠로시Nancy Pelosi는 빅테크 기업들을 사고팔아서 큰 수익을 낸 국회의원으로 유명합니다. 아래 내용은 수많은 정부 관계자들이 내부 정보를 활용하여 주식을 하고 있다는 내용의 기사입니다.

> 민주당 의원 주식 보유량의 거의 절반이 빅테크 기업들입니다. 낸시 펠로시는 2007년 이후 단 5개의 빅테크 기업페이스북, 구글, 아마존, 애플, 마이크로소프트에 투자하여 560만 달러에서 3,040만 달러 사이의 수익을 올렸습니다. 그녀가 빅테크 기업들에 대한 개혁을 천천히 진행하는 것은 어찌 보면 당연한 일입니다.
>
> 《뉴욕포스트》 2022년 1월 18일

미국에서는 국회의원들이 주식 거래를 하면 1개월 이내에 신고를 하게 되어 있습니다. 본인뿐만 아니라 가족들의 거래도 신고해야 합니다. 의정 활동을 하다 보면 국회의원들은 고급 정보를 접할 기회가 많기 때문에 그들의 주식 거래 내역을 확인해보면 향후 투자 종목 선택 시 큰 도움이 됩니다.

미국 정치인들의 주식 거래 정보 사이트

해당 정보를 알려주는 사이트 중에 캐피톨트레이드capitoltrades.com가 있습니다.

해당 사이트는 정치인들의 주식 거래 현황을 굉장히 빠르게 업데이트해줍니다.

낸시 펠로시의 거래 현황(2022년 1월~2022년 7월)

TRADED ISSUER	PUBLISHED	TRADED	FILED AFTER	TYPE	SIZE
NVIDIA Corporation NVDA:US	27 Jul 2022	26 Jul 2022	0 days	SELL*	1M – 5M
Apple Inc AAPL:US	14 Jul 2022	17 Jun 2022	27 days	SELL* partial	100K – 250K
NVIDIA Corporation NVDA:US	14 Jul 2022	17 Jun 2022	27 days	BUY*	1M – 5M
Visa Inc V:US	14 Jul 2022	21 Jun 2022	23 days	SELL* partial	1M – 5M
Apple Inc AAPL:US	6 Jun 2022	13 May 2022	21 days	BUY*	500K – 1M
Apple Inc AAPL:US	6 Jun 2022	24 May 2022	10 days	BUY*	250K – 500K
Microsoft Corp MSFT:US	6 Jun 2022	24 May 2022	10 days	BUY*	50K – 100K
Microsoft Corp MSFT:US	6 Jun 2022	24 May 2022	10 days	BUY*	250K – 500K
Warner Bros Discover Inc DISCA:US	4 May 2022	11 Apr 2022	0 days	RECEIVE*	50K – 100K
AT&T Inc T:US	4 May 2022	11 Apr 2022	22 days	EXCHANGE*	50K – 100K
Tesla Inc TSLA:US	22 Mar 2022	17 Mar 2022	4 days	BUY*	1M – 5M
AllianceBernstein Holding LP AB:US	1 Mar 2022	27 Jan 2022	32 days	BUY*	250K – 500K
American Express Co AXP:US	1 Mar 2022	21 Jan 2022	38 days	BUY*	250K – 500K
Apple Inc AAPL:US	1 Mar 2022	21 Jan 2022	38 days	BUY*	500K – 1M
PayPal Holdings Inc PYPL:US	1 Mar 2022	21 Jan 2022	38 days	BUY*	250K – 500K

출처: 캐피톨트레이드

특정 정치인의 거래 내역이 궁금할 때

캐피톨트레이드를 활용하면 어떤 정치인이 어떤 회사의 주식을 언제 사고팔았으며, 거래 금액이 얼마인지 까지 나옵니다. 앞의 표는 하원 의장인 낸시 펠로시의 2022년 1월부터 7월까지의 거래 현황입니다.

낸시 펠로시남편 포함가 매입한 기업들을 보면 엔비디아, 애플, 마이크로소프트, 테슬라와 같은 빅테크 기업들이 대부분입니다. 아울러 장기 투자를 하기보다 단기적으로 급등하면 일부 수익으로 전환 시키고 있는 모습도 보입니다. 예컨대 낸시 펠로시는 6월 17일, 엔비디아 주식을 주당 158.8달러에 2만 주 매입하고 같은 주식을 7월 26일에 주당 165.05달러로 2만 5,000주 팔았습니다. 그녀는 40일 동안에 3.9%의 수익을 올렸습니다. 한 달 만에 약 1.6억 원을 번 것입니다.

캐피톨트레이드 화면

출처: 캐피톨트레이드

정치인들이 최근에 거래한 기업들이 궁금할 때

거래에서부터 신고까지 1개월의 시간적 차이가 있기 때문에 최신 트렌드를 보기 위해서는 앞의 표와 같이 트레이드 최신 날짜순으로 정렬해서 보면 됩니다.

맨 왼쪽부터 정치인 이름, 거래 종목, 거래 신고 날짜, 실제 거래 날짜 순서로 정보가 나열되어 있습니다.

내가 사고 싶은 주식을 정치인들은 어떻게 생각하는지 궁금할 때

예를 들어 JP모건을 매수할 예정인데 정치인들은 JP모건을 어떻게 생각하는지 궁금하면, JP모건만 따로 검색해서 볼 수 있습니다. 다음은 JP모건에 대한 정치인들의 거래 내역입니다.

정치인들의 JP모건 거래 내역

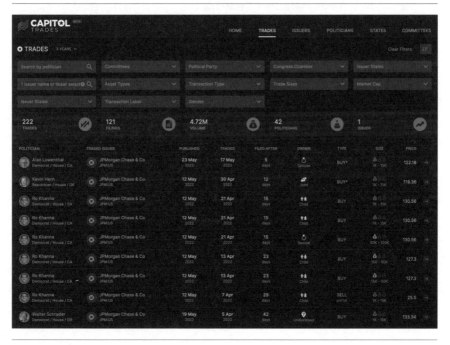

출처: 캐피톨트레이드

화면에서 확인할 수 있듯이, JP모건을 매수BUY하는 정치인들이 눈에 많이 띄었습니다.

콜옵션

콜옵션은 미래에 무엇인가 살 수 있는 권리를 말합니다. 위에 언급된 낸시 펠로시는 미래에 정해진 가격으로 알파벳의 주식을 살 수 있는 권리콜옵션를 프리미엄을 지급하고 구매했습니다.

콜옵션을 사는 이유는 미래에 주가가 올라 있을 것 같은 생각이 들어 미리 정해놓은 가격으로 사기 위해서입니다. 콜옵션 권리 행사에 대한 대가로 프리미엄을 주식 보유자에게 지불하고 콜옵션 만기일 주가가 미리 정해놓은 가격보다 높으면 콜옵션을 사용하고 주가가 사전에 합의한 가격보다 낮으면 콜옵션을 포기합니다.

콜옵션의 반대는 풋옵션으로 미래에 무엇인가 팔 수 있는 권리를 말합니다. 미래에 주가가 많이 하락할 것 같으면 일정 금액에 팔 수 있는 권리를 행사합니다. 풋옵션을 사용하는 대표적인 예가 농사를 짓는 농부입니다. 올가을에 벼가 풍년이어서 쌀값이 폭락할 것 같은 예감이 들면 A라는 대형 마트에 가서 이렇게 말합니다.

"제가 지금 300만 원프리미엄 드릴 테니 올가을에 쌀 1kg당 5,000원에 팔 수 있는 권리를 주세요. 가을이 되었을 때 쌀을 팔지 말지는 제가 결정할게요."

농부는 도매 시장에 형성된 쌀값이 5,000원 밑으로 떨어지면 풋옵션 권리를 행사하여 쌀을 A마트에 팔게 됩니다. 만약 시장에 형성된 쌀값이 5,000원을 넘어서면, 풋옵션 권리를 포기하고 옵션가 보다 높게 형성된 시장 가격으로 팔면 됩니다.

04

주식
매입 시점과
주의사항

$$

01 ▶ ||||||||||||||
매입 시기
결정

워런 버핏의 명언

어떠한 주식을 살지 마음의 결정을 내렸다면 언제든지 구매해도 되지만 가급적이면 저렴할 때 사고 싶은 것이 사람의 마음입니다.

"공포에 사고 탐욕에 팔아라."

워런 버핏이 한 유명한 말입니다. 머리로는 이해가 되지만 실제 실천하기는 매우 어렵습니다. 떨어지고 있을 때는 더 떨어질 것 같아서 못 사고 오를 때는 너무 비싼 것 같아서 못 삽니다. 대부분의 사람은 워런 버핏 말에 정반대로 행동합니다. 즉 공포에 팔고 탐욕에 삽니다. 남들이 모두 주식으로 돈을 벌고 있다는 소리를 들으면 벼락거지가 된 듯한 기분이 들어 FOMOFear of missing out가 발동해 덜컥 주식을 매입합니다.

공포에 사고 탐욕에 팔라는 워런 버핏의 말을 실천할 수 있도록 공포를 측정하는 인덱스는 없을까요? 다행히도 주식시장의 분위기를 파악하는 방법이 4가지 있습니다. 이를 활용하면 언제 저점이고 언제 과열되었는지 객관적으로 확인해볼 수 있습니다.

VIX 지수 Volatility Index

VIX 지수는 변동성 지수 혹은 공포 지수라고도 불립니다. VIX는 'S&P500 지수'의 옵션 가격향후 30일을 토대로 만듭니다. 시장이 공포에 질릴수록 VIX 값은 커집니다. 왜냐하면 옵션 거래옵션은 미래에 정해진 가격으로 거래할 권리를 하는 이유가 보험처럼 미래의 불확실성을 제거하기 위해서인데, 옵션 가격VIX 지수이 증가한다는 것은 미래를 불확실하게 예측하는 사람이 많아진다는 뜻입니다. 자동차 사고를 많이 내고 불확실성이 높은 사람의 자동차 보험료가 올라가듯이 주식시장의 변동성이 커질 것이라고 예측하는 사람이 많아지면 옵션 가격VIX 지수이 올라갑니다.

역사적으로 보았을 때 VIX가 30을 넘어서면 변동성이 심한 것으로 보고 40을 넘어서면 '공포 구간'으로 간주합니다. 2008년 10월 세계 금융위기 때 VIX는 89.53까지 찍었습니다. 코로나 초기에는 85.47까지 치솟았습니다. 이와는 반대로 주식시장이 안정적일 때는 VIX가 20 밑으로 떨어집니다.

VIX 지수와 S&P500 지수의 관계

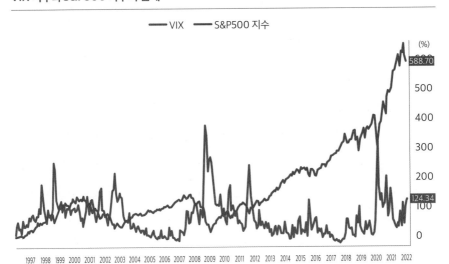

출처: 야후 파이낸스

매수나 매도 타이밍을 잡을 때 VIX 지수를 참조하여 40이 넘었을 때공포 구간
는 적극적으로 매수를 하고 20 밑으로 떨어졌을 때 매도를 해서 차익 실현을 합
니다. 그래프에서 확인할 수 있듯이, VIX 지수와 S&P500 지수는 전반적으로 반
비례 관계에 있습니다.

공포 탐욕 지수CNN Fear & Greed Index

두 번째 지수는 CNN에서 만든 공포 탐욕 지수입니다. 해당 지수는 상당히
직관적으로 만들어졌습니다. 자동차 계기판 모양인데, 왼쪽 0으로 갈수록 공포
Extreme Fear를 나타내고 오른쪽 100에 가까울수록 탐욕Extreme Greed을 나타냅니
다. 50은 공포도 탐욕도 아닌 중도의 상태입니다.

역사적으로 큰 폭락장이 왔을 때 공포 탐욕 지수는 10 밑으로 떨어졌습니다
VIX와는 반대로 숫자가 작을수록 공포임. 2020년 3월 코로나 발생 때가 그랬고 2008년 세
계 금융위기 때도 10 밑으로 떨어졌습니다. 따라서 공포 탐욕 지수가 중간값인

공포 탐욕 지수

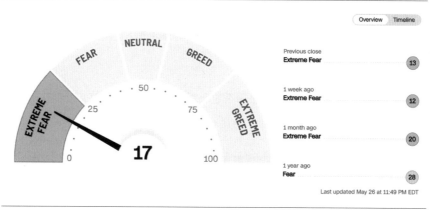

출처: CNN[34]

50 밑으로 떨어지고 수치가 점점 작아진다면 주식 매입 시점이 다가왔음을 알 수 있습니다. 5월 26일 기준 공포 탐욕 지수는 17이고 시장은 극단적 공포 구간 Extreme Fear에 접어들었음을 알 수 있습니다.

미국 투자자들이 생각하는 주식시장 AAII Investor Sentiment Survey

주식시장 분위기가 좋아서 투자를 시작했는데 내가 투자하기만 하면 주식시장이 다시 가라앉는 신기한 경험을 해보셨을 겁니다. 2021년 말에 회사 다니는 친구가 술자리에서 제게 이런 말을 했습니다.

"회사 사람들 대부분이 점심시간에 주식 이야기만 하는 것을 보니 고점이 다 가온 것 같아!"

아나나 다를까, 2022년 초부터 주식시장은 인플레이션과 우크라이나 악재로 조정장에 진입했습니다.

미국개인투자자협회 American Association of Individual Investors, AAII에서는 매주 개인 투자자들에게 향후 6개월간 주식시장이 어떻게 변하게 될지 설문조사를 합니다. 미국개인투자자협회 회원들은 대학을 졸업하고 평균 100만 달러 12억 원를 투자하는 60대 남성이 주를 이룹니다. 미국개인투자자협회는 매주 회원들에게 6개월 뒤 강세장 Bullish이 올 것인지 약세장 Bearish이 올 것인지, 아니면 중립 Neutral인지를 물어봅니다.

오랜 기간 조사한 결과 개인 투자자들이 강세장이라고 대답한 비중이 많으면 60% 이상 6개월 뒤에 약세장이 왔고 약세장이라고 대답한 비중이 많으면 50% 이상 강세장이 왔습니다(여기서 언급된 60%와 50%는 역사적 평균값에서 2표준편차값입니다. 쉽게 말해 확률이 진짜 높다는 뜻입니다).[35]

2020년 3월에 코로나로 주식시장이 붕괴하고 개인 투자자들의 심리가 침체

개인 투자자들이 생각하는 6개월 뒤 주식시장 전망

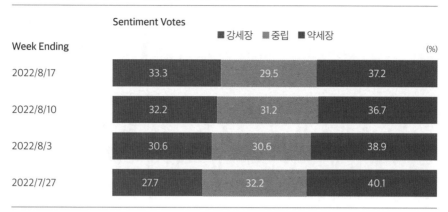

Week Ending	Sentiment Votes ■ 강세장 ■ 중립 ■ 약세장		(%)
2022/8/17	33.3	29.5	37.2
2022/8/10	32.2	31.2	36.7
2022/8/3	30.6	30.6	38.9
2022/7/27	27.7	32.2	40.1

출처: 미국개인투자자협회

되었을 때 6개월 뒤 약세장을 전망한 사람은 50%를 넘어섰습니다. 재미있는 사실은 6개월 뒤 개인 투자자들의 전망과는 반대로 강세장이 왔습니다.

8월 17일 조사에 따르면 6개월 뒤에 강세장이 올 것이라 전망한 사람이 33.3%이고 약세장이 올 것이라 전망한 사람은 37.2%입니다. 전망치가 한쪽 방향으로 쏠리지 않고 강세장과 약세장의 전망이 유사한 것을 보면 6개월 뒤 펼쳐질 장은 예측하기 힘든 상황인 것 같습니다.

경기 서프라이즈 지수 Citigroup Economic Surprise Index

주가는 경기의 흐름과 밀접한 연관이 있기 때문에 매달 발표되는 경제지표들의 영향을 많이 받습니다. 소비자물가 지수, 생산자물가 지수, ISM 제조업 지수 등 많은 경제지표들이 있습니다. 전문가들은 경제지표가 발표되기 전에 예상 전망치를 내놓습니다. 전망치보다 실제 지표가 더 높으면 투자자들은 안심합니다.

경기 서프라이즈 지수는 시장 전망치보다 실제 지표가 얼마나 더 많았는지를 보여줍니다. 따라서 숫자가 높으면 높을수록 전망치보다 실제 지표가 좋았다는

시티그룹의 경기 서프라이즈 지수

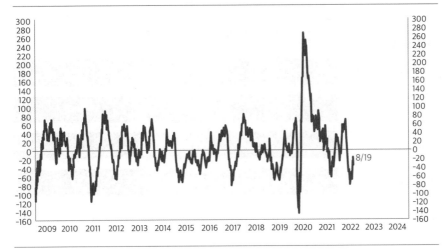

출처: Yardeni[36]

뜻입니다. 반대로 지수가 마이너스이면 실제 지표가 전망치보다 안 좋았다는 뜻입니다.

경기 서프라이즈 지수가 상승하면 경제 회복이 빠르게 이뤄지고 있다는 뜻이고 하락하면 경제 회복이 느리게 진행되고 있다는 뜻입니다. 2022년 8월 19일 기준 경기 서프라이즈 지수는 −16.4입니다. 경기 서프라이즈 지수가 마이너스이기 때문에 경기가 침체하고 있다는 뜻입니다. 경기 침체가 오는 상황에서는 연준이 금리 인상을 지속하기 어렵습니다.

선물

미리 선, 물건 물. '사전에 정한 가격에 물건을 거래한다'는 뜻입니다.

밀 농사짓는 농부와 빵집 주인이 있다고 생각해봅시다. 지금 현재 밀가루는 1kg당 1만 원입니다. 그런데 빵집 주인 생각에 올해는 가뭄이 심해서 밀가루 가격이 연말에 많이 오를 것 같습니다. 그래서 빵집 주인이 농부에게 말합니다. "연말에 밀가루를 1kg당 1만 원에 파실 수 있나요?"

농부 아저씨는 빵집 사장님 제안이 솔깃합니다. 왜냐하면 올해 밀가루 가격이 폭락할 것으로 전망했기 때문입니다. 지금 당장 빵집 사장님과 kg당 1만 원에 계약하면 안정적 수입을 보장받을 수 있기에 그렇게 하기로 약속합니다. 이렇듯 선물 거래는 서로 다른 미래를 전망하는 두 사람이 만나 이루어지는 거래입니다.

옵션

옵션은 우리 말로 '선택할 수 있는 권리'라고 이해하면 편합니다. 위의 예시를 이어가겠습니다. 빵집 주인이 농부 아저씨와 계약하기 직전에 이런 생각이 들었습니다. '혹시라도 작년처럼 밀가루 가격이 폭락하면 어떡하지?'

빵집 아저씨가 꾀를 내어 농부 아저씨에게 이렇게 말합니다.

"농부 아저씨, 연말에 밀을 1kg당 1만 3,000원에 살 수 있는 권리를 살게요. 대신 제가 200만 원을 드릴게요. 하지만 연말 밀가루 가격이 1만 3,000원을 넘어가면 권리를 행사하고 밀가루 가격이 폭락하면 권리를 포기하겠습니다."

선물과 옵션 거래의 대상은 무궁무진합니다. 위의 예시에서는 밀가루가 나왔지만 주식이나 주가지수도 가능합니다. 원유, 금, 구리와 같은 원자재도 선물·옵션 거래가 가능합니다. 선물·옵션 거래를 하는 이유는 미래에 대한 불확실성이 커졌을 때 리스크_{위험}를 헤지하기 위해서입니다.

고립 공포감 FOMO, Fear of Missing Out

남들 다 하고 있는데 나만 안 하면 왠지 고립된 기분이 들어 물건을 구매하거나 서비스를 이용하는 행위를 말합니다. 남들 다 미국 주식으로 돈을 벌고 있는데, 나만 안 하면 안 될 것 같아서 제대로 된 준비 없이 덥석 주식을 구매하면 위험합니다. 준비 없이 구매한 주식은 조정장이 왔을 때 견뎌낼 힘이 없기 때문입니다. 필자 역시 주린이 시절 친구 말만 듣고 덥석 매입한 삼성SDI가 폭락했을 때 견뎌낼 힘이 없어서 손절했던 기억이 있습니다. 기업에 대해 잘 알고 매입했더라면 조정장에서도 마음이 흔들리지 않고 오랫동안 보유할 수 있었겠지요.

02 PER을 활용한 매수 시기 결정

개별 주식의 PER 활용

앞에서 배운 바와 같이 VIX 지수, CNN 공포 지수, AAII, 경기 서프라이즈 지수 등을 활용하여 매수 및 매도 시기를 결정할 수도 있지만, PER주가수익비율을 활용해서 매수 시기를 결정할 수도 있습니다.

잠깐 복습하자면 PER은 미국에서 'P/E ratio'라고 불리며, 몇 년 동안 순이익을 모아야 시가총액과 같아지는지를 보여주는 지표입니다. 1년에 순이익이 1억 원 나는 떡볶이집이 시장에서 3억 원의 가치를 지닌다면, 떡볶이 가게의 PER은 3이라고 볼 수 있습니다떡볶이집 매수가 3억 원 ÷ 연간 1억 원 순이익.

PER을 활용하여 내가 투자하고자 하는 기업을 지금 매수할지 말지 결정할 때는 과거 5년간의 P/E Ratio 내역을 활용하면 됩니다. 지난 5년간 P/E 평균값과 중간값을 확인해 보고, 현재 P/E Ratio가 어느 정도 위치하는지 가늠해봅니다.

YCHARTS.com에서는 친절하게도 기간별로 P/E Ratio 값을 차트 형태로 보여줍니다. 게다가 해당 기간의 평균값Average, 중간값Median, 최소값Minimum, 최대값Maximum도 보여줍니다.

애플의 예를 들어보겠습니다. 다음은 애플의 5년간의 P/E Ratio 히스토리입니다.

애플의 P/E Ratio(2018~2022년)

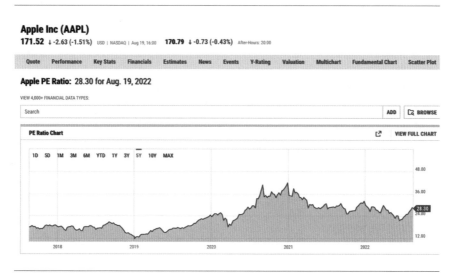

출처: 와이차트[37]

다음은 5년 동안 애플의 P/E 최소값, 최대값, 평균값, 중간값입니다.

글을 쓰고 있는 현재 애플의 P/E는 28.3입니다. 역대 최대치보다는 낮지만 5년 평균값23.53과 중간값22.52보다는 다소 높습니다. 따라서 애플의 주가는 지금 다소 과열된 상태이므로 무리한 매입보다는 잠깐 대기나 소규모 매입이 옳아 보입니다.

S&P500 PER 활용

앞에서 우리는 개별 기업의 P/E 히스토리를 보고 매입 여부를 결정했습니다. 같은 방식으로 S&P500의 P/E 히스토리를 보고 주식시장 진입 여부를 고려해 볼 수 있습니다.

S&P500의 P/E 히스토리

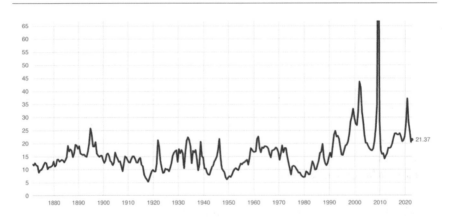

Current S&P 500 PE Ratio: 21.37 -0.28 (-1.29%)

4:00 PM EDT, Fri Aug 19

Mean:	15.97	
Median:	14.90	
Min:	5.31	(Dec 1917)
Max:	123.73	(May 2009)

출처: 멀티플[38]

S&P500의 P/E 히스토리는 멀티플multpl.com에서 쉽게 구할 수 있습니다. 앞의 그림은 S&P500의 P/E 히스토리입니다.

그래프와 요약에서 알 수 있듯이, S&P500 역사적 평균 P/E는 15.97입니다. 중간값은 14.9입니다. 반면 글을 쓰고 있는 8월 19일 기준 S&P500의 P/E는 21.37입니다. 역사적 평균값보다는 다소 높은 상황입니다. 유명한 펀드매니저 혹은 애널리스트들이 주식시장이 아직 고평가되어 있다고 주장하는 근거가 바로 'P/E 값이 역사적 평균값보다 아직 높다'입니다.

섹터 PER 활용

내가 투자하고자 하는 섹터의 평균 PER을 확인해보는 것도 중요합니다. 예를 들어 S&P500 평균 PER이 25이고 내가 투자하고자 하는 회사의 PER이 20이면 저평가되었다고 생각할 수도 있지만 그 회사가 속한 섹터의 평균 PER이 15라면 고평가된 상태이기 때문입니다. 섹터 평균 PER은 핀비즈finviz.com에서 쉽게 확인할 수 있습니다.

표에서 알 수 있듯이 소재Basic Material · 에너지Energy · 금융Financial 섹터는 PER이 전반적으로 낮습니다. 반면 부동산Real Estate 섹터는 PER이 28.26으로 가장 높은 것을 확인할 수 있습니다.

핀비즈에서 본 섹터 평균 PER

No.	Name	Market Cap	P/E	Fwd P/E	PEG	P/S	P/B	P/C	P/FCF	EPS past 5Y	EPS next 5Y	Sales past 5Y	Change	Volume
1	Basic Materials	1853.68B	8.5	10.69	0.85	1.23	1.82	10.88	14.78	28.66%	10.06%	12.41%	-2.08%	387.15M
2	Energy	3580.76B	8.66	6.87	0.55	0.72	1.42	9.11	10.16	40.56%	15.70%	11.51%	-0.71%	661.44M
3	Financial	8993.10B	14.30	12.98	1.58	2.58	0.01	0.53	11.33	20.29%	9.08%	7.48%	-1.96%	715.73M
4	Communication Services	6119.43B	18.50	15.74	1.27	2.54	2.70	13.35	33.68	20.47%	14.56%	18.91%	-1.91%	575.35M
5	Industrials	4642.58B	22.1	16.86	1.73	1.77	3.84	14.23	31.77	16.24%	12.84%	6.01%	-1.39%	497.69M
6	Healthcare	7300.43B	23.2	15.97	2.40	1.98	4.07	12.38	27.37	16.02%	9.70%	15.52%	-0.03%	1.70B
7	Consumer Cyclical	6500.16B	24.2	13.16	0.95	0.95	3.20	10.41	44.93	30.58%	25.48%	22.16%	-2.34%	1.40B
8	Consumer Defensive	3719.83B	24.5	21.96	2.69	1.37	4.16	23.81	69.74	7.56%	9.13%	5.04%	-0.61%	287.09M
9	Utilities	1519.85B	25.8	3.45	3.44	2.03	1.57	30.86	61.39	2.73%	7.50%	5.67%	-0.30%	112.29M
10	Technology	12374.01B	27.50	20.95	1.86	4.35	5.97	15.95	35.10	23.10%	14.78%	15.42%	-2.15%	1.35B
11	Real Estate	1645.39B	28.?	29.64	2.61	4.76	2.46	26.44	57.80	11.30%	10.84%	9.78%	-1.15%	292.15M

출처: 핀비즈[39]

앞서 언급된 3가지 방법들을 통해 매입 시점을 잘 잡는 것도 중요하지만 무엇보다 중요한 것은 기업의 내재 가치를 알고 투자에 임하는 것입니다. 정치·전쟁·질병과 같은 외부적 요인으로 인해 주가는 단기적으로 오르기도 하고 떨어지기도 하지만 결국 장기적으로 기업의 내재 가치를 찾아갑니다.

조금 더 알아봅시다!

 모닝스타 시장 적정가 Morningstar Market Fair Value

모닝스타는 미국 시카고에 있는 투자 리서치 회사입니다. 전 세계 주요 27개국에 있는 네트워크를 활용하여 투자 리서치를 진행하고 투자 관련 정보를 투자자들에게 전달합니다.

모닝스타는 자체 기준에 의거해서 개별 기업들의 적정가를 산출합니다. 그리고 현재의 주식 가격이 적정가보다 높으면 1보다 높고 고평가되어 있음을 알려줍니다주가 / 적정가 > 1. 개별 기업의 적정가를 확인하기 위해서는 유료 회원 가입을 해야 하지만 섹터 전체의 적정가 확인은 무료로 가능합니다.

다음 표를 보면 섹터별 적정가를 보여줍니다. 섹터 전체 주가가 적정가보다 비싸면주가 / 적정가 > 1 빨간색으로 칠해줍니다. 반대로 주가가 적정가보다 낮으면 녹색주가 / 적정가 < 1으로 표시해줍니다.

녹색 영역에 진입했다는 뜻은 해당 섹터가 저평가되었다는 뜻입니다. 즉 매수할 시점이 되었다고 보면 됩니다. 다음 예시의 경우 2022년 1월 중순 이후부터 기술 섹터Technology Sector의 주가가 적정가보다 낮아졌음을 보여줍니다.

출처: 모닝스타[40]

이동평균선을 활용한 매입 시기 결정

이동평균선이란

금리 인상 이후 증시는 오름과 내림을 반복하고 있습니다. 이런 상황에서 우리는 주가가 어떤 방향으로 향하게 될지 가늠하기 어렵습니다. 이럴 때 이동평균선Moving Average을 활용하면 주가의 전반적 추세를 확인할 수 있습니다.

이동평균선의 종류는 계산 방법에 따라 단순, 지수, 가중 등 다양합니다. 이번 시간에는 가장 쉽고 많이 쓰이는 단순 이동평균선Simple Moving Average, SMA을 설명해보겠습니다.

이동평균선의 종류

이동평균선에는 20·50·200일 이동평균이 있습니다. 이동평균 기간이 길수록 그래프가 완만해지고 장기적인 추세를 보여줍니다. 반대로 이동평균 기간이 짧을수록 최근 가격 변화를 잘 반영해주고 그래프가 울퉁불퉁하게 보입니다.

이동평균선은 야후 파이낸스finance.yahoo.com/, 마켓워치www.marketwatch.com/, 시킹알파seekingalpha.com/와 같은 주식 정보 사이트에서 무료로 제공됩니다. 다음은 마켓워치에서 산출된 S&P500의 20일 그래프연두색와 200일 그래프검은색입니다.

주가는 한 번 오르면 계속 오르고 내리면 계속 내리려는 경향이 있기 때문에 이동평균선을 활용하면 주가가 현재 오르는 추세인지 내리는 추세인지 쉽게 확인해볼 수 있습니다. 주식시장은 주말에 열리지 않기 때문에 5일 이동평균은 한

S&P500의 이동평균 그래프

출처: 마켓워치[41]

애플의 이동평균 그래프

출처: 마켓워치[42]

주를 나타내고 20일 이동평균은 한 달을 나타냅니다.

S&P500과 같은 지수뿐만 아니라 개별 종목에 대한 이동평균선을 확인해볼 수 있습니다.

이동평균선을 활용한 매수·매도 신호

주가가 이동평균선을 뚫고 올라가면 매수 신호로 볼 수 있습니다. 반대로 주가가 이동평균선을 뚫고 내려가면 매도 신호로 볼 수 있습니다.

다음은 애플 주가가 200일 이동평균선을 뚫고 올라가는 매수 신호를 보여줍니다. 그래프처럼 단기 이동평균선20일을 사용하면 매도·매수 신호가 자주 나타나고, 장기 이동평균선200일을 사용하면 매도·매수 신호가 자주 나타나지 않습니다. 장기 이동평균선은 장기적 흐름을 보여줍니다. 200일 이동평균선을 보면 애플의 주가는 장기적으로 우상향하는 모습을 보여주고 있습니다.

이동평균선으로 본 애플의 매수 신호

출처: 마켓워치

골든 크로스Golden Cross

주가가 이동평균선을 뚫고 올라가면 매수 신호로 보는 것처럼 단기 이동평균선이 장기 이동평균선을 뚫고 올라가는 것을 강세장의 전조로 보며, '골든 크로스황금 십자가'라고 부릅니다. 특히 미국에서는 50일 이동평균선이 200일 이동평균선을 뚫고 올라가는 것을 골든 크로스라고 부릅니다. 우리나라는 20일 이동평균선이 60일 이동평균선을 뚫고 올라가는 골든 크로스를 많이 사용합니다.

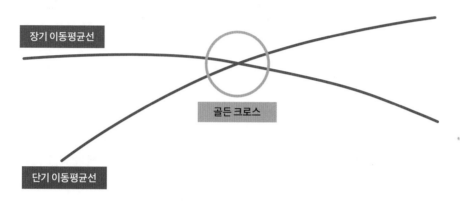

데드 크로스Death Cross

골든 크로스와는 반대로 단기 이동평균선이 장기 이동평균선을 뚫고 내려가는 것을 데드 크로스라고 합니다. 데드 크로스가 나타나면 향후 약세장이 올 것

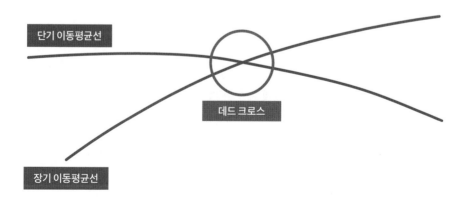

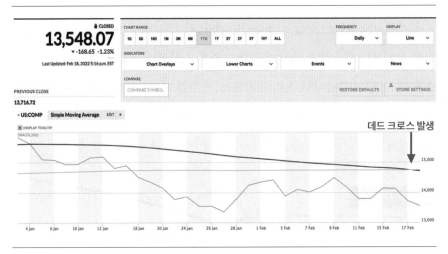

데드 크로스 발생

출처: 마켓워치

이라고 봅니다.

2022년 2월 말에 러시아의 우크라이나 침공으로 나스닥 지수에서 데드 크로스가 발생했습니다. 해당 데드 크로스는 2020년 4월 이후 처음으로 생긴 것입니다. 2020년 3월에 코로나로 인해 최악의 폭락이 왔고 데드 크로스는 2020년 4월에 발생한 것을 보면 알 수 있듯이 데드 크로스는 당분간 하락장이 올 것임을 알려주는 후행 지표입니다.

이동평균 사용 시 단점

이동평균의 날짜가 짧으면 짧을수록 최근 추세를 잘 보여주긴 하나 그래프가 톱니 모양을 닮아갑니다. 이로 인해 매수와 매도의 시그널이 너무 자주 교차되어 나타날 수 있습니다.

다음 그래프는 2021년 11월 22일부터 2022년 2월 20일까지 3개월간의 애플 주가와 5일 이동평균선을 보여줍니다. 이동평균선의 기간이 짧아서 매수와 매

애플의 주가와 이동평균선

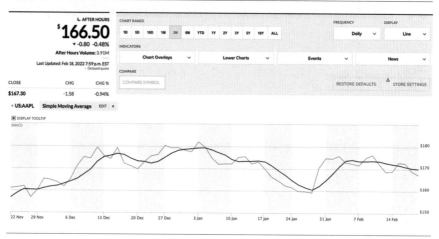

출처: 마켓워치

도 신호가 너무 자주 나타납니다.

　두 번째 단점은 이동평균 사용 시 최근 가격 변화를 반영하는데 시간이 다소 걸린다는 것입니다. 이를 영어로는 '지연'이라는 뜻을 가진 'Lag랙'이라고 합니다. 구형 스마트폰이 버벅거릴 때 "랙 걸렸다"고 하는데, 이 말이 여기서 나왔습니다.

　단기 투자를 하는 사람이 200일 이동평균 같은 긴 이동평균선을 사용하면 긴 랙이 발생하기 때문에 손실이 커질 수 있습니다. 이러한 위험 방지를 위해서는 본인의 투자 스타일에 맞는 이동평균선을 사용해야 합니다. 단기 투자를 하는 사람은 짧은 기간의 이동평균과 최근 가격을 잘 반영해주는 지수 이동평균을 활용하는 것이 좋습니다. 장기 투자를 하는 사람은 장기 이동평균을 활용하여 주가의 추세를 보고 진입합니다.

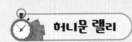
허니문 랠리

결혼하기 전 남자들은 마음에 드는 여성과 결혼하기 위해 평소와는 다른 행동을 합니다. 틈날 때마다 카톡이나 전화로 "사랑한다"라고 말하고 기념일에는 여자친구의 인스타그램을 위해 이벤트도 준비합니다. 수시로 "예쁘다"고 말하고 뜬금없는 깜짝 선물도 종종 합니다.

같이 길을 걸을 때면 여자를 안쪽에서 걷게 하고 차를 탈 때는 항상 문을 열어줍니다. 차에서는 여자친구가 치마에 신경 쓰지 않도록 차내에 비치된 무릎 담요를 건넵니다. 자기랑 결혼하면 평생 행복하게 해주겠다고 속삭입니다.

이렇게 스윗하고 사랑스러웠던 남자들은 결혼과 동시에 점점 변하기 시작합니다. 아니, 엄밀하게 말하면 게으르고 지저분했던 원래 상태로 돌아갑니다. 같이 길을 걸을 때면 먼저 앞서 걷고 기념일은 까먹고 지나가기 일쑤입니다. 차를 탈 때 자기 먼저 타기 바쁘고 무릎 담요 대신 자신이 들던 가방 좀 들어달라고 건넵니다.

정치인들도 남자들처럼 대통령이 되기 전까지 평소와는 다른 행동을 합니다. 틈날 때마다 국민을 "사랑한다"라고 외치고 자기가 대통령이 되면 살기 좋은 세상을 만들어주겠다고 말합니다. 이렇게 믿음직하고 국민을 위하겠다던 분들은 권력을 잡음과 동시에 점점 변하기 시작합니다. 아니, 엄밀하게 말하면 탐욕스럽고 권력을 좇던 원래 성격으로 돌아갑니다.

이렇게 우리는 매번 새로운 대통령이 취임할 때마다 희망을 품고 또 실망하기를 반복합니다. 투자자들의 희망을 먹고사는 주식시장도 비슷한 행보를 보입니다. 새로운 대통령이 집권하는 시기의 주식시장은 강한 상승세를 보입니다. 새로운 대통령이 집권만 하면 새로운 세상이 열릴 것만 같습니다. 결혼 직후, 신혼의 행복함에 빠진 것처럼 말입니다.

이처럼 새로운 정부가 들어서고 주식시장이 단기간 상승하는 현상을 허니문 랠리Honeymoon Rally라고 말합니다. 주식시장이 침체되는 가장 큰 원인은 '불확실성'입니다. 새로운 정부가 들어서기 전까지 '사회·경제·정치' 전반이 어떻게 변화할 것인지 모르기 때문에 '불확실성'이 커집니다. 허니문 랠리는 어찌 보면 새로운 정부가 들어서고 '불확실성'이 해소되면서 주가가 전반적으로 상승하게 되는 것입니다.

04 ▶ ┼┼┼┼┼┼┼┼┼
주식 하다
망하기 쉬운 이유

행동경제학 측면에서 본 주식 하면 망하는 이유

주식으로 돈 벌었다는 사람이 미디어에는 정말 많이 나오는데 정작 자신을 포함해서 주변 사람 중에는 주식으로 큰돈을 번 사람이 드뭅니다. 왜 이런 일이 벌어지는 걸까요? 그것은 바로 주식을 매입하고 난 후, 행동경제학에서 말하는 여러 가지 오류에 빠져 잘못된 결정을 내리기 쉽기 때문입니다.

이번 시간에는 행동경제학 측면에서 바라본 주식 하면 빠지기 쉬운 오류를 살펴보겠습니다. 사람이 범하기 쉬운 오류들을 미리 인지하고 주기적으로 환기해준다면, 잘못된 판단을 내릴 가능성을 많이 줄여줄 것입니다.

보유 효과 endowment effect

사람은 자신이 보유하고 있는 것을 잃고 싶어 하지 않으며 계속해서 보유하고자 합니다. 빅토리아대학의 잭 네치Jack Knetsch 교수는 보유 효과를 잘 보여주는 실험을 고안했습니다. 학생들을 3그룹으로 나누고 머그컵과 초콜릿 둘 중 하나를 고르는 실험을 진행했습니다.

첫 번째 그룹은 머그컵을 먼저 나눠주고 잠시 뒤 초콜릿을 보여주며 바꾸고 싶으면 바꿔도 된다고 말했습니다. 두 번째 그룹은 반대로 초콜릿을 먼저 주고 잠시 뒤 머그컵을 보여주며 바꾸고 싶으면 바꿔도 된다고 말했습니다. 세 번째 그룹은 머그컵과 초콜릿을 동시에 보여주면서 갖고 싶은 것을 선택하도록 했습니다. 실험 결과 첫 번째와 두 번째 그룹은 먼저 받은 물건을 90%의 비율로 선택했습니다. 세번째 그룹은 56%가 머그컵, 44%가 초콜릿을 선택했습니다.

이런 사례처럼 투자자는 보유 효과 때문에 자신이 처음 보유한 주식을 과대평가하고 계속해서 보유하려는 경향이 짙습니다.

확증편향 confirmation bias

일단 주식을 매입하고 난 후 그 기업에 대한 수많은 뉴스를 접하게 됩니다. 확증편향이란 이런 여러 뉴스와 정보 중에서 '내 선택이 옳았음'을 뒷받침해주는 뉴스들만 골라서 받아들이는 것을 말합니다.

필자의 경우 아마존을 매입하고 난 후 아마존과 관련된 수많은 긍정적 뉴스와 부정적 뉴스를 접했습니다. 아마존이 지금 저평가되었다는 애널리스트의 보고서가 발간되면 스크랩해서 밑줄까지 치면서 열심히 읽었지만, 아마존이 고평가되었다는 보고서는 애써 외면합니다. 내게 유리한 정보만 계속해서 반복적으로 접하다 보면 객관적 판단을 내리기가 점점 힘들어집니다.

최근 유행하는 유튜브 또한 확증편향을 가속화하는 데 한몫하고 있습니다. 유튜브의 인공지능 알고리즘은 내가 본 최근 동영상을 기준으로 비슷한 성향의 동영상을 끊임없이 추천해줍니다. 예컨대 아마존 주식이 얼마나 좋은지 찬양하는 동영상을 시청했다면, 알고리즘은 이와 유사한 성격의 동영상을 지속적으로 추천해줍니다. 최근 몇 년간 세대 간, 젠더 간 갈등이 더욱 심해진 이유 중 하나도 유튜브 알고리즘에 따른 정보 편식에 있습니다.

손실 회피 loss aversion

사람은 이익에 대한 기쁨보다 손실에 대한 고통이 더 큽니다. 실험 결과에 따르면 주식이 100만 원 올랐을 때보다 100만 원 떨어졌을 때의 고통이 2.5배 더 큽니다. 이 때문에 투자자들은 주식이 떨어져도 쉽게 팔지 못하고 계속해서 들고 있게 됩니다. 주식을 파는 순간 손실이 확정되므로 '언젠가는 오르겠지'라는 실낱같은 희망을 갖고 주식을 계속해서 보유합니다. 물론 기업의 내재 가치가 저평가된 기업이라면 손절매하는 것보다 기업을 믿고 장기 투자하는 것이 좋습니다. 다만 밸류 트랩 Value Trap 은 조심해야 합니다.

밸류 트랩이란 PER, PBR, PSR 등의 멀티플이 낮아서 저평가된 것으로 생각하고 매입했는데, 알고 보니 사업 환경이나 경영 등에 문제가 생겨 현재 저평가된 것처럼 보이는 경우를 말합니다. 밸류 트랩을 피하기 위해서는 왜 기업이 저평가되고 있는지 투자 전에 확인해보아야 합니다.

뜨거운 손 효과 hot-hand phenomenon

사람은 몇 번의 성공이 지속되면, 다음번에도 계속 성공할 것이라는 착각을 합니다. 주식을 처음 시작할 때 적은 돈을 투자하여 몇 번의 성공을 경험하면, 다음번에도 주식에 성공할 것이란 착각에 큰돈을 투자하게 됩니다. 추가적으로 돈을 투입했을 때는 시장이 이미 과열되어 있을 가능성이 크므로 손실을 볼 확률이 높아집니다.

소프트뱅크의 손정의 회장도 '뜨거운 손 효과' 오류에 빠져, 2022년 2분기에만 31조 원의 크나큰 손실을 보았습니다. 손정의 회장은 알리바바에 투자하여 수천 배의 수익을 올린 것으로 유명합니다. 손 회장은 이러한 성공 경험을 바탕으로 유망해 보이는 기술 기업들 위주로 대규모 투자를 진행했습니다. 하지만

2022년 상반기는 러시아-우크라니아 전쟁, 역대급 인플레이션과 금리 인상과 같은 악재들로 인해 주식시장이 굉장히 어려웠습니다. 특히 손 회장이 보유 중인 기술주들은 아직 수익이 창출되지 않거나 비상장된 주식들이 많았기에 가격 조정을 더 심하게 받았습니다.

도박사의 오류 gambler's fallacy

인간은 계속해서 돈을 잃으면 다음번에는 꼭 딸 것 같은 착각을 하는데 이를 '도박사의 오류'라고 합니다. 옛날 남아 선호 사상이 있던 시절에 딸을 여럿 낳고 나면 다음번에는 왠지 아들을 낳을 것 같은 착각에 빠져 또다시 아이를 갖던 것도 도박사의 오류입니다. 아이를 낳는 행위는 다음에 태어날 아이의 성별에 영향을 끼치지 않는 독립적 사건입니다. 아무리 딸을 많이 낳더라도 다음번에 아들을 낳을 확률은 50%로 일정합니다. 주식이 지난 4일 연속으로 하락했으니 오늘은 오를 것 같다는 생각도 도박사의 오류입니다.

매몰 비용의 오류 sunk cost fallacy

특정 주식에 많은 돈과 시간을 투입했다면, 투입된 돈과 시간이 아까워서 쉽게 손절하지 못하는 경우를 매몰 비용의 오류라고 합니다. 손실 회피와 연관되어 있는 오류입니다. 오랜 기간 고시 준비를 한 사람이 그간의 시간이 아까워 쉽게 포기하지 못하는 것이 매몰 비용의 오류의 예입니다. 오랫동안 사귄 이성 친구를 더 이상 사랑하지 않음에도 불구하고 함께했던 시간이 아까워 쉽게 헤어지지 못하는 것도 해당 오류에 해당합니다.

수익을 극대화하기 위해 담보 대출을 받아 주식을 샀는데, 오랜 기간 해당 주식이 횡보하면 매몰 비용의 오류에 빠지기 쉽습니다. 지난 시간 동안 받은 스트레스와 은행에 낸 대출 이자가 아까워서 쉽게 매도하지 못하게 됩니다.

05 ▶ 증권사 선택 방법

거래 수수료

증권사 선택 시 가장 중요한 것은 뭐니 뭐니 해도 거래 수수료가 저렴한 곳을 찾는 것입니다. 집 근처에 있는 증권사에서 계좌를 열고 업무를 보는 것이 편할 수도 있겠지만, 거래 수수료 절감을 위해서는 온라인으로 계좌 개설을 해야 합니다.

특히 미국 주식은 한국 주식보다 거래 수수료가 높기 때문에 잦은 거래 시 수수료가 많이 나올 수 있어 주의해야 합니다. 미국 주식의 거래 수수료는 오프라인 지점에서 계좌를 만들었을 때와 온라인에서 만들었을 때 어마어마한 차이가 있습니다.

미래에셋 기준	온라인 주문HTS, MTS	환전 우대
영업점 개설	0.25%	50%
온라인 비대면 개설	0.07%	90%

0.25% 수수료는 1억 원 거래 시 25만 원의 거래 수수료가 든다는 뜻입니다. "나는 1억 원이나 투자할 돈이 없는데요"라고 말하는 독자도 있을 수 있는데, 투자금 1,000만 원으로 5번만 사고팔면 거래 수수료로 25만 원이 나옵니다. 심지

어 여기에 환전 수수료도 지불해야 합니다.

그나마 소비자들에게 다행인 점은 최근 해외 주식 투자 열풍이 불면서 증권사 간 수수료 인하 경쟁이 치열해졌다는 것입니다. 2022년 상반기 기준 대부분의 증권 회사들이 온라인 주문 거래 수수료를 0.07~0.1%에 책정했습니다. 즉 1억 원 거래 시 7만 원의 거래 수수료가 듭니다.

하지만 여기서 중요한 점이 있습니다. 이런 혜택을 받기 위해서는 반드시 비대 면으로 계좌를 만들고, 추가적으로 수수료 할인 이벤트 신청까지 마쳐야 0.07% 수수료를 적용받을 수 있습니다. 이벤트 신청을 하지 않으면 온라인으로 계좌를 만들었더라도 0.25%를 적용받게 됩니다. 아래 그림은 키움증권의 해외 주식 온 라인 거래 수수료와 환율 우대 이벤트 신청 과정입니다.

키움증권 모바일 화면

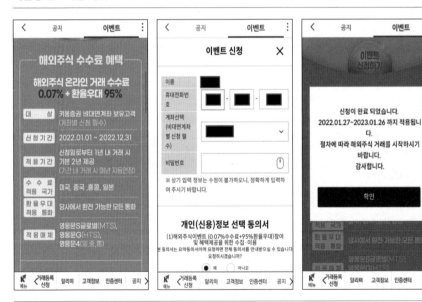

출처: 키움증권

환율 우대의 함정

환전할 때 주의해야 할 점이 있습니다. 증권사마다 매매 기준율이 조금씩 다르고 환전할 때 증권사가 취하는 마진스프레드이 다르다는 것입니다. 증권사가 소비자들에게 환전해줄 때 소비자로부터 마진을 남기는데, 이것을 스프레드라고 합니다. 스프레드는 증권사마다 다릅니다.

예를 들어보겠습니다. A라는 증권사는 환전해줄 때 스프레드가 10원이고 B라는 증권사는 환전 스프레드가 5원입니다. 증권사가 취하는 스프레드에서 몇 퍼센트 깎아주느냐가 환전 우대를 얼마나 해주는지를 의미합니다.

A 증권사의 환전 우대 90%의 의미는 증권사의 마진 10원스프레드에서 90%를 깎아주겠다는 의미입니다. 10원에서 90%를 깎았으니 최종 스프레드는 1원입니다. B 증권사는 스프레드가 5원이고 환전 우대 80%를 해준다고 합니다. 5원에서 80%를 깎아주니 1원입니다. 즉 A 증권사가 환전 우대 90%라고 광고하고 B 증권사가 80%라고 광고하면 A 증권사가 더 좋은 것처럼 보이지만, 사실 A 증권사와 B 증권사의 스프레드는 1원으로 동일합니다.

증권사	매매 기준율	매수 환율	스프레드	환전 우대	적용 환율
A	1,200원	1,210원	10원	90%	1,201원
B	1,200원	1,205원	5원	80%	1,201원

미래에셋증권은 종종 온라인에서 직접 계좌를 만든 사람에게 90일 동안 환전 수수료와 거래 수수료를 무료로 하는 이벤트를 합니다. 90일 이후부터는 0.07%의 거래 수수료를 적용하고 환전 수수료는 달러당 1원을 받습니다.

키움증권의 경우 2022년 12월 31일까지 비대면으로 계좌 개설 시 거래 수수료 0.07%에 환율 우대 95%를 2년간 적용해주고 있습니다. 거래 실적이 있을 경우 매년 혜택을 연장할 계획이라고 합니다.

거래 수수료와 환전 수수료의 무서움

미국 주식을 사고 팔 때 드는 거래 수수료를 정리해보면 총 4번 발생합니다.

① 원화에서 달러 환전 시 환전 수수료약 0.1%

② 주식 매입 시 거래 수수료0.07%

③ 주식 매도 시 거래 수수료0.07%

④ 달러에서 원화 환전 시 환전 수수료약 0.1%

미국 주식을 원화로 사고팔 때 드는 거래 수수료는 적게는 0.34%0.07% × 2 + 0.1% × 2에서 많게는 1.5%0.25% × 2 + 0.5% × 2가 발생합니다. 1억 원을 거래하면 적게는 34만 원에서 많게는 150만 원에 달하는 수수료가 발생한다는 뜻입니다. 참고로 미국 주식은 매도할 때 SEC Fee미국 증권 거래세가 발생하는데 매도 금액의 0.00229%라서 무시할 정도로 작습니다. 2022년 8월 기준이며, SEC Fee는 매도 금액 100만 달러당 22.90달러 발생합니다.

영업점에서 계좌 만들면 좋은 점

영업점에서 대면 계좌를 만들면 거래 수수료가 비싸지만 좋은 점도 있습니다. 무엇보다 주식 담보 대출을 받을 때 대출 이자를 영업점 재량으로 좀 더 낮출 수 있습니다. 다음 그림에서 확인할 수 있듯이 온라인 다이렉트 계좌의 경우 담보 대출 이자가 연 8.5%인 데 반해 영업점 담보 대출 이자율은 연 6~7.2%로 1.3~2% 정도 저렴합니다. 영업점 담당자와 친해지고 계좌에 예치한 금액이 많으면 금리를 조금 더 낮출 수 있습니다.

미래에셋의 투자자 유의사항

투자자 유의사항

- 신용융자 및 담보대출 이자율은 다이렉트 계좌가 영업점 계좌보다 더 높게 적용됩니다.
- 다이렉트 계좌의 기본 이자율은 신용융자와 담보대출의 경우 연 8.5%, 매도담보대출 연 7.5%이며, 연체이자율은 연 9.9%입니다. (자세한 사항은 홈페이지 참고)
- 영업점 계좌 신용융자 이자율 : 연 6%~8.4%(고객등급 및 이용기간 차등) / 담보대출 이자율 : 연 6%~7.2%(고객등급 차등) / 매도담보대출 연 7.5% / 연체이자율 연 9.9% 입니다.

출처: 미래에셋

조금 더 알아봅시다!

 주식으로 레버리지하는 방법은 없을까?

요즘 서학 개미들에게 인기가 많은 투자 상품을 보면 순위권에 항상 빠지지 않고 TQQQ 가 포함됩니다. 하루라도 빨리 부자가 되고 싶은 주식 투자자들의 마음이 느껴지면서, 동시에 'TQQQ의 위험성을 알고 투자하는 사람이 얼마나 있을까'란 걱정도 듭니다. TQQQ는 나스닥100 지수를 3배 추종하는 파생 상품입니다. 대세 상승장일 때는 굉장히 좋은 상품이지만, 2022년 상반기처럼 주가가 힘을 못쓰고 횡보하거나 하락하는 장에서는 굉장히 위험합니다. 파생 상품 말고 주식 담보 대출을 통해 수익률을 극대화하는 방법도 있습니다.

이때 꼭 알아야 하는 개념이 있으니, 그것은 바로 담보 유지 비율입니다.

담보 유지 비율 = 주식 합계 ÷ 대출금

담보 유지 비율은 증권사가 주식 담보 대출을 해주면서, 돈을 떼어먹히지 않기 위해 설정합니다. 증권사마다 요구하는 담보 유지 비율은 다르지만, 보통 대출금의 150% 정도 됩니다. 예컨대, 1억 원어치 주식이 있는데, 추가로 5,000만 원을 대출받아서 주식을 사고 싶다면, 적어도 150%의 담보 유지비율이 필요하며 금액으로 따지면 7,500만 원 이상_{대출금 5,000만 원 × 150%}은 유지해 주어야 합니다.

다음 예시에서 현재 담보 유지 비율은 '총 주식 가치 1억 5,000만 원 대출금 5,000만 원'으로 300%입니다. 1억 5,000만 원 하던 주식 가치가 하락해서 7,500만 원_{담보 유지 비율 150%} 밑으로 떨어지면 증권사에서는 추가 담보를 제공하라고 연락이 옵니다. 연락받은 다음 날에 돈을 추가로 입금하거나 주식을 추가로 제공하면 반대 매매를 막을 수 있지만, 실패할 시 증권사는 내가 보유한 주식을 매도하고 대출금 5,000만 원과 대출 이자를 회수해갑니다.

지금까지 살펴본 내용을 표로 정리하면 다음과 같습니다.

원금	대출금	주식 합계	담보유지비율 = 주식합계 / 대출금	최소 유지 금액 = 대출금 × 담보유지비율
1억 원	5,000만 원	1억 5,000만 원	150%	7,500만 원

05

계좌부터 만드는
생초보를 위한
주의사항

$$

01 ▶ ┼┼┼┼┼┼┼┼┼
미국 주식
직접 매수해보자

미국 주식 앱으로 거래해보기

미국 주식을 매수하기 위해서 해야 할 일은 크게 3가지입니다. 첫째, 계좌 개설을 합니다. 둘째, 환전을 합니다. 셋째, 마음에 드는 미국 주식을 매수합니다. 이번에는 우리나라 개미 투자자들이 가장 많이 쓰는 키움증권 앱을 기준으로 설명해보겠습니다.

앱스토어에서 '키움증권'을 검색합니다. 검색 결과 중에 '키움증권 계좌개설'과 '키움증권 새로운 영웅문 S글로벌'을 다운로드합니다. 우선 계좌 개설을 위해 '키움증권 계좌개설' 앱을 엽니다.

계좌 개설

앱을 실행하면 ②와 같은 화면이 나옵니다. 개좌 개설을 위한 준비물로는 휴대폰, 신분증, 키움증권과의 연결을 위한 타 은행·증권 계좌가 필요합니다(③). 계좌 개설 시에는 OTP도 필요한데, 혹시 OTP가 없으신 분은 키움증권 계좌 개설 앱 메인 화면에 있는 비대면 업무(② 화면 오른쪽 하단)를 통해 모바일 OTP를 만들 수 있습니다.

④에서 '전체보기 및 동의'를 누르고 '다음' 버튼을 누릅니다. ⑤는 다른 금융 사들의 모든 정보를 키움에서 한 번에 볼 것인지 물어보는 항목인데, '건너뛰기' 를 눌러도 상관없습니다. ⑥에서 휴대폰 인증을 진행합니다.

⑦에서 계좌 개설과 관련하여서 자금 원천 및 출처, 계좌 개설 목적 등에 관한 질문이 나옵니다. 본인에게 맞은 답을 골라서 클릭합니다. 필자의 경우 '사업소득'

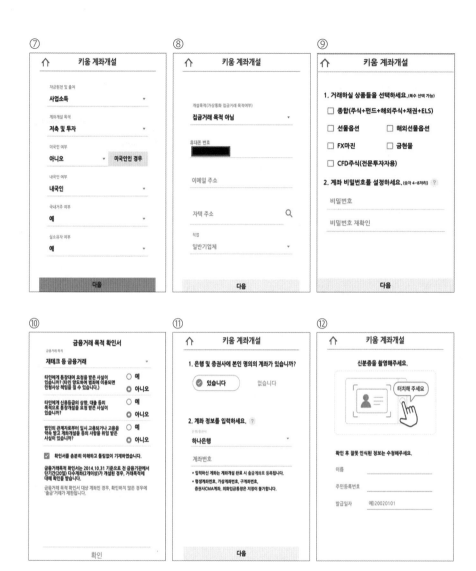

을 표시했는데, 직장인일 경우 '근로소득'을 표시합니다. ⑧에서 키움 계좌 개설의 목적이 '집금거래 목적이 아님'을 표시해줍니다. ⑨에서는 본인이 향후에 거래하고 싶은 투자 상품의 종류를 선택합니다. '종합주식+펀드+해외주식+채권+ELS'만 선택해도 되고 다른 상품들도 투자해보고 싶으면 '선물옵션', '해외선물옵션' 등을 선택합니다. 여러 개의 투자 상품을 선택하면 상품마다 별도의 계좌가 생성됩니다.

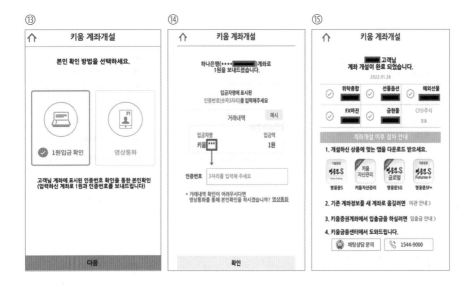

⑩ '금융거래 목적 확인서'에 모두 '아니오'를 체크하고 '확인서를 충분히 이해하고 틀림없이 기재하였습니다'를 체크합니다. ⑪에서는 타 은행·증권사의 계좌를 입력합니다. 해당 계좌는 출금 계좌로 등록됩니다. ⑫에서 신분증을 준비하고 사진을 찍습니다.

⑬에서는 ⑪에서 등록한 출금 계좌가 제대로 입력되었는지 확인하기 위해 키움증권에서 1원을 송금해줍니다. ⑭에서는 입금자명 '키움' 뒤에 있는 3자리 숫자를 출금 계좌에서 확인 후 입력하면 계좌개설이 모두 끝납니다.

계좌 개설 시 주의사항

기본적으로 계좌를 온라인 비대면으로 만들 경우 이체 수수료는 모두 무료입니다. 하지만 시중은행에서 계좌를 만들었을 경우에는 위에 언급된 출금 계좌 이체 수수료만 무료이고 나머지 타행 이체는 건당 500원의 수수료가 발생합니다.

계좌 개설 후 실제 거래를 시작하기 위해서는 최종 승인이 나야 합니다. 증권사 직원이 신분증 진위를 직접 검사하고 최종 승인을 냅니다. 필자의 경우 평일 저녁에 신청했더니 다음 날 오전 8시에 최종 승인 문자를 받았습니다.

환전하기

앱스토어에서 다운로드했던 '영웅문 S 글로벌'을 실행합니다. 아래와 같은 순서대로 회원 가입을 하고 ID를 만들어줍니다. ③에서 이름, 계좌번호, 계좌 비밀번호를 입력한 후 여러 문서를 읽고 동의하면 ④ 화면이 보입니다.

④에서는 본인이 사용하고 싶은 ID를 입력 후 중복 확인을 누릅니다. ID와 비밀번호를 설정해주는데 최대 8자까지 가능합니다. 자택 주소 등 개인정보를 입력하고 나면 ⑤ 화면처럼 ID 등록이 완료되었음을 알려줍니다. 생성한 ID로 로그인을 해줍니다(⑥).

앱을 통해 이체, 환전, 주식 거래 등을 하기 위해서는 공동인증서를 반드시 등

인증센터에서 인증서 발급받기

인증서 (재)발급 절차

1단계 인증서 발급

- 로그인 화면 또는 메뉴 화면에서 "인증센터 > 인증서 발급/재발급"버튼을 클릭 합니다.

출처: 키움증권 홈페이지

록해주어야 합니다. 아이디와 비밀번호로만 로그인하면 조회만 가능합니다.

여기서 중요한 점은 은행에서 발급받은 '은행 전용 무료 공동인증서'가 아니라, 은행·증권사에서 사용 가능한 유료 공동인증서 혹은 증권사 전용 무료 공동인증서가 필요하다는 것입니다. 증권사 전용 인증서가 없을 경우 증권사 홈페이지에서 알려주는 절차를 따라 증권사 전용 공동인증서를 발급받습니다.

ID를 만들고 난 후 로그인합니다. 메인 화면에서 맨 아래 왼쪽에 있는 메뉴를 눌러줍니다(⑦). 메뉴 → 업무 → 환전 → 외환환전으로 이동합니다.

앱으로 처음 외화 환전을 시작할 경우, 환전 서비스를 먼저 신청하라고 알려줍니다. ⑨, ⑩ 화면에서 '신청하기' 버튼을 눌러서 '환전신청'과 '원화자동주문 서비스'를 신청합니다.

키움증권에서는 미국 주식을 매수할 때 원화로 할 수 있게 도와주는 '원화자동주문 서비스'가 있어 편리합니다. 해당 서비스를 신청하면 별도의 환전 없이 원화로 미국 주식 매입이 가능합니다.

신청이 끝나면 ⑪ 화면과 같이 환전할 수 있는 화면이 나옵니다. 여기서 중요한 점은 환율 우대 95%와 주식 거래 수수료 할인을 받으려면 이벤트 페이지에 가서 미리 신청해야 한다는 것입니다(⑫).

다시 ⑪ 화면으로 돌아와서 환전하고 싶은 금액원화을 입력하고 환전 예상 금액을 확인한 후 환전 실행을 누르면 환전이 마무리됩니다.

미국 주식 매수하기

주식 매수·매도 전에 알아야 할 몇 가지 사항이 있습니다. 그것은 바로 장이 열리는 시간, 주문 종류, 마지막으로 종목 코드입니다.

장이 열리는 시간

미국에는 서머타임이 있는데, 2023년에는 3월 12일부터 11월 5일까지입니다. 서머타임 기준으로 정규장이 열리는 한국의 시간은 22:30~05:00(익일)입니다. 미국은 워낙 땅이 넓고 시간대가 넓어서 정규장 전과 후에 열리는 프리마켓Pre-market과 애프터마켓After-market이 있습니다. 프리마켓은 정규장 열리기 5시간 30분 전부터 시작됩니다. 애프터마켓은 장이 끝나고 4시간 동안 열립니다. 정리해보면 다음과 같습니다.

서머타임 여부	프리마켓	정규장	애프터마켓
O	17:00~22:30	22:30~05:00익일	5:00~9:00
X	18:00~23:30	23:30~6:00익일	6:00~10:00

국내 증권사들은 업무의 편의를 위해 애프터마켓을 4시간이 아닌 1~2시간만 운영합니다. 하지만 증권사 간의 경쟁이 치열해지면서 NH투자증권이 최초로 애프터마켓 시간을 4시간으로 늘렸습니다. 즉 한국 시각으로 아침 9시까지 미국 주식 주문이 가능해졌습니다. 2023년에는 대부분의 증권사가 아침 9시까지 늘릴 것으로 예상됩니다.

애프터마켓에 거래하면 장점과 단점이 동시에 있습니다. 장점은 기업과 관련된 뉴스가 나왔을 때 다음 날까지 기다리지 않고 재빠르게 대처할 수 있다는 점입니다. 기업 관련 나쁜 뉴스는 보통 정규장이 끝나고 나옵니다. 악재가 주가에 반영되는 것을 최대한 지연시키려면 마음 때문이지요. 마치 어린 시절 엄마에게 맞지 않기 위해 성적표를 등교 직전에 보여드리는 것과 비슷합니다. 애프터마켓 거래의 단점은 정규장보다 주식 거래량이 적기 때문에 가격의 변동 폭이 크다는 점입니다.

주문 종류

필자의 경우 일단 사기로 마음먹은 주식은 무조건 사기 때문에 장이 열리자마자 마음 편히 시장가로 주식을 매수하고 바로 잠자리에 듭니다.

매수 종류	의미
지정가	지정가 100달러에 걸어놓으면 100달러 이하로 팔고자 하는 사람과 거래가 성사됨.
시장가	지금 거래가 이뤄지고 있는 시장가로 바로 거래 체결. 지금 당장 무조건 사고 싶을 때 시장가 사용.
AFTER 지정	지정가와 같다고 보면 됨. 차이점은 지정가의 경우 정규장이 열리는 시간에만 주문이 유효하나 'AFTER 지정'은 애프터마켓이 끝나는 시간까지 주문 유효.
LOC	Limit On Close의 줄임말. 그날 종가가 내가 지정한 가격과 같거나 낮으면 매수. 조건에 맞지 않으면 미체결 가능, 반드시 사야 하면 시장가 거래 추천.
VWAP	VWAP와 TWAP 모두 장이 열렸을 때 평균 시장 가격으로 매수하는 것을 말함. VWAP는 장중 거래량에 가중치가 부여된 평균 가격 추구.
TWAP	TWAP는 장중 시간별로 나누어 매수하여 평균 가격 추구. VWAP/TWAP는 증권사마다 최소 주문 수량 있음 키움 1,000주, 미래에셋 10주.

매도 종류	의미
지정가	지정가 100달러를 걸어놓으면 100달러 이상으로 사고자 하는 사람과 거래가 성사됨.
시장가	지금 거래가 이뤄지고 있는 시장가로 바로 거래 체결. 지금 당장 무조건 팔고 싶을 때 시장가 사용.
AFTER 지정	지정가와 같다고 보면 됨. 차이점은 지정가의 경우 정규장 시간에만 유효하나 AFTER 지정은 애프터마켓 시간까지 가능.
LOC	Limit On Close의 줄임말. 그날 종가가 내가 지정한 가격과 같거나 높으면 매도. 조건에 맞지 않으면 미체결 가능, 반드시 팔아야 하면 시장가/MOC 거래 추천.
MOC	Market On Close의 줄임말. LOC처럼 종가를 사용하되, 차이점은 종가와 가장 가까운 시장가를 사용하여 무조건 거래가 체결됨.
VWAP	VWAP와 TWAP 모두 장이 열렸을 때 평균 시장 가격으로 매도하는 것을 말함. VWAP는 장중 거래량에 가중치가 부여된 평균 가격 추구.
TWAP	TWAP는 장중 시간별로 나누어 매도하여 평균 가격 추구. VWAP/TWAP는 증권사마다 최소 주문 수량 있음 키움 1,000주, 미래에셋 10주.
STOP	미리 설정한 가격에 도달하면 시장가로 매도함.
STOP LIMIT	미리 설정한 가격에 도달하면 지정가로 매도함. 미체결 가능성 있음.

증권사 앱에서 주문해보기

가장 먼저 내가 구매하고자 하는 주식의 티커명을 입력하면 ①과 같은 화면이 나옵니다. 계좌 비밀번호를 입력하고 주문 종류를 선택한 후 주문 수량을 정합니다. 마지막으로 주문 가격을 정하고 '매수 주문' 버튼을 누르면 ② 화면처럼 제대로 입력한 것이 맞는지 다시 묻습니다. 확인을 눌러주고 매수가 체결되면 ③과 같은 화면이 나옵니다. ③ 화면 첫 번째 줄 '매수체결통보'를 통해서 매수 체결이 완료되었음을 확인할 수 있습니다.

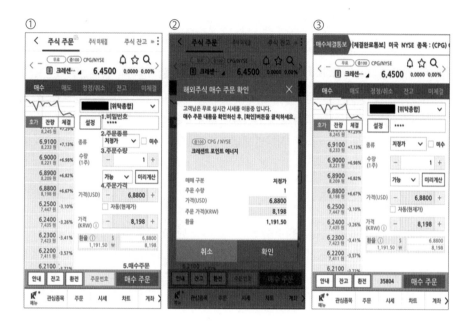

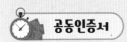 공동인증서

우리나라에서 온라인 금융 거래 시 안정성 확보를 위해 필요한 증명 수단입니다. 공동인증서에는 크게 두 종류가 있습니다. 범용 인증서와 용도 제한용 인증서입니다. 범용 인증서는 1년에 4,400원을 내야 하지만 증권과 은행에서 모두 사용 가능합니다. 용도 제한용은 무료이지만 제한된 곳에서 사용 가능하므로 증권용 인증서와 은행용 인증서를 각각 따로 받아야 합니다. 인증서는 개인당 은행용 하나, 증권용 하나만 발급되기 때문에 새로운 인증서를 발급받으면 기존 인증서는 폐기됩니다.

● **OTP**일회용 비밀번호

OTP는 'One-Time Password'의 줄임말로 매번 다른 비밀번호를 생성해줍니다. 큰 금액을 온라인으로 이체하거나 공동인증서 발급 시 OTP 비밀번호를 요구합니다. 은행에서 OTP를 발급받으면 5,000원의 수수료가 있는데 모바일에서 OTP를 받으면 무료입니다.

02

미국 주식 주의사항 5가지

이제 주식 계좌도 열었고 마음에 드는 주식을 매수하면 됩니다. 성공적 주식 투자를 위해 다음 5가지 주의사항을 염두에 둡니다. 이번 글은 어찌 보면 본격적으로 주식 하기 전에 사랑하는 독자님들을 위한 잔소리(?)에 가깝습니다. 가벼운 마음으로 읽어주세요.

올인은 금물

시간의 올인

성급하게 한 번에 주식을 매수하지 말고 시간을 나누어 매수하라는 뜻입니다. 오마하의 현인 워런 버핏도 애플 주식을 매수할 때 몇 년에 걸쳐 분할 매수했습니다. 2022년 상반기에도 워런 버핏은 애플을 한 번에 매입하지 않고 꾸준히 분할 매수했습니다.

섹터의 올인

달걀을 한 바구니에 담지 말라고 해서 여러 기업의 주식을 바구니에 담았는데, 이 기업들이 모두 동일 섹터에 포함된 기업들이라면 한 바구니에 담은 것과 다를 바 없습니다. 동일 섹터에 속한 기업들의 주가는 동일한 방향으로 움직이기 때문에 분산투자의 효과가 작습니다.

기술주에만 올인한 사람은 2022년 상반기에 큰 손실을 보았지만 에너지·원자재와 같은 섹터에도 분산투자한 사람은 손실의 폭이 작았습니다.

지역의 올인

미국 주식이 잘나간다고 미국 주식에만 올인하는 것도 한 바구니에 담는 것과 같습니다. 미국뿐만 아니라 유럽·중국·일본·한국 주식도 적절히 섞어주면 리스크 헤지 효과가 큽니다. 다른 나라 주식을 보유하면 그 나라의 화폐로 된 자산을 보유하는 격이기 때문에 환에 대한 헤지 효과도 누릴 수 있습니다.

자산의 올인

모든 자산을 주식으로만 갖고 있거나 부동산으로만 보유하고 있는 상태를 말합니다. 주식, 채권, 부동산 등의 보유 비율에 대한 공식은 없지만 한국은 부동산과 같은 비금융 자산의 비중이 높고 미국, 일본, 영국과 같은 나라들은 금융 자산의 비중이 더 높습니다. 금융투자협회KOFIA 조사에 따르면 주요국들의 가계 자산 구성은 다음과 같습니다.

한국의 경우 부동산에 자산이 쏠려 있습니다. 이는 노후 준비 측면에서 굉장히 위험합니다. 왜냐하면 집 한 채만 가지고 있는 베이비부머 세대가 본격적으로

OECD 주요국 금융자산 비중(2019년 기준)

단위 : %

	한국	미국	일본	영국	호주
비금융자산	64.4	28.1	37.9	45.2	57.0
금융자산	35.6	71.9	62.1	54.8	43.0

출처: 금융투자협회

은퇴하기 시작하면, 노후 자금 마련을 위해 주택이 매물로 나오고, 공급증가로 인해주택 가격이 떨어질 확률이 높아지기 때문입니다.

투자한 기업에 대해 계속 공부하자

일단 주식 투자를 시작했으면 꾸준히 해당 기업에 대해 공부해야 합니다. 장기 투자가 좋다고 해서 무작정 사놓고 신경 안 쓰면 결과가 좋지 않을 수 있습니다. 한때 시가총액으로 1위까지 했던 GE는 산업 변화의 흐름을 놓쳐 시총 158위까지 밀려났습니다.[43]

기업에 대한 공부가 적성에 맞지 않거나 회사 생활로 공부할 시간이 부족하다면 주식보다는 S&P500 지수나 나스닥100 지수를 추종하는 패시브 ETF를 매입하고 현업에 최선을 다하는 것이 낫습니다. 주식 한다고 현업을 내팽개치는 일처럼 어리석은 일은 없습니다. 지수 추종 ETF는 알아서 분산투자와 리밸런싱을 해주기 때문에 신경 쓸 일이 적습니다.

수수료에 주의하자

거듭 강조하지만 미국 주식은 국내 주식과 달리 수수료가 높습니다. 특히 단타 위주로 수차례 거래하다 보면 수수료가 생각보다 많이 나온다는 것을 알 수 있습니다. 수수료 인하를 받기 위해서는 수수료 이벤트에 참가하거나 보유한 주식을 다른 증권사로 옮기는 방법도 있습니다.

게다가 미국 주식은 달러로 환전이 필요하기 때문에 환전 수수료도 발생합니다. 환전 수수료 절감을 위해 역시 환전 수수료 이벤트에 잊지 말고 참여하고 영업점 직원에게 수수료 인하 요청을 해서 혜택을 받아야 합니다.

나만의 투자 철학을 세우자

혹시 주식이 떨어져서 마음이 불편하다면 해당 기업에 대한 믿음이 없다는 반증입니다. 믿음이 없는 이유는 아마 남들이 좋다는 말만 듣고 주식을 덜컥 매입했기 때문입니다. 나만의 투자 기준에 따라 기업을 선택하고 투자했다면 주가가 떨어져도 불안해지지 않습니다. 매입한 주식에 대한 확신이 있다면 주가가 떨어졌을 때 싼 가격에 추가 매입할 수 있어 오히려 기쁩니다.

워런 버핏은 이런 말을 한 적이 있습니다.

"If you are not willing to own a stock for 10 years, do not even think about owning it for 10 minutes10년 동안 주식을 보유할 생각이 없다면, 10분도 보유하고 있지 말아라."

최근 수익률만 보고 투자하면 절대 안 된다

필자의 가장 실패한 투자는 2007년 무렵 중국 펀드에 투자한 것이었습니다. 특별한 투자 철학이나 중국에 대한 이해도 없이 최근 수익률이 가장 높았던 펀드를 그냥 아무 생각 없이 매수했습니다. 처음 몇 달간은 좋았습니다. 짧은 기간 20%나 올라서 자신감도 있었습니다. 오만해져서 매달 적금을 붓던 친구에게 해선 안 될 말도 했습니다. "적금 이자 얼마나 된다고 거기에 투자하니?" 그러나 계속 잘나갈 것만 같던 중국 펀드는 2008년 세계 금융위기를 정면으로 맞으면서 투자 원금의 70%가 사라졌습니다.

아직도 많은 투자자가 최근 수익률에 현혹되어 투자합니다. 최근 수익률이 높다는 것은 어찌 보면 지금 많이 과열되어 있다는 의미입니다. 과열된 주식은 작은 외부 충격에도 가격이 쉽게 꺼질 수 있습니다. 워런 버핏도 이를 경계하는 명언을 남겼습니다.

"The investor of today does not profit from yesterday's growth오늘의 투자자는 어제의 성장 (과거의 수익률)으로부터 수익을 올리지 않는다."

리밸런싱Rebalancing

예를 들어 주식 전체 포트폴리오 중에서 빅테크애플, 마이크로소프트, 구글, 아마존를 50% 가지고 있고 에너지 관련 주엑슨모빌, 넥스테라를 50% 가지고 있다고 가정해봅시다. 2022년 1분기에 빅테크 주식들은 떨어지고 에너지 관련주 주식은 올라서 포트폴리오 비중이 30:70으로 바뀌었다면, 많이 오른 에너지 관련 주를 팔아서 빅테크주를 매입해서 50:50으로 맞추어줍니다. 이런 일련의 과정을 리밸런싱이라고 합니다.

리밸런싱에 정답은 없습니다. 개인별로 정해놓은 규칙을 가지고 포트폴리오 비중을 조정해주면 됩니다. 잦은 리밸런싱은 거래 비용을 증가시키므로 추천하지 않으며, 금융 전문가들은 1년에 한 번 정도를 추천합니다.

미국 주식 관련 세금 및 절세 방법 (ISA 계좌 활용)

미국 주식 관련 세금

미국 주식과 관련된 세금은 3가지가 있습니다. 시세 차익에 대한 양도소득세와 배당금에 대한 배당소득세, 그리고 증권거래세가 있습니다.

양도소득세

매년 1월 1일부터 12월 31일까지 벌어들인 순이익이익-손실-거래 비용의 250만 원까지는 세금을 부과하지 않습니다. 250만 원 초과분에 대해서 22% 세율로 양도소득세를 부과합니다. 양도소득세의 좋은 점은 양도소득세만 내면 더 이상 낼 세금이 없다는 것입니다. 양도세 계산과 관련하여 예를 들어보겠습니다. 어떤 사람이 A라는 주식을 7월 20일에 1주300만 원, 8월 20일에 1주500만 원를 매수했다고 생각해봅시다.

7월 20일 매수 단가	8월 20일 매수 단가	평균 매수 단가	9월 20일 주가
300만 원	500만 원	400만 원	650만 원

* 계산 편의를 위해 거래 비용 0으로 가정.

이때 평균 매수 단가는 400만 원입니다. 급전이 필요해서 9월 20일에 A 주식

1주를 650만 원에 팔았다면 양도세가 나올까요, 나오지 않을까요? 정답은 '내가 사용하는 증권사에 따라 다르다'입니다. 왜냐하면 증권사마다 양도세 계산 방식이 다르기 때문입니다.

위의 예에서 보면 평균 매수 단가를 사용해 양도세를 계산하면, 양도 차익 250만 원650만 원-400만 원이 생겨서 양도세가 나오지 않습니다. 하지만 선입선출 방식을 쓰면 양도 차익이 350만 원이 생겨서 양도세가 나옵니다. 선입선출 방식에 따르면 9월 20일에 판 주식은 7월 20일에 매수한 주식을 판 것으로 간주하기 때문입니다. 우리나라 증권사 대부분이 선입선출 방법을 사용하고 있습니다. 위의 표는 증권사별 양도세 계산 방식입니다.

2022년 상반기 기준으로 키움증권, 미래에셋증권, NH투자증권, KB증권의 경우 선입선출 방식으로 양도세를 계산하고 삼성증권과 한국투자증권은 이동평균 방식을 사용합니다.

증권사별 양도소득세 부과 방식

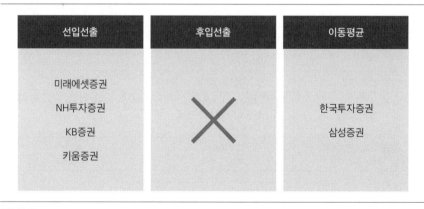

출처: 각 사

배당소득세

배당소득세는 미국 주식의 배당금에 대해 내는 세금입니다. 미국에서 15% 원천징수되어 나오기 때문에 납부에 대해 신경 쓸 필요가 없습니다. 미국의 배당소득세율이 우리나라보다 더 높기 때문에미국 15% 〉 한국 14% 미국에서 원천징수하면 더 이상 낼 세금은 없습니다이중 과세 방지 협약. 중국 주식의 경우 배당소득세율이 한국보다 낮기 때문에중국 10% 〈 한국 14% 중국에서 10% 원천징수 후에 추가적으로 한국에서 4%의 배당소득세와 0.4%의 주민세가 발생합니다. 하지만 배당소득은 양도소득과 달리 금융소득에 포함됩니다. 다시 말해 이자 혹은 배당금으로 받은 돈이 연간 2,000만 원을 넘어서면 2,000만 원 초과분이 다른 소득과 합산되어 누진세율을 적용받습니다.

증권거래세

미국 증권거래위원회SEC에 내는 수수료로 매도할 때만 발생합니다. 수수료율은 매도 금액의 0.00229%입니다. 액수가 작고 매도 시 자동으로 걷어가니 신경 쓰지 않아도 됩니다.

미국 주식 관련 세금	양도소득세	배당소득세
세율	22% 양도세 20% + 지방소득세 2%	15%
신고 기한	차년도 5월 말	자동 원천 징수
신고 방법	자진 신고 가능하나 증권사 대행 신고 가능 증권사에 사전 신청 필수	
종합 과세 합산 여부 금융소득 포함 여부	비합산 금융소득 불포함	합산 금융소득 포함

절세 방법

배우자 증여 통한 절세

예를 들어보겠습니다. 필자가 S라는 주식을 500달러에 100주, 총 5만 달러어치 매입했는데 주가가 2배 올라서 주당 1,000달러가 되었고 투자 금액은 10만 달러가 되었습니다. 지금 S 주식을 팔면 수익은 양도 차익 5만 달러약 6,000만 원가 생깁니다. 이에 대한 양도소득세는 1,265만 원이 발생합니다.

1,265만 원 = (양도 차익 6,000만 원 - 양도세 공제 250만 원) × 22%

하지만 S 주식을 전부 배우자에게 증여하고 매도하면 양도세는 발생하지 않습니다. 왜냐하면, 배우자 입장에서 주식 취득가는 한 주당 500달러가 아니라 증여 가액 1,000달러이기 때문입니다. 따라서 아내의 매매 차익은 0입니다.

아내의 매매 차익 = (매도가 1,000달러 - 취득가 1,000달러) × 100주 = 0

배우자 증여를 통한 절세 시 주의할 점은 아내 명의로 주식을 매도한 다음 다시 자신에게 증여하면 탈세를 위한 증여로 간주되어 양도세가 발생한다는 것입니다. 2023년부터는 세법이 바뀌어서 배우자로부터 주식을 증여받고 1년 이후에 주식을 팔아야만 취득 가액이 증여받을 당시의 주가증여 시점 앞뒤로 2개월 평균 가격로 인정받게 됩니다.

예를 들어보면 2023년부터는 S 주식을 배우자로부터 증여받고 1년이 안 되어서 팔아버리면, 양도세 1,265만 원이 발생한다는 뜻입니다. 2022년에는 증여받고 바로 팔아도 양도세가 발생하지 않습니다.

자녀에게 증여할 경우에는 2023년에도 증여 가액이 취득 가액으로 인정받기 때문에 증여받고 바로 팔아도 양도세가 발생하지 않습니다. 참고로 자녀는 증여세 공제 한도가 5,000만 원미성년자 자녀는 2,000만 원이고 배우자는 6억 원입니다.

표로 정리하면 다음과 같습니다.

		배우자 증여	자녀 증여
증여 비과세 한도		6억 원	5,000만 원
증여 받은 미국 주식 1년 이내 매도 시	2022년	양도세 미발생	양도세 미발생
	2023년 이후	양도세 발생	

손실 구간에서 팔고 사기

미국 주식 종목 중에 현재 손실 구간에 들어가 있는 종목이 있고 수익이 난 주식을 연내 매도할 계획이라면 손실 난 주식을 팔고 다시 사들여서 연간 누적 손실을 만들면 양도세 절감이 가능합니다. 미국 주식의 양도세는 수익과 손실을 모두 합한 순수익의 250만 원 초과분에 대해 22% 과세하므로 연간 누적 손실이 있으면 양도세 절감에 유리합니다.

예컨대 필자가 테슬라와 아마존 주식을 보유 중인데 테슬라는 1,250만 원 수익을 거두고 있고 아마존은 손실 1,000만 원이 나고 있는 상태입니다. 이때 테슬라만 팔면 양도소득세가 220만 원 발생합니다.

$$(1,250만 원 - 250만 원) \times 22\% = 220만 원$$

하지만 아마존을 팔았다가 같은 날 바로 다시 매입하면 손실 1,000만 원이 잡히기 때문에 테슬라를 팔았을 때 최종 양도소득세는 0원이 됩니다.

$$(1,250만 원 - 1,000만 원 - 250만 원) \times 22\% = 0$$

ISA 계좌 활용

아직까지는 ISA 계좌를 통해 미국 주식을 직접 매수할 수는 없지만 미국 주식에 투자하는 ETF를 통해 간접적으로 미국 주식을 살 수 있습니다. 미국 기업들에 투자하는 대표적 ETF는 미래에셋 증권에서 나온 Tiger 미국 S&P500입니다.

ISA 계좌 내에서 발생한 모든 수익시세 차익, 배당 수익은 금융소득에 포함되지 않습니다(2022년 기준). ISA 계좌에서 Tiger 미국 S&P500을 매입하면 순수익시세 차익 + 배당금 - 손실의 200만 원까지 비과세이고 초과분은 9.9%의 세금만 계좌 해지 시에 내면 됩니다.

Tiger 미국 S&P500을 ISA 계좌가 아닌 일반 주식 계좌에서 거래하면 매매 차익과 배당금에 대해 15.4%의 배당소득세가 발생합니다. 심지어 매매 차익과 배당금은 모두 금융소득에 포함됩니다. 금융소득이 연간 2,000만 원을 초과하면 종합소득에 포함되어 과세되기 때문에 세금을 추가로 또 내야 합니다. 세금뿐만 아니라 건강보험료도 더 내야 합니다.

2022년 7월부터는 직장인의 금융소득이 연간 2,000만 원기존에는 3,400만 원 초과을 넘어가면 건강보험료 또한 인상됩니다. 직장인을 제외한 건강보험 지역 가입자인 경우 금융소득이 연간 1,000만 원을 넘어가면 2020년 11월부터 건강보험료가 부과되기 시작했습니다.

그뿐만 아니라 2022년 7월부터는 직장에 다니는 자녀의 피부양자로 등록돼 건강보험의 적용을 받던 정년퇴직자도 금융소득이 2,000만 원을 넘는다면 보험 혜택을 얻을 수 없게 되었습니다.

 이것도 금융소득일까?

투자하면서 정말 중요한 것 중에 하나가 세금입니다. 그런데 많은 분이 세금에 대해 잘 몰라서 나중에 세금 폭탄을 맞기도 합니다. 건강보험료가 크게 오르는 사람도 있고 건강보험 피부양자 자격을 박탈당하는 사람도 있습니다. 이 모든 일은 세금에 대해 잘 모르기 때문에 발생합니다.

주식 투자를 하면서 가장 중요하고 기억해야 할 사실은 내가 얻은 수익이 금융소득에 포함되느냐 안 되느냐입니다. 금융소득에 포함이 되면 세금을 더 많이 내고 건강보험료가 인상될 가능성이 올라가기 때문입니다. 따라서 매년 내가 벌어들인 금융소득이 얼마나 되는지는 항상 잘 체크하고 있어야 하고 세법에 따라 추가 과세가 되는 일은 없는지 잘 살펴야 합니다.

이번에는 언제 금융소득이 발생하는지 알아보고 절세 방법은 없는지에 대해 자세히 살펴보고자 합니다. 지금 당장 이해가 안 되면 그냥 '이런 것이 있구나' 정도만 확인하고 다음으로 넘어가도 됩니다.

주식이든 ETF든 시세 차익과 배당 수익을 보기 위해 투자합니다. 내가 어떠한 상품에 투자하

투자 종류	수익 종류	세율	금융소득 포함 여부	ISA 계좌 활용 시 금융소득 포함 여부
해외 주식 애플, 아마존	매매 차익	22%	X	ISA 내 거래 불가
	배당금	15%	O	
해외 상장 ETF SPY, QQQ	매매 차익	22%	X	
	분배금	15.4%	O	
국내 주식 삼성전자	매매 차익	비과세	X	ISA 내 발생한 모든 수익은 금융소득 불포함
	배당금	15.4%	O	
국내 상장 ETF Tiger 미국 S&P500	매매 차익	15.4%	O	
	분배금	15.4%	O	

고 수익을 보았는지에 따라 금융소득에 포함되기도 하고 포함 안 되기도 하니 상품별로 잘 알아두어야 합니다. 다음 표에 투자 상품별로 금융소득 포함 여부를 표시해두었습니다. 금융소득 포함 여부를 쉽게 파악하려면 모든 배당금과 분배금은 금융소득에 포함된다고 생각하면 됩니다. 추가로 국내 상장 ETF의 매매 차익 또한 금융소득에 포함됩니다. 연소득이 많은 고액 자산가들이 국내 주식, 해외 주식, 해외 상장 ETF를 특히 선호하는 것도 매매 차익이 금융소득에 포함되지 않기 때문입니다.

그리고 정부에서는 장기 투자 및 절세를 통해 중산층의 자산 증식을 도울 수 있도록 ISA 계좌라는 제도를 만들었습니다.

● ISAIndividual Savings Account 계좌란?

국내주식, ETF, 펀드, 리츠와 같은 다양한 투자 상품을 살 수 있는 계좌로 고령화 시대에 대비하여 자산 증식을 도울 수 있도록 2016년에 처음 만들어졌습니다. 현재는 ISA 계좌를 통해 미국 주식에 직접 투자할 수는 없지만 미국 주식에 투자하는 ETF에 투자함으로써 간접적으로 투자할 수 있습니다.

3년간 ISA 계좌를 유지하면 계좌에서 발생한 순수익이자소득 + 배당소득 + 매매 차익 - 매매 손실의 200만 원까지 세금을 내지 않고 초과분에 대해 9.9%의 세금분리과세만 계좌 해지 시 냅니다.

그뿐만 아니라 ISA 계좌에서는 손익 통산도 적용되기 때문에 절세에 유리합니다. 예컨대 A와 B라는 ETF 상품ISA에는 국내 증시 상장 상품만 있음 2가지를 보유 중인데, A에서는 500만 원 수익이 나고 B에서는 300만 원 손실이 났다면 일반 주식 계좌의 경우 77만 원의 배당소득세A의 매매 차익 500만 원 × 15.4%가 발생합니다. 같은 상황이 ISA 계좌에서 벌어졌다면 손익 통산을 적용해서 순수익은 200만 원A의 매매 차익 500만 원 - B의 매매 손실 300만 원이 되고 200만 원까지는 비과세이기 때문에 세금이 발생하지 않습니다.

● ISA 계좌 개설 자격

만 19세 이상이면서 금융소득_{배당금, 이자 등}이 연간 2,000만 원을 넘지 않아야 합니다. 즉 금융소득 종합 과세자는 가입이 안 됩니다. 직전년도 근로소득이 있으면 만 15~19세도 가입할 수 있습니다.

● ISA 종류

ISA 계좌는 누가 돈을 관리할 것인가에 따라서 중개형, 신탁형, 일임형으로 나뉩니다. 본인이 직접 투자 상품을 고르는 것은 중개형과 신탁형이고 투자 전문가에게 맡기는 것은 일임형 계좌입니다. 투자 전문가에게 맡기면 연간 0.3~1.0% 정도의 일임 수수료가 발생합니다.

중개형과 신탁형의 차이점은 투자 상품의 종류에 있습니다. 중개형과 신탁형 모두 ETF, ETN, 펀드, RP 등에 투자할 수 있는데, 중개형은 추가로 국내 주식 투자가 가능하고 신탁형은 국내 주식 투자는 불가능하고 예금이 가능합니다.

정리하면 다음과 같습니다.

종류	중개형	신탁형	일임형
투자 가능 상품	국내 주식, ETF, ETN, 리츠 등	예금, ETF, ETN, 리츠 등	펀드, ETF등
투자 방법	투자자가 직접 선택		전문가 일임
보수 및 수수료	계좌 수수료는 없고 투자 상품별 수수료	신탁보수: 연 0.2%	일임수수료: 연 0.3~1.0%
온라인 계좌 개설	가능	불가	불가

출처: 미래에셋증권

직접 투자에 관심 있는 사람은 중개형 ISA 계좌를 만들면 됩니다. ISA 계좌는 전 금융사를 통틀어 하나만 열 수 있습니다.

ISA 계좌가 주는 비과세 혜택은 앞서 설명한 바와 같이 200만 원까지인데 본인의 직전년도 근로소득이 5,000만 원 이하이거나 종합소득이 3,800만 원 이하일 경우에는 비과세 혜택을 400만 원까지 늘려줍니다. 이를 서민형 ISA라고 하는데 가입하기 위해서는 소득 확인 증명서를 추가로 제출해야 합니다.

유형	일반형	서민형
가입 요건	만 19세 이상	총급여 5,000만 원 또는 종합소득 3,800만 원 이하
비과세 한도	200만 원	400만 원
비과세 한도 초과 시	9.9% 분리과세	
의무 가입 기간	3년	
납입 한도	연간 2,000만 원, 최대 1억 원납입 한도 이월 가능	
중도 인출	납입 원금 안에서 인출 가능, 인출 시 납입 한도 복원 안 됨	

● **ISA 절세 꿀팁**

ISA 계좌를 3년간 보유하고 난 후, 연금저축이나 IRP로 이체 가능하며, 이때 추가로 세액 공제 혜택이 있습니다. 이체 금액의 10%, 최대 300만 원까지 세액 공제를 받을 수 있습니다. 따라서 ISA 만기 연도에는 연금저축 400만 원, IRP 300만 원, ISA 300만 원을 합쳐서 총 1,000만 원의 세액 공제를 받을 수 있습니다. 소득이 5,500만 원 이하라면 16.5%의 세액 공제초과자는 13.2%를 받아서 165만 원을 환급받게 됩니다165만 원 = 1,000만 원 세액 공제액 합계 × 16.5%.

자녀에게
미국 주식 물려주기

증여세 공제 한도

주변 지인들과 대화를 나누다 보면 아이의 미래를 위해 사교육은 정말 많이 시키는데 아이의 미래를 위해 자산을 적립해주는 사람은 발견하기 어려웠습니다. 우리나라는 상속·증여세율이 타 국가 대비 높은 편이기 때문에 증여세 공제 한도를 이용해 미리 증여해줄 필요가 있습니다. 예컨대 한국의 상속세 최고 세율은 50%인 반면 네덜란드는 20%, 독일 30%, 미국 40%, 영국 40% 등으로 대부분의 OECD 국가들보다 한국의 세율이 높습니다.

증여세 공제 한도는 매 10년 갱신되기 때문에 태어나자마자 증여를 하면 자녀가 31살이 될 때까지 현금 기준 총 1억 4,000만 원을 증여해줄 수 있습니다. 미성년자 자녀는 10년마다 2,000만 원까지 공제가 되고 성인이 된 자녀는 5,000만 원까지 공제가 됩니다. 따라서 1세, 11세에 각각 2,000만 원씩 증여해주고 21세, 31세에 각각 5,000만 원씩 증여해주면 총 1억 4,000만 원을 증여해줄 수 있습니다. 현금이 아닌 주식으로 한도까지 증여해주었다면 주가가 올라서 31세가 되었을 때 5억 원이 되어 있을 수도 있습니다. 5억 원이면 4% 배당 수익률의 배당주를 매입했을 때 평생 매년 2,000만 원씩 받을 수 있는 금액입니다. 부자들은 이런 정보를 잘 알고 있기에 자녀가 태어나자마자 바로 증여부터 해줍니다.

미국 주식 증여 방법

미국 주식을 증여하는 방법은 크게 3가지로 나뉩니다. 현금을 증여해서 주식을 사는 방법, 부모가 보유하고 있는 주식을 증여하는 방법, 매달 19만 5,000원씩 적립식으로 증여하는 방법이 있습니다.

현금 증여

가장 깔끔한 방법입니다. 자녀 명의로 된 계좌에 10년마다 2,000만 원씩 증여해주고 국세청에 신고합니다. 국세청 신고 기한은 증여한 달의 말일로부터 3개월입니다. 예컨대 10월 4일에 증여해주었다면 증여세 신고는 12월 31일까지 해야합니다.

부모 주식 증여

미국 주식을 증여할 때는 일단 자녀도 미국 주식 거래가 가능한 계좌가 있어야 합니다. 그리고 증권사를 방문하여 부모가 보유 중인 주식을 자녀 주식 계좌로 보낼 수 있습니다. 국내 주식은 온라인에서도 주식 증여가 가능한데, 미국 주식은 오프라인에서만 가능한 경우가 있으므로 사전에 확인해봅니다.

예컨대 10월 4일에 애플 주식 100주를 증여했다고 생각해봅시다. 이날 애플의 종가가 160달러였다면 증여 가액이 160달러로 기재되는 것이 아닙니다. 10월 4일 이전 2개월, 이후 2개월, 총 4개월의 평균 종가 기준으로 증여 가액이 산정됩니다. 따라서 8월 5일부터 12월 3일까지의 평균 종가가 증여 가액이 됩니다. 8월 5일과 12월 3일이 공휴일이라면 그날 주가는 제외해서 평균을 구합니다.

단 여기서 주의할 점이 있는데, 적용 환율은 4개월 평균 환율이 아니라 증여당일의 기준 환율을 적용합니다.

매달 19만 5,000원 증여

매달 적금을 붓듯이 자녀에게 매달 19만 5,000원씩 증여를 합니다. 매달 19만 5,000원씩 하는 증여는 매번 신고할 필요가 없고 매달 증여하겠다는 내용의 증여 계약서와 함께 총 1,996만 668원을 증여하겠다고 신고하면 됩니다. 해당 금액은 앞으로 10년 동안 매달 19만 5,000원씩 증여할 금액을 세법에서 정한 이자율 연 3.0% 적용하여 현재 가치로 환산한 금액입니다.

적립식으로 증여해주면 3% 할인율이 있기 때문에 실제 증여해주는 금액보다 적게 신고할 수 있습니다. 위의 예에서 19만 5,000원을 10년간 넣으면 19만 5,000원 × 10년 × 12개월 = 2,340만 원인데 신고 금액은 이보다 작은 1,996만 688원3% 적용하여 현재 가치 환산입니다.[44]

세무사를 활용해 신고해도 되고 인터넷에 있는 증여 계약서 양식을 구해서 국세청에 직접 신고해도 됩니다. 현직 세무사가 운영 중인 블로그에서 무료 증여 계약서 양식을 구할 수도 있습니다.[45]

조금 더 알아봅시다!

40년 전 100원, 지금의 가치는 얼마일까?

돈의 가치는 인플레이션 때문에 시간이 지날수록 점점 떨어집니다. 1980년대에 새우깡은 100원 했지만 40여 년이 지난 현재 1,400원에 팔립니다(2022년 편의점 기준). 14배나 올랐습니다. 40여 년 전 100원으로는 새우깡 한 봉지를 사 먹을 수 있었지만 지금은 100원으로 새우깡 1/14 봉지를 먹을 수 있습니다. 똑같은 방식으로 2022년의 1만 원과 2062년 1만 원은 큰 차이가 있을 것입니다. 현재 1만 원이면 1리터 우유 4개 정도 살 수 있는데 40년 뒤에는 1개도 못 살 수 있습니다. 그렇다면, 2062년의 1만 원은 현재의 가치로 환산하면 얼마가 될까요?

계산식을 여기에 언급하면 머리를 쥐어뜯으며 책을 덮을 가능성도 있기에, 쉬운 방법을 알려드리겠습니다. 구글 검색창에 '현재 가치 계산기'를 입력하면 수많은 계산기를 발견할 수 있습니다. 필자의 경우 금융감독원 홈페이지에서 제공하는 계산기를 활용하여 현재 가치를 구하고 있습니다.

🏠 금융소비자보호처			🔒 ▦ 전체
❮ 메뉴 홈 > 금융거래계산기 > 현재가치 계산기			❯

▣ **현재가치 계산기**

글자크기 [+] 100% [-]

[현재가치 계산기 ▾]

미래에 보유할 자산의 현재가치	현재 보유할 자산의 미래가치	연금의 현재가치	연금지급방식 보험금의 일시 수령액 계산

≫ 미래에 보유할 자산의 현재가치

년 [3] % 물가 상승률을 가정 [40] 년 후의 [1] 만원은 현재가치로 얼마인가?

[계산하기]

현재가치	[3,066]	원

출처: 금융감독원

홈페이지에 들어가면 3개의 빈칸이 있고 여기를 모두 채운 후 파란색 '계산하기' 버튼을 누르면 현재 가치가 산출되어 나옵니다. 3% 물가 상승률을 가정하고 40년을 넣어본 결과 40년 뒤의 1만 원은 현재 가치로 3,066원이 나옵니다. 물가 상승률이 높으면 높을수록 현재 가치는 낮게 나옵니다.

06

확실한 대세에 올라타는 미국 ETF 투자

$$

01 ⫸ ETF가 뭔가요?

ETF란

ETF는 'Exchange Traded Fund'의 줄임말입니다. 한국어로 직역하면 증권거래소Exchange에서 거래되는Traded 지수 펀드Index Fund라는 뜻입니다. 우리나라에서는 '상장지수펀드'라고도 부릅니다.

펀드에 대해 잠깐 설명하고 넘어가겠습니다. 펀드란 내가 직접 투자하는 것이 아니라 자산운용회사가 투자자들을 대신하여 주식, 채권, 부동산, 선물, 옵션, 석유, 금, 지수인덱스 등에 투자하고 수익을 돌려주는 투자 상품을 말합니다. 그중에서도 인덱스기초 지수: 코스피, 나스닥 등에 투자하는 것을 인덱스펀드라고 하고, 증권거래소에 상장된 인덱스펀드를 ETF라고 합니다.

1990년대에서 2000년대 초반만 하더라도 ETF보다는 펀드의 인기가 하늘을 찔렀습니다(한국에서는 ETF가 2002년에 처음 생겼습니다). 필자가 사회 초년생이던 2000년대 초반에는 중국에 투자하는 펀드의 인기가 많았습니다. 당시 중국 펀드는 어마어마한 수익률을 보여주었지요. 하지만 펀드는 불편한 점이 있었습니다.

첫째, 펀드는 일정 기간 팔지 못하게 막아놓습니다. 정해진 투자 기간 전에 펀드를 해지하면 환매 수수료를 내야 합니다. 둘째, 펀드는 매매 시점에서 기준 가격이 결정되는 것이 아니라 3~4영업일 뒤에 기준 가격이 결정됩니다. 오늘 펀드 가격이 올라서 환매 요청을 해도 기준 가격이 결정되는 3일 뒤 시점에 펀드 가격이 폭락한다면 펀드는 폭락한 가격으로 환매됩니다. 셋째, 펀드는 운용 수수료가 비쌉니다. 펀드의 운용 수수료는 1~2% 정도입니다. 넷째, 펀드는 투명성이 결여되어 있습니다. 자산운용사가 현재 어디에 투자하고 있는지 실시간으로 알 길이 없습니다. 2~3개월에 한 번씩 발간되는 운용 보고서를 통해 어디에 투자하고 있었는지 알 수 있습니다.

이러한 펀드의 불편함을 해소하기 위해 개발된 것이 ETF입니다. ETF는 환매 수수료가 없고 주식처럼 실시간 거래가 가능합니다. 운용 수수료도 펀드 대비 저렴합니다. 펀드 운용 수수료가 1~2%인 반면, S&P500 지수에 투자하는 ETF인 SPY의 운용 수수료는 0.09%입니다. 게다가 주식처럼 신용 거래와 대주 거래도 가능합니다. 요약하면 다음과 같습니다.

구분	ETF	펀드
운용 보수	1% 미만 SPY 0.09%, QQQ 0.2%	1~3%
투명성	매일 PDF 통해 투자 종목 확인 가능	2~3개월마다 운용 보고서 통해 확인
거래 용이성	주식처럼 장중 매매 가능	장중 매매 불가능
신용 거래	가능	불가
대주 거래	가능	불가

ETF 투자 방법

주식 투자는 너무 어려운 것 같고 또, 막상 ETF를 하자니 종류가 너무 많아 무엇을 선택해야 할지 고민될 때는 보유하고 있는 투자 지식에 따라 다음과 같은 단계로 투자하는 것도 괜찮습니다.

1단계(초보 단계)

가장 기본적인 ETF인 미국 3대 지수를 추종하는 ETF를 매입합니다. 여기서 3대 지수란 다우 지수, S&P500 지수, 나스닥100 지수를 말합니다.

S&P500지수는 미국 증시에 상장된 대표 기업 500개로 만든 지수입니다. S&P500 중에서 핵심 우량 기업 30개를 따로 추려서 만든 지수가 다우 지수입니다. 마지막으로 나스닥 100지수는 나스닥에 상장된 기업 중에 우량 기술주 100개를 선정해서 만든 지수입니다. 최근 5개년 수익률을 확인해보면 나스닥 100 > S&P500 > 다우 지수 순입니다.

ETF는 증시에 상장된 인덱스펀드이기 때문에 어떤 증시에 상장되었는지에 따라 해외 증시에 상장된 ETF도 있고 한국 증시에 상장된 ETF도 있습니다. 예컨대 S&P500 지수를 추종하는 ETF를 살 때 미국 증시에 상장된 SPY티커명를 사도 되고 한국 증시에 상장된 Tiger 미국 S&P500을 사도 됩니다.

이들 미국 증시 ETF와 한국 증시 ETF의 가장 큰 차이점은 세금입니다. 분배

미국 3대 지수 5년 수익률 비교

금배당금은 둘 다 15.4%배당소득세 14% + 지방세 1.4%로 원천징수합니다. 하지만 매매 차익에 부과하는 세금이 다릅니다.

미국 증시 ETF는 미국 주식처럼 매매 차익이익과 손실을 합한 금액의 250만 원까지는 세금을 내지 않고 초과분의 22%양도세 20% + 지방세 2%를 세금으로 냅니다.

한국 증시 ETF는 매매 차익의 15.4%를 원천징수합니다. 세율은 미국 증시 ETF22%보다 낮지만 손익 통산과 250만 원 공제가 없습니다. 게다가 매매 차익 2,000만 원 초과분에 대해서는 종합소득 과세표준에 합산됩니다.

예컨대 직장인 A 씨의 근로소득으로 인한 과세표준이 3,000만 원인데 한국 증시에 상장된 ETF를 사고팔아 5,000만 원이 생겼다면 최종 과세표준은 6,000만 원이 됩니다. 직장에서 번 돈 3,000만 원에 매매 차익 5,000만 원에서 2,000만 원 공제받은 3,000만 원을 더해서 6,000만 원이 최종 과세표준이 됩니다. 6,000만 원은 종합소득세 세율 24%를 적용받습니다.

정리하면 다음과 같습니다.

종합소득세 세율(2021년 귀속)

과세표준	세율	누진공제
12,000,000원 이하	6%	-
12,000,000원 초과 46,000,000원 이하	15%	1,080,000원
46,000,000원 초과 88,000,000원 이하	24%	5,220,000원
88,000,000원 초과 150,000,000원 이하	35%	14,900,000원
150,000,000원 초과 300,000,000원 이하	38%	19,400,000원
300,000,000원 초과 500,000,000원 이하	40%	25,400,000원
1,000,000,000원 초과	45%	65,400,000원

출처: 국세청

특징	한국 증시 상장 ETF	미국 증시 상장 ETF
분배금에 대한 세금	15.4%	15.4%
매매 차익에 대한 세금	15.4%	22.0%
매매 차익 비과세 한도	X	250만 원
금융소득 종합과세	대상	분배금만 대상
손익 통산 여부	X	O

출처: 한경증권[46]

미국 증시 상장 ETF(2022년 5월 26일 기준)

기초 지수	ETF 이름	운용 보수 Expense ratio	운용 자산 Assets Under Management	분배율 Distribution yield
S&P500	SPDR S&P500 ETF SPY	0.095%	$352.20B	1.46%
	iShares Core S&P500 ETF IVV	0.03%	$285.66B	1.48%
	Vanguard S&P500 ETF VOO	0.03%	$249.25B	1.52%
다우 존스	SPDR Dow Jones Industrial Average ETF Trust DIA	0.16%	$27.02B	1.59%
나스닥100	Invesco QQQ Trust QQQ	0.20%	$157.07B	0.59%
	Invesco NASDAQ 100 ETF QQQM	0.15%	$3.76B	0.57%

출처: etf.com

한국 증시 상장 ETF(2022년 5월 27일 기준)

기초 지수	ETF 이름 자산운용사	운용보수 Expense ratio	운용자산 Assets Under Management	분배율 Distribution yield
S&P500	TIGER 미국 S&P500 미래에셋	0.07%	1조 6,103억 원	1.10%
	KINDEX 미국 S&P500 한국투자	0.07%	5,465억 원	1.15%
다우존스30	TIGER미국다우존스30 미래에셋	0.350%	944억 원	1.93%
나스닥100	TIGER 미국 나스닥100 미래에셋	0.07%	2조 7,000억 원	0.45%
	KINDEX 미국 나스닥100 한국투자	0.07%	3,747억 원	0.45%

출처: www.etfcheck.co.kr

2단계(중급 단계, 지수 투자를 넘어서 관련 산업에 집중 투자하는 단계)

일단 3대 지수를 추종하는 ETF를 사놓고 각 지수 안에 어떠한 기업들이 속해 있는지 공부해봅니다. 섹터별 특징도 공부해보고 미래에는 어떠한 산업이 빠르게 성장할 것인지 자료도 찾아봅니다. 공부하다 보면 4차 산업혁명과 연관된 클라우드 컴퓨팅 산업이 유망하다는 것을 알게 됩니다. 클라우드 컴퓨팅 관련 산업에 집중적으로 투자하는 ETF를 찾아봅니다. 필자는 미국《US News》에서 '클라우드 컴퓨팅 관련 ETF 상품 5개'를 추천하는 기사를 찾았습니다.[47]

5개의 ETF 상품은 다음과 같습니다.

① First Trust Cloud Computing ETF티커명: SKYY

② Global X Cloud Computing ETFCLOU

③ WisdomTree Cloud Computing FundWCLD

④ First Trust Dow Jones Internet Index FundFDN

⑤ ARK Next Generation Internet ETFARKW

추천된 ETF를 운용 보수, 운용 자산, 분배율의 순서대로 정리해봅니다. 운용

각 ETF별 운용 보수와 운용 자산 규모, 분배율(2022년 5월 26일 기준)

기초 지수	미국 증시에 상장된 ETF	운용 보수	운용 자산	분배율
클라우드 관련기업	First Trust Cloud Computing ETF ticker: SKYY	0.6%	$3.49B	1.24%
	Global X Cloud Computing ETF CLOU	0.68%	$658.71M	2.71%
	WisdomTree Cloud Computing Fund WCLD	0.45%	$614.07M	-
	First Trust Dow Jones Internet Index Fund FDN	0.51%	$4.03B	-
	ARK Next Generation Internet ETF ARKW	0.83%	$1.44B	6.14%

출처: etf.com

보수는 자산운용사에 매년 지불하는 비용이기 때문에 적을수록 좋습니다. 운용 자산은 크면 클수록 ETF를 쉽게 사고팔 수 있으며 안정적입니다. 10억 달러$1B 이상이면 운용 자산 규모가 큰 것으로 간주됩니다. 분배율은 배당률과 같은 말인 데 ETF에서 사용하는 용어입니다.

3단계(고위험 고수익 단계, 개별 기업 투자)

2단계에서 성장하는 산업의 기업들이 담긴 ETF에 투자했다면, 3단계는 한 발짝 더 나가서 성장 산업 내에 잘나가는 핵심 회사에 집중 투자를 합니다. 예컨대 2단계에서 구매한 SKYY ETF클라우드 ETF의 PDF어떤 회사를 ETF에 담았는지 내용를 확인해보면 총 67개의 기업에 투자하고 있음을 알 수 있습니다.

SKYY가 보유 중인 기업 중 집중적으로 투자하고 싶은 기업들을 자신만의 투자 기준으로 선정합니다. 지금까지 배운 재무제표 보는 방법정량적 분석과 '경주산 소시직정성적 분석'을 활용하여 평가하고 투자 여부를 결정해도 좋습니다. 필자의 경우 SKYY가 보유 중인 10개 기업 중에서 알파벳, 아마존, 마이크로소프트에 집중 투자합니다.

SKYY ETF가 보유 중인 기업 Top 10

SKYY Top 10 Holdings [View All]

VMware, Inc. Clas...	4.31%	Oracle Corporation	3.50%
Arista Networks, I...	3.92%	Rackspace Techn...	3.43%
Alibaba Group Ho...	3.90%	Amazon.com, Inc.	3.37%
Alphabet Inc. Cla...	3.80%	Pure Storage, Inc....	3.36%
Microsoft Corpor...	3.65%	Lumen Technolog...	3.32%
		Total Top 10 Weig...	36.56%

출처: etf.com

기초 지수

ETF가 추종하고자 하는 지수를 기초 지수라고 합니다. 기초 지수는 자산운용사가 지수 사업자 Index Provider. 예: MSCI, S&P, FTSE 러셀와 협의해서 만듭니다. 대표적인 기초 지수가 S&P가 만든 S&P500 입니다. S&P500 지수를 사용해서 ETF를 만들면 사용료를 S&P에 지급해야 합니다. 이처럼 기초 지수를 추종하는 ETF를 패시브 ETF라고 합니다. 영어로 패시브는 '수동적'이라는 뜻입니다. 최근에는 펀드매니저가 좀 더 '적극적'으로 개입하여 고른 기업들로 만든 ETF가 있는데, 이를 액티브 ETF라고 합니다. 펀드매니저의 역량이 좀 더 투입되었기 때문에 운용 수수료가 패시브 ETF보다 다소 높습니다. 펀드매니저의 역량이 좀 더 투입되었다고 해서 액티브 ETF의 수익률이 항상 좋은 것은 아닙니다.

SPY

SPY는 미국에서 최초로 만들어진 ETF의 티커명입니다. SPY는 S&P500지수를 추종합니다. 워런 버핏이 자신이 죽으면 재산을 S&P500 지수를 추종하는 ETF에 넣으라고 말한 것으로 유명합니다. 원래는 자산운용사 뱅가드Vanguard 회장인 존 보글John Bogle에 의해 S&P500을 추종하는 인덱스펀드가 먼저 만들어졌습니다1976년 8월. SPY는 그 후 몇 년이 지나서 탄생했습니다. 1993년에 스테이트 스트리트 글로벌 어드바이저State Street Global Advisors. 자산운용사가 S&P500을 추종하는 인덱스펀드를 주식시장에 상장시키며 미국 최초의 ETF를 선보였습니다.

S&P500 지수를 추종하는 ETF는 자산운용사에 따라 여러 종류가 있습니다. 그중에서도 스테이트 스트리트 글로벌 어드바이저에서 만든 SPY가 가장 유명하고 운용 자산 규모Assets Under Management도 가장 큽니다.

QQQ

인베스코Invesco. 자산운용사에서 만든 나스닥100 지수를 추종하는 ETF입니다. QQQ의 가격이 많이 올라서 부담스러워하는 투자자들을 위해 똑같이 나스닥100 지수를 추종하지만 가격이 저렴한 QQQM도 나와 있습니다. QQQ와 QQQM은 상위 100개 종목을 추종하는데, 101~200위 기업을 추종하는 ETF는 QQQJ라고 불립니다. 티커명에 QQQ가 들어가면 인베스코에서 만든 ETF라고 생각하면 됩니다.

PDF

PDF는 'Portfolio Deposit File'의 줄임말로 ETF 안에 담겨 있는 구성 종목들이 어떻게 되는지 보여줍니다. etf.com에 들어가서 티커명으로 검색하면 PDF를 확인해볼 수 있습니다. 다음 그림은 SPY가 보유 중인 Top 10 기업들을 보여줍니다.

SPY가 보유하고 있는 Top 10 기업

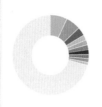

SPY Top 10 Holdings [View All]

Apple Inc.	7.12%	Alphabet Inc. Cla...	1.98%
Microsoft Corpor...	6.11%	Meta Platforms In...	1.94%
Amazon.com, Inc.	3.41%	NVIDIA Corporati...	1.60%
Alphabet Inc. Cla...	2.13%	Berkshire Hathaw...	1.50%
Tesla Inc	1.99%	Johnson & Johnson	1.19%
		Total Top 10 Weig...	28.97%

출처: etf.com

신용 거래

ETF를 매수할 때 부족한 금액을 증권사에서 빌려주는 것을 말합니다. 담보 유지 비율이 있으며, 담보 유지 비율 밑으로 떨어지면 반대 매매_{담보물을 증권사가 팔아서 대출금을 회수함}가 일어나니 조심해야 합니다.

대주 거래_{개인 투자자}

'대주'는 말 그대로 주식을 대여해서_{빌려서} 하는 거래입니다. 개인이 하는 공매도라고 보면 됩니다. 향후 ETF 가격 하락이 예상되면 다른 사람이 보유하고 있는 ETF를 빌려서 먼저 매도합니다. 그리고 나중에 ETF 가격이 하락했을 때, 다시 매수하여 갚는 방식입니다. ETF를 빌리면 빌린 기간에 따라 이자를 지급해야 합니다. 기관의 공매도는 '대차 거래'라고 부릅니다.

금융소득 종합과세

개인당 1년 동안 벌어들인 금융소득이 2,000만 원을 초과하면 다른 종합소득과 합산하여 과세합니다. 2,000만 원 이하일 경우에는 소득세만 원천징수하고 끝납니다. 따라서 연간 금융소득이 많은 자산가는 미국 ETF를 사는 것이 좋습니다. 미국 ETF로 번 양도 차익은 양도세만 나오고 금융소득에 포함되지 않기 때문입니다.

괴리율

괴리율이란 시장에서 형성된 ETF의 가격과 ETF가 투자하고 있는 자산의 '순자산가치_{NAV}' 사이의 차이를 말합니다. 괴리율이 음수로 나오면 시장 가격이 순자산 가치보다 적다는 뜻이고, 저평가되어 있다는 뜻입니다. 반대로 양수로 나오면 고평가_{시장 가격 > 순자산가치}되어 있다는 뜻입니다.

추적 오차

ETF의 순자산가치가 기초 지수를 잘 추적하고 있는지 보여줍니다. 쉽게 말해 ETF의 수익률이 추적 오차가 크면 클수록 자산운용사가 운용을 잘못하고 있다는 뜻입니다. 괴리율과 마찬가지로 작으면 작을수록 좋습니다.

정리해보면 ETF 순자산가치와 기초 지수의 관계는 '추적 오차', ETF 순자산가치와 ETF 시장가의 관계는 '괴리율'입니다.

수탁 회사

ETF에서는 투자자로부터 받은 돈을 자산운용사가 직접 보관하지 못합니다. 고객이 유망한 회사에 투자하라고 돈을 주었더니 펀드매니저가 로비받은 회사에 투자하는 도덕적 해이가 발생할 수 있기 때문입니다. 이를 방지하기 위해 고객의 돈을 자산운용사가 아닌 수탁 회사은행에 보관합니다. 은행들이 대부분 수탁 회사이고 자산운용사의 지시에 따라 특정 주식을 사고팝니다. 혹시라도 자산운용사가 말도 안 되는 회사에 투자하라는 이상한 지시를 하면 수탁 회사에서 필터링할 수 있습니다.

조금 더 알아봅시다!

 국내 증시에 상장된 ETF 살까요, 아니면 해외 증시 상장된 ETF 살까요?

S&P500을 추종하는 ETF가 요즘 '핫'하다는데, 관련 상품이 너무 많습니다. 미국 증시에 상장된 것도 있고 한국 증시에 상장된 것도 있는데, 도무지 어떤 것을 사야 할지 모르겠습니다. 여기에서는 어떤 증시에 상장된 ETF가 절세 측면에서 더 유리한지 파헤쳐보겠습니다.

똑같이 S&P를 추종하는 ETF일지라도 국내 상장된 ETF와 미국에 상장된 ETF에 적용되는 세금이 다릅니다. 예를 들어보겠습니다. ETF를 사고팔아서 1년 동안 매매 차익이 833만 원이 발생했을 경우의 세금은 다음과 같습니다.

> 국내에 상장된 ETF_{Tiger 미국 S&P500}의 경우: 833만 원 × 15.4% = 128만 2,820원
>
> 해외에 상장된 ETF_{SPY}의 경우: (833만 원 - 250만 원) × 22% = 128만 2,600원

따라서 매매 차익이 833만 원 이하일 경우에는 해외에 상장된 ETF가 좋고, 833만 원 이상일 경우에는 국내에 상장된 ETF가 좋습니다.

하지만 여기서 주의할 사항이 있습니다. 해외에 상장된 ETF의 경우 매매 차익이 금융종합소득 2,000만 원에 포함되지 않는다는 것입니다. 혹시 본인의 연간 금융소득_{이자, 배당금, 국내 ETF 매매 차익 등}이 2,000만 원을 넘어갈 경우에는 종합소득세까지 내야합니다. 따라서 금융소득이 높은 자산가들은 해외에 상장된 ETF를 더 선호합니다.

분류	세금이 더 적은 ETF	예시
매매차익 < 833만 원	해외 상장 ETF	SPY, QQQ
매매차익 > 833만 원	국내 상장 ETF	Tiger 미국 S&P500
금융소득 2,000만 원 초과	해외 상장 ETF	SPY, QQQ

하지만 연금저축 계좌, IRP 계좌를 이용해서 국내 상장 ETF를 매입하면, 매매 차익에 따른 세금이 바로 나오지 않고 금융소득에 포함되지도 않습니다. 먼 훗날 만 55세가 넘었을 때, 연금저축 계좌에 있던 매매 차익을 인출하면 연간 1,200만 원까지 5.5% 세율이 적용됩니다. 70세 이상 80세 미만은 4.4% 세율이고, 80세 이상이면 3.3%의 세율을 적용받습니다. 연간 1,200만 원을 초과하는 인출 금액은 16.5%의 세율이 적용됩니다.

ETF와
비슷하게 생긴 것들

ETN

ETF를 잠깐 복습하자면 지수를 추종하는 인덱스펀드가 거래의 용이를 위해 주식시장에 상장한 것이라고 배웠습니다. 이렇게 힘들게 ETF를 배우고 자신감을 갖고 증권사 앱을 켰는데, 이게 웬걸 요상하게 생긴 상품들이 또 있습니다. ETN과 ELS가 대표적인 예입니다. 첫 글자가 E로 시작하는 것을 보니 주식시장 Exchange에 상장된 것 같다는 느낌이 옵니다.

ETN부터 배우고 가겠습니다. ETF와 비슷하게 생겼는데 마지막 글자만 다릅니다. ETF는 'Fund'로 끝나는데, ETN은 'Note'로 끝납니다. 'Note'가 무엇인가 하니 우리가 평소에 쓰는 노트는 아닌 것 같고 Investopedia.com에서 정의를 찾아봅니다. 이 사이트는 재무·회계 관련 용어들을 쉽게 설명해주는 온라인 사전입니다. 찾아보니 이렇게 나옵니다.

> A note is a legal document that serves as an IOU from a borrower to a creditor or an investor.

풀어서 설명해보면 '내가 너에게 빚을 졌다'라는 내용이 쓰인 법적 효력이 있는 문서입니다. ETN은 증권사에서 발행한 채권인데 '주식시장에 상장되어 거래되는 채권'이라고 보면 됩니다. 채권은 '언제까지 수익률 몇 %를 줄게'라고 약속한 문서입니다. S&P500을 추종하는 10년짜리 ETN 상품이 있다면 S&P500이 오른 것과 똑같은 수익을 만기 때10년 후 주겠다고 증권사에서 약속한 증서입니다. ETN도 물론 주식이나 ETF처럼 장중에 마음대로 거래할 수 있습니다.

ETN은 ETF와 달리 고객으로부터 받은 돈을 증권사에서 보관합니다. ETF의 경우 자산운용사가 망해도 고객의 자산은 수탁 회사에 있어 안전하지만, ETN은 증권사가 망할 경우 투자금을 돌려받지 못할 가능성이 있습니다. 따라서 아무 증권사나 ETN 발행이 가능한 것이 아니라 자기자본 5,000억 원 이상, 신용등급 AA- 이상 등 수많은 조건을 충족해야만 발행할 수 있습니다. 2021년 4분기 기준 ETN이 발행 가능한 증권사는 우리나라에 9곳입니다.

ELS

ELS는 'Equity-Linked Securities'의 줄임말로 주가 연계 증권이라고 합니다. 개별 주식 투자처럼 고위험이 싫은 투자자를 위해 개발된 파생 상품입니다. 예를 들면 어떤 증권사에서 다음과 같은 ELS 상품을 만들 수 있습니다. '아마존의 주가가 3년 동안 반 토막 나지 않으면 은행 예금 이자보다 높은 연 10%의 수익을 드리겠습니다.'

아마존에 직접 투자할 때와 ELS를 통해 투자할 때를 비교해서 보여드리겠습니다. 평소 위험을 감수하면서 고수익을 추구하는 필자는 아마존 주식개별 주식을 직접 매입합니다. 반면 적절한 수익률과 안정성을 동시에 추구하는 아내는 아마존 주식을 기초 자산으로 만들어진 ELS를 매입합니다. 아내가 매입한 ELS는 3년 동안 아마존 주식이 반 토막-50% 나지 않는 이상 연간 10%3년간 보유 시 총 30%를 보장해주는 파생 상품입니다. 1년간 보유했을 때 시나리오아마존 주가 변동에 따른 수

시나리오	1년 후 아마존 주가	수익률	
		개별 주식_{필자}	ELS_{아내}
A	+60%	+60%	+10%
B	+0%	+0%	+10%
C	-40%	-40%	+10%
D	-60%	-60%	-60%

익률을 상품별로 보겠습니다.

위의 표에서 보면 알 수 있듯이 필자는 A 시나리오에서만 돈을 벌었지만, 아내는 A·B·C 시나리오에서 모두 수익을 올렸습니다. 이처럼 개별 주식의 수익률은 아마존 주가를 그대로 추종하고 ELS는 '주가가 반 토막 나지 않는다'는 조건만 충족하면 10%의 이익을 보장받습니다. 정리해보면 다음과 같습니다.

	ETF	ETN	ELS
발행사	자산운용사	증권사	
상품 형태	펀드	파생 상품	
만기	없음	1년 이상 20년 이내	3년 이내
최소 기초 종목	10종목	5종목	단일 종목 혹은 지수
수익 구조	지수 수익률 추종	약속한 지수 수익률	조건 충족 시 수익
위험	자산을 수탁사가 보관하기 때문에 시장 위험만 있음	시장위험 및 발행사인 증권사의 파산위험	
상품명	브랜드명_{예: Tiger}	증권사명_{예: 미래에셋}	

참고: 매경 프리미엄, 미래에셋증권

손주부의 TIP

파생 상품
어떤 사람도 농수산물, 원유, 금 등의 가격이 미래에 어떻게 될지 모릅니다. 불확실성을 싫어하는 인간을 위해 물건을 사는 사람과 파는 사람이 약속한 날에 미리 정한 가격으로 거래하는 행위를 상품화한 것을 파생 상품이라고 합니다. 선물, 옵션, 스와프 등이 파생 상품에 들어갑니다.

조금 더 알아봅시다!

ELS에 대해 좀 더 알아보자

　주요 은행 PB 상담을 받아보면 자산가들 사이에 최근 어떠한 투자 상품이 유행하고 있는지 알 수 있습니다. 2022년 상반기의 경우 채권, ETF 등의 다양한 상품 중에서도 ELS 상품의 인기가 어느 때보다 좋다고 합니다. ELS는 쉽게 말해 조건부 이자 지급 상품입니다. 예컨대 '나스닥 지수가 50% 이상 하락하지 않으면 연간 7%의 이자를 지급하겠다'라는 식의 파생 상품입니다. ELS에 대해 좀 더 자세히 살펴보겠습니다.

① 만기 기간

　ELS 상품의 종류는 무궁무진한데 대부분은 3년 만기에 6개월마다 조기 상환 조건을 충족하는지 확인하는 스텝-다운step-down형 상품이 많습니다계단을 내려가듯 조기 상환 조건이 내려간다는 뜻.

② 조기 상환 조건

　ELS 상품에 '95-90-85-80-75-70조기 상환 조건' 등이라 쓰여 있다면, 이 6개의 숫자는 기초 자산의 최초 시작가 대비 %를 의미합니다. 6개월마다 기초 자산위의 예에서는 아마존 주식 가격을 확인하고 조건이 충족되면 조기 상환시킵니다(증권사가 돈과 약속한 수익을 함께 지급하고 상품을 종료시킵니다).

　예컨대 아마존 주가의 시작가가 100달러였는데 6개월 뒤 평가 시점에 95달러 이상시작가의 95% 이상으로 유지되면 약속된 연간 10% 수익을 주고 조기 상환시킵니다. 만약 평가 시점에 94달러라면 평가는 자동으로 6개월 뒤로 연장됩니다. 추가 6개월 뒤 아마존 주가가 $90 이상시작가의 90% 이상 유지하고 있으면 10%의 수익을 주고 조기 상환시킵니다. 하지만 주가가 90달러 미만이었다면 추가 6개월 뒤에 평가합니다. 이런 식으로 조기 상환 조건이 충족될 때까지 평가는 지연위의 경우 최대 3년될 수 있습니다.

③ 낙인 여부

ELS 상품은 조기 상환 조건뿐만 아니라, 낙인knock in이라는 조건이 추가된 상품이 많습니다. 낙인은 '똑똑' 하고 노크하고 (저승길로?) 들어간다는 뜻입니다. 대개 낙인은 시작가의 50%인 경우가 많은데, 상환 조건에 표시되어 있습니다.

계약 기간에 한 번이라도 주가기초 자산가 낙인 이하로 떨어지면 수익을 얻기 위해 만기 전까지 무조건 조기 상환 조건95-90-85-80-75-70을 충족시켜야 합니다. 그렇지 못하면 계약 기간 중에 가장 많이 하락했던 순간을 기준으로 손실 처리합니다.

3년 동안 조기 상환 조건95-90-85-80-75-70을 충족시키지는 못했지만, 주가가 50%낙인 밑으로 떨어진 적이 한 번도 없다면 마지막 평가일에 계약된 수익을 받습니다. 연간 10% 수익이었다면, 총 30%의 수익을 받게 됩니다수익 30% = 연간 10% × 3년.

④ 기초 자산 종류

위의 예에서는 ELS를 만들 때 아마존 주식 하나만 기초 자산으로 잡았는데 기초 자산 여러 가지가 섞여 있는 경우가 많습니다. 2개 회사 주식예: 애플, 아마존을 기초 자산으로 잡는 경우도 있고, 다우존스, 나스닥처럼 주가지수를 기초 자산으로 잡을 수도 있습니다. '양념 반 후라이드 반'처럼 '회사' 반 '주가지수' 반 섞을 수도 있습니다예: 애플, S&P500. 기초 자산의 종류가 많으면 많을수록, 상품은 위험해지기 때문에 수익률이 올라갑니다. 마치 자식이 많으면 많아질수록 사고칠 녀석이 한 두면 생길 확률이 높아지는 것과 같습니다. 기초 자산의 수가 많으면 많을수록 낙인 밑으로 떨어질 확률이 높아지기 때문에 수익률도 올라갑니다.

03

다양한
ETF

다양한 ETF의 세계

미국에 상장된 ETF만 하더라도 2,204개가 있고 전 세계적으로는 7,602개의 상품이 있습니다.[48] 2003년만 하더라도 전 세계 ETF는 276개밖에 되지 않았는데 가히 폭발적인 성장이라 할 수 있겠습니다.

ETF 투자를 하면 자연스레 분산투자가 되어 좋습니다. S&P500지수 추종 ETF만 하더라도 500개의 기업에 분산투자하는 효과가 있습니다. 아울러 아마존, 알파벳, 버크셔해서웨이처럼 평소에 너무 비싸서 엄두도 내지 못했던 주식도 치킨 한 마리 살 돈으로 ETF로 매입할 수 있습니다(2022년 8월 24일. Tiger 미국 S&P500 기준 가격 13,905원).

무엇보다 ETF가 좋은 점은 평소 개인 투자자들이 접근하기 쉽지 않았던 자산에 대한 투자도 가능하다는 것입니다. 기관 투자자들의 전유물로 여겨지는 원자재, 채권 등에도 ETF를 통해 간접 투자할 수 있고 이제는 가상 화폐도 ETF로 투자할 수 있습니다.

원자재 ETF

금리 인상 시기에 인플레이션 헤지 수단으로 쓰기 좋은 것이 원자재입니다. 인플레이션 시기에는 원자재 가격이 지속적으로 상승합니다. 특히 2021년부터 시작된 공급망 병목 현상은 인플레이션을 가속화시키고 있습니다. 아울러 러시아와 우크라이나 간의 갈등은 농산물, 천연가스, 원유 등의 원자재 가격을 들썩이게 하고 있습니다.

전문가들은 원자재 중에서 특히 구리를 장기적으로 상승할 원자재로 꼽고 있습니다. 구리는 신재생 에너지 설비와 전기자동차 내 배터리, 모터 등에 사용되기 때문입니다. 전기차에서 사용되는 구리의 양은 기존 휘발유 자동차보다 10배 정도 많습니다. 구리를 투자하려면 어떻게 해야 할지 망설여질 때 구리 ETF를 매입하는 것도 대안이 될 수 있습니다. 다음 소개해드릴 ETF는 구리 관련 ETF 중에 가장 규모가 큰 ETF입니다.

미국 구리 지수 펀드 United States Copper Index Fund

티커명	운용 보수	운용 자산AUM	일평균 거래량	평균 스프레드
CPER	0.80%	$216.57M	138,856	0.12%

출처: etf.com

뉴욕에 있는 COMEX 선물거래소에서 구리 선물을 추적하는 상품입니다(다음 그림 참조). 자산의 50%는 구리 선물에 투자하고 나머지 50%는 미국 달러로 구성되어 있습니다.

코로나 사태 이후로 1년밖에 안 되는 짧은 시간 동안에 ETF 가격이 2배 이상 증가하였기 때문에 2022년에는 조정에 들어간 모습을 보이고 있습니다.

CPER 상위 10개 홀딩스

▌선물	50.98%	Goldman Sachs T...	0.52%
▌미국 달러	48.50%		
		총 상위 10개 가중치	100.00%

출처: etf.com

구리 선물 추적 상품의 시세

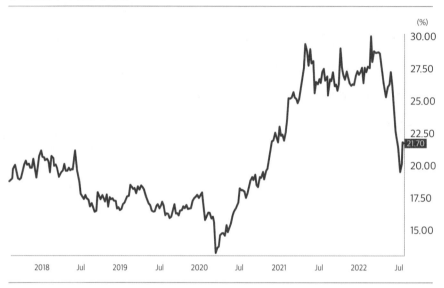

출처: 야후 파이낸스

월배당 ETF

주식시장이 재미없는 시기에는 월배당 ETF만큼 좋은 투자처가 없습니다. ETF의 기초 자산인 배당주들은 대부분 주가 변동 폭이 작고베타 값 <1, 분기별 배당을 합니다. 따라서 1월, 2월, 3월부터 배당을 시작하는 기업을 각각 보유하면 매월 배당을 받을 수 있게 됩니다.

배당월	대표 기업티커명
1, 4, 7, 10월	알트리아MO, 시스코CSCO, 킴벌리클라크KMB, JP모건JPM
2, 5, 8, 11월	P&GPG, 버라이즌VZ, 클로락스CLX, 캐터필러CAT
3, 6, 9, 12월	존슨앤드존슨JNJ, 세브론CVX, 3MMMM, 엑슨모빌XOM, IBMIBM

하지만 월배당 ETF가 있으면, 배당주 3개를 보유하지 않더라도 매월 배당금을 받을 수 있습니다. SDIV, DIV, SPHD가 대표 상품입니다.

부동산 리츠 ETF

리츠란?

인플레이션과 금리 인상 시기에는 투자 심리가 위축되어 투자 자금이 '매월 돈이 들어오는 자산Income Assset'으로 이동합니다. 그중에서도 매월 임대료를 받을 수 있는 부동산 리츠 기업은 좋은 투자처입니다. 소액 투자자들은 부동산 투자가 쉽지 않은데, 리츠 회사에 투자하면 소액으로도 건물주가 될 수 있습니다.

리츠 회사란 여러 투자자의 자금을 끌어모아서 부동산을 매입하고 관리하며, 임대료를 받으면 배당해주는 회사를 말합니다.

대표 ETF

우수한 리츠 회사들을 한데 모아 만든 ETF 중에 가장 유명한 상품은 뱅가드에서 나온 VNQ입니다. VNQ는 자산 운용 규모448억 달러가 가장 크고 오래된 상품입니다. 운용 수수료는 0.12%입니다.

VNQ와 비슷한 리츠 기업들에 투자하면서 운용 수수료가 조금 낮은 상품으로는 SCHH가 있습니다. 운용 규모는 67억 달러이고 운용 수수료는 0.07%로 VNQ보다 0.05%p 낮습니다. 1억 원을 투자했을 때 매년 운용 수수료에서 5만 원의 차이가 있습니다.

수익률 비교

아래 수익률 그래프를 보면 둘 다 리츠 ETF이기 때문에 비슷한 추이를 보이고 있습니다. 2017년 4분기에서 2020년 1분기까지는 SCHH가 수익률이 조금 더 좋았고 그 이후부터는 VNQ가 좋은 수익률을 보여주고 있습니다.

투자 기업 VNQ와 SCHH의 포트폴리오를 보면 가장 많이 투자하고 있는 곳이 프롤로지스라는 회사입니다. 프롤로지스는 샌프란시스코에 본사를 두고 창고Warehouse에 투자하는 부동산 투자 신탁리츠 회사입니다. 전 세계 19개국에 4,073개의 건물을 소유하고 있습니다. 두 번째 회사는 아메리칸 타워입니다. 아메리칸 타워는 통신 인프라 사업자입니다. 버라이즌이나 AT&T와 같은 통신 회사에 통신 타워Cell Tower를 임대합니다. 5G 이용자가 증가하면서 통신 타워 수요

SCHH와 VNQ 가격 변동 그래프

출처: 야후 파이낸스

는 지속적으로 증가할 것으로 보입니다. 아울러 통신 회사들과 10년 단위의 장기 계약을 맺기 때문에 안정적 매출이 발생합니다.

SCHH가 보유 중인 Top 10 회사

SCHH Top 10 Holdings [View All]

Prologis, Inc.	7.81%	Simon Property G...	3.24%
American Tower ...	7.71%	Digital Realty Tru...	2.82%
Crown Castle Inte...	5.30%	Realty Income Co...	2.63%
Equinix, Inc.	4.15%	Welltower, Inc.	2.44%
Public Storage	3.79%	SBA Communicat...	2.37%
		Total Top 10 Weig...	42.25%

출처: etf.com

VNQ가 보유 중인 Top 10 회사

VNQ Top 10 Holdings [View All]

Vanguard Real Es...	11.36%	Public Storage	3.05%
American Tower ...	6.88%	Simon Property G...	2.64%
Prologis, Inc.	6.43%	Digital Realty Tru...	2.53%
Crown Castle Inte...	4.60%	SBA Communicat...	2.20%
Equinix, Inc.	3.90%	Realty Income Co...	2.04%
		Total Top 10 Weig...	45.63%

출처: etf.com

가상 화폐 ETF

최근 몇 년 동안 비트코인을 필두로 한 가상 화폐 투자 열풍이 불었습니다. 엄청난 변동성으로 인해 수십억을 번 사람이 있는가 하면, 재산을 탕진한 사람도 있습니다. 비트코인의 시장 규모가 점점 커지자 제도권 금융에서도 이것을 하나의 투자 자산으로 보기 시작했습니다. 비트코인을 기초 자산으로 하는 ETF도 생겼으니 말입니다.

　가상 화폐를 구매하려면 수많은 가상 화폐 거래소 중 하나를 선택하여 회원 가입을 하고 농협 계좌와 연동시킨 후 구매하면 됩니다. 구매 후에는 개인 코인 지갑으로 옮겨 가상 화폐를 안전하게 보관할 수 있습니다. 말만 들으면 쉽고 안전할 것 같은데, 가상 화폐 거래소 해킹 사건이나 개인 코인 지갑 비밀번호 분실 시 구제 방법이 없다는 이야기를 들으면 투자가 망설여지기도 합니다.

　가상 화폐 ETF는 이러한 문제들을 해결해줄 상품입니다. 일단 주식처럼 상장되어 있기 때문에 장이 열리는 시간에 주식을 사듯 티커명을 입력하고 가상 화폐

티커명	운용 보수	운용 자산AUM	일평균 거래량	평균 스프레드$
BITO	0.95%	$1.04B	$189.86M	$0.01

출처: etf.com

BITO와 비트코인의 수익률

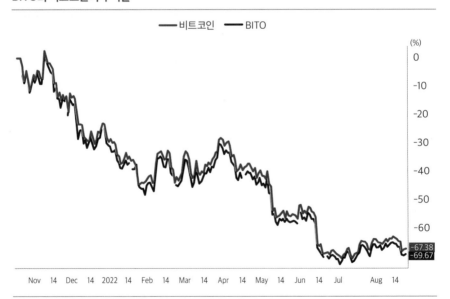

출처: 야후 파이낸스

ETF를 매수하면 됩니다. 대표적인 상품으로 BITO가 있습니다.

BITO는 최초의 비트코인 ETF이지만 투자 시 주의할 점이 있습니다. BITO 는 바로 비트코인 현물이 아니라 선물에 투자하는 상품이라는 것입니다. 미국의 SEC가 아직까지는 비트코인 현물에 투자하는 ETF를 승인해주지 않고 있습니다. 선물 투자이기 때문에 매월 만기 연장에 따른 롤오버 비용선물은 매월 만기가 다가오기에 다음 선물로 갈아타야 하는데, 이때 발생하는 비용이 발생하니 장기 투자 시 주의가 필요합니다.

VIX에 투자하는 상품

"공포에 사서 탐욕에 팔라"는 워런 버핏의 말을 따르기 위해 앞에서 시장의 공포 정도를 측정하는 VIX공포 지수를 배웠습니다. VIX 값은 커지면 커질수록 시장

VXX 출시 이후 가격 그래프

출처: 야후 파이낸스

이 공포에 질려있다는 뜻이고 역사적으로 40이 넘어가면 공포 상태라고 말합니다. 이러한 공포 지수에 투자하는 상품이 있습니다. 주식시장이 공포에 차면 찰수록 수익을 올리는 상품입니다. 상품명은 iPath S&P500 VIX Short-Term Futures ETN이고 티커명은 VXX입니다.

그림에서 알 수 있듯이 VXX가 오를 때 S&P500은 하락하고, VXX가 내릴 때 S&P500은 상승했습니다. 이처럼 주가와 반대로 움직이는 성격을 활용하여 VXX를 헤지로 활용할 수 있습니다.

탄소 배출권에 투자하는 ETF

탄소 배출권 수요 증가

많은 국가에서 탄소 배출을 줄이기 위해 석탄을 사용하는 화력 발전 대신 천연가스 발전으로 눈을 돌렸습니다. 하지만 러시아와 우크라이나 간의 전쟁으로 천연가스 가격이 폭등하자 저렴한 석탄 발전으로 다시 돌아가고 있습니다. 탄소 배출이 늘면 탄소 배출권에 대한 수요가 증가하게 되고 탄소 배출권의 가격도 상승하게 됩니다. 전문가들은 신재생 에너지 체제가 완전히 자리 잡기 전까지는 탄소 배출권에 대한 수요가 지속될 것이라고 전망하고 있습니다.

탄소 배출권 투자 ETF

주요국 탄소 배출권에 투자하는 상품이 2020년 7월에 생겼습니다. 상품명은 KraneShares Global Carbon ETF이고 티커명은 KRBN입니다. 탄소 배출권의 가격이 오르면 ETF의 가격도 상승합니다.

분산투자 시 활용

KRBN은 주식시장과 상관관계_{가격이 같이 움직이는 경향}가 낮아서 분산투자 시 유용합니다. 아래 그래프는 KRBN과 S&P500의 추이를 보여줍니다.

탄소 배출권 투자 ETF인 KRBN과 S&P500 수익률 비교

출처: 야후 파이낸스

스프레드

금융 거래에 있어서 스프레드는 매수 호가와 매도 호가 간의 차이를 말합니다. 거래가 활발할수록 매수 호가와 매도 호가 간의 스프레드는 작아집니다. 스프레드가 크면 클수록 기초 자산의 본래 가치보다 더 비싼 가격에 매수하거나 더 싼 가격에 매도할 수 있으므로 주의해야 합니다.

공매도

공매도는 내가 지금 갖고 있진 않지만 곧 떨어질 것으로 예상하는 주식을 빌려서 판 후 나중에 주가가 하락했을 때 다시 사들여서 원래 주인에게 주식을 돌려주는 것을 말합니다. 기관들은 하락하는 주식시장에서도 공매도를 활용하여 수익을 올릴 수 있지만 개인들은 공매도 거래가 쉽지 않습니다. 하지만 ETF를 활용하면 하락장에서도 수익을 얻을 수 있습니다. ETF 상품명에 Short가 들어간 것은 공매도를 활용한 상품이라고 생각하면 됩니다. ProShares UltraPro Short QQQ ETF_{SQQQ}는 나스닥100 지수의 반대로 움직입니다. SQQQ는 지수와 반대로 움직일 뿐 아니라 레버리지 3배까지 더해져서 나스닥 100지수가 5% 하락하면, SQQQ는 15% 상승합니다. 나스닥 100 지수와 반대로 움직이는 ETF는 SQQQ 외에도 PSQ_{1X 인버스}와 QID_{2X 인버스}가 있습니다.

SQQQ와 나스닥 지수 수익률 비교

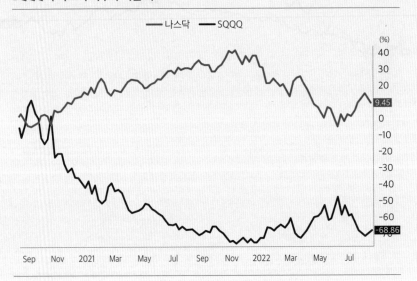

출처: 야후 파이낸스

조금 더 알아봅시다!

무조건 배당을 많이 주는 ETF가 장땡?

경제학에서 배우는 개념 중에 '기회비용'이라는 것이 있습니다. 어떠한 선택을 했을 때 그에 따르는 비용입니다. 내가 선택하지 않은 옵션들 중에서 가치가 가장 큰 것을 기회비용이라고 합니다.

예를 들어보면 대학을 졸업하고 대학원에 바로 진학을 하면 취업해서 돈을 벌 기회를 잃게 됩니다. 어린 나이에 일찍 결혼하면 아이들을 남들보다 빨리 키워서 출가시킬 수 있지만 남들이 자유롭게 여행 다니며 놀 때 아이들 기저귀 갈고 유모차를 끌어야 합니다.

필자의 경우 출판사와 출간 계약을 맺고 받은 계약금으로 새로 나온 고사양 컴퓨터를 살지 가족들과 여행을 갈지 고민하다 여행을 선택했습니다. 여행을 선택함으로써 컴퓨터 구매는 저의 기회비용이 된 것이지요.

회사도 이처럼 선택의 순간이 다가옵니다. 회사가 돈을 벌면 미래를 위해 투자를 해도 되고 만약을 대비해 현금을 보유해도 되며 주주들에게 배당금으로 나누어 주어도 됩니다.

배당금을 많이 나누어 주면 당장 주주들은 행복하지만 미래를 위한 투자 금액이 줄기 때문에 회사가 더 성장할 가능성은 작아집니다. 반면 투자를 많이 하고 배당을 적게 하는 회사는 주주들이 당장 행복하지는 않지만 장기적으로 회사가 성장할 가능성이 커지고 시세 차익을 기대할 수 있습니다. 따라서 배당율이 높은 회사는 지금 당장은 행복하지만 높은 시세 차익을 기대하기는 힘듭니다.

● 배당주 종류

배당을 얼마나 많이 할 것인지에 따라서 배당주를 크게 배당성장주와 고배당주로 나눌 수 있습니다. 배당성장주의 경우 배당율은 1%대로 다소 낮지만 회사가 미래를 위한 투자를 많이 하기 때문에 주가가 꾸준히 상승하여 시세 차익도 누릴 수 있는 주식입니다. 대표적인 배당성장주는 마이크로소프트와 비자입니다.

　반면 고배당주는 시세 차익보다 지금 당장 배당을 많이 받고 싶은 투자자에게 좋습니다. 고배당주의 대표적인 예로 담배 회사 알트리아와 통신 회사 버라이즌, AT&T 등이 있습니다. 중배당주라는 말은 없지만 배당성장주와 고배당주의 중간 지점에서 적당한 배당과 성장을 추구하는 회사들도 있습니다.

● 배당성장 ETF
　배당성장주로 채워진 ETF 중에 대표적인 상품이 VIG입니다. 뱅가드 자산운용사에서 만들었는데 상품명은 'Vanguard Dividend Appreciation ETF'입니다. 배당 성장 기업들 위주로 투자합니다. 주요 투자 회사들로 마이크로소프트, 유나이티드헬스그룹, 존슨앤드존슨 등이 있습니다. 분배금 수익률이 1.65%로 다소 낮아 보이지만 최근 5년간 연평균 수익률은 13.68%에 달합니다.

VIG 대표 기업 10곳

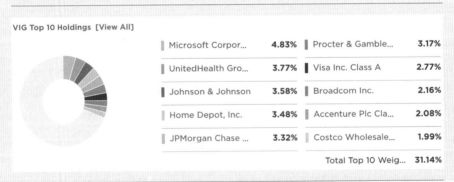

출처: etf.com

● **고배당 ETF**

고배당주로 채워진 ETF 중에 유명한 상품은 SPHD입니다.

인베스코 자산운용사에서 만든 ETF로 상품 이름은 'Invesco S&P500 High Dividend Low Volatility ETF'입니다. 이름에서 유추할 수 있듯이 배당금Dividend을 많이 주고 변동성 Volatility이 낮은 S&P500 기업들에 투자하고 있습니다.

포트폴리오에 포함된 대표적인 기업은 천연가스 관련 기업인 윌리엄스 컴퍼니스와 담배회사 알트리아 그룹 그리고 통신회사 AT&T입니다. 분배금 수익률이 가장 높은 3.52%이고 매월 분배금이 나와서 연금 생활자들에게 좋습니다. 분배금이 높은 만큼 5년간 연평균 수익률은 7.67%로 가장 낮습니다.

SPHD 대표 기업 10곳

SPHD Top 10 Holdings [View All]

Williams Compani...	3.20%		Philip Morris Inter...	2.72%
Altria Group Inc	3.01%		International Busi...	2.64%
Kinder Morgan In...	2.98%		Verizon Communi...	2.50%
PPL Corporation	2.83%		Chevron Corpora...	2.46%
AT&T Inc.	2.75%		Pinnacle West Ca...	2.38%
			Total Top 10 Weig...	27.47%

출처: etf.com

● **중배당중성장 ETF**

고배당주와 배당성장주의 중간 정도의 기업들을 담은 대표 ETF는 VYM입니다. VYM 역시 뱅가드 자산운용사에서 만든 ETF로 'Vanguard High Dividend Yield ETF'라고 불립니다. VIG 보다는 고배당 기업들 위주로 포트폴리오를 만들어서 투자합니다. 주요 투자 회사들로는 JP 모건, 존슨앤드존슨, 홈디포, P&G 등이 있습니다. 분배금 수익률이 2.90%이고 최근 5년간 평균 수익률은 10.62%입니다.

VYM 대표 기업 10곳

VYM Top 10 Holdings [View All]			
JPMorgan Chase ...	3.30%	Bank of America ...	2.27%
Johnson & Johnson	3.19%	Cisco Systems, Inc.	1.90%
Home Depot, Inc.	3.13%	Broadcom Inc.	1.88%
Procter & Gamble...	2.79%	Exxon Mobil Corp...	1.84%
Pfizer Inc.	2.34%	PepsiCo, Inc.	1.70%
		Total Top 10 Weig...	24.33%

출처: etf.com

지금까지 살펴보았듯이 배당_{분배금} 수익률은 SPHD > VYM > VIG 순입니다. 반면 5년간 연평균 수익률은 반대로 SPHD < VYM < VIG입니다. 이처럼 시세 차익과 분배금 수익률은 반비례

2022년 08월 18일 기준	운용 보수	운용 자산	5년 연평균 수익	분배금 수익률	투자 회사 수	분배금 주기
VIG	0.06%	$66.86B	13.68%	1.80%	288	분기
VYM	0.06%	$48.47B	10.62%	2.90%	441	분기
SPHD	0.30%	$4.06B	7.67%	3.52%	50	매월

관계에 있습니다.

회사 퇴직 후 매월 분배금을 받으며 연금 생활을 하실 분은 분배 수익률이 높은 SPHD가 낫고, 사회 초년생들은 미래에 높은 시세 차익을 기대할 수 있는 VIG가 좋습니다. 적당한 분배금과 적당한 시세차익을 원하는 사람은 VYM이 적합합니다.

VIG, VYM, SPHD 수익률 비교

출처: 야후 파이낸스

04

인기 ETF
10선

운영 규모 기준 ETF TOP10

총자산 규모가 크다는 말은 많은 투자자들의 선택을 받았다는 뜻입니다. 다음 표에서 알 수 있듯이 자산 규모가 큰 ETF들은 S&P500 혹은 나스닥100 지수를 추종하는 패시브 ETF가 많습니다.

VEA와 IEFA는 미국을 제외한 선진국 우량주에 투자하는 ETF입니다. 다양한 국가에 투자함으로써 지정학적으로 분산투자하는 효과도 누릴 수 있습니다.

VTI는 분산투자의 끝판왕입니다. 수십 개의 기업이 아니라 수천 개의 기업에 투자하여 리스크를 최소화하였습니다. 운용 보수 또한 굉장히 낮아서 0.03%밖에 되지 않습니다.

VTV의 경우 대형 가치주에 투자하는 ETF입니다. 가치주에 투자한다는 취지에 맞게 VTV의 PER는 15.5로 낮은 편입니다. 참고로 S&P500의 PER는 20.9입니다(2022년 8월 24일 기준).

운용 자산 규모가 큰 ETF(2022년 4월 14일 기준)

티커명	ETF 이름	총자산 규모	일평균 거래량 3mo	종가	기초 자산
SPY	SPDR S&P500 ETF Trust	$399,571.00	114,692,609	$437.79	S&P500 지수
IVV	iShares Core S&P500 ETF	$322,569.00	8,414,814	$439.70	S&P500 지수
VTI	Vanguard Total Stock Market ETF	$285,818.00	5,029,859	$220.67	다양한 섹터의 수천 개의 주식에 분산투자
VOO	Vanguard S&P500 ETF	$284,340.00	8,007,838	$402.52	S&P500 지수
QQQ	Invesco QQQ Trust	$185,949.00	80,964,148	$338.43	나스닥100 지수
VEA	Vanguard FTSE Developed Markets ETF	$105,776.00	22,181,131	$47.01	미국을 제외한 선진국 우량주 네슬레, 삼성, ASM, 토요타 등
VTV	Vanguard Value ETF	$103,418.00	4,000,838	$148.05	대형 가치주 버크셔, JNJ, P&G 등
IEFA	iShares Core MSCI EAFE ETF	$98,741.00	14,887,317	$68.05	미국을 제외한 선진국 우량주 네슬레, 로쉐, ASML, 쉘 등
AGG	iShares Core U.S. Aggregate Bond ETF	$83,734.20	10,197,082	$103.97	미국 채권 투자 단기채, 장기채, MBS 등
BND	Vanguard Total Bond Market ETF	$81,822.60	7,926,135	$77.06	미국 채권 투자 단기채, 장기채, MBS 등

출처: VettaFi ETF Database[49]

5년 수익률 기준 ETF Top10

5년 수익률 기준으로 1위부터 10위까지의 ETF를 보여줍니다. 나스닥에 상장된 기술주와 주요 반도체 기업들을 기초 자산으로 한 ETF들이 주를 이룹니다.

수익률이 좋은 ETF들을 보면 레버리지를 활용한 ETF가 많습니다. 레버리지를 활용한 ETF는 대세 상승장일 때 잠깐 사용하면 추가 수익률을 누릴 수 있습니다. 하지만 변동성이 심한 횡보장에서 레버리지 ETF를 장기 보유하면 음의 복리 효과 때문에 원금이 줄어들 수 있으니 투자 시 주의해야 합니다.

5년 수익률 Top10 ETF(2022년 4월 14일 기준)

티커명	ETF 이름	1년 수익률	3년 수익률	5년 수익률	기초 자산
TECL	Direxion Daily Technology Bull 3X Shares	-2.89%	210.36%	659.98%	기술주 애플, 마이크로소프트, 엔비디아 등 3배 레버리지
TQQQ	ProShares UltraPro QQQ	-11.84%	201.01%	570.74%	나스닥 100지수 3배 레버리지
SOXL	Direxion Daily Semiconductor Bull 3x Shares	-37.92%	129.47%	485.29%	주요 반도체 기업 브로드컴, 엔비디아, AMD, 인텔, 퀄컴 3배 레버리지
ROM	ProShares Ultra Technology	-1.66%	179.63%	467.22%	다우존스 U.S. Technology 지수 2배 레버리지
USD	ProShares Ultra Semiconductors	-7.83%	153.06%	395.88%	다우존스 U.S. 반도체 지수 2배 레버리지
QLD	ProShares Ultra QQQ	-3.89%	161.01%	382.40%	나스닥 100지수 2배 레버리지
TAN	Invesco Solar ETF	-15.26%	193.85%	328.23%	태양광 에너지 기업들에 투자
CURE	Direxion Daily Healthcare Bull 3x Shares	55.07%	162.01%	304.18%	헬스 케어 관련 기업 유나이티드 헬스, JNJ, 화이자 등 3배 레버리지
FBGX	UBS AG FI Enhanced Large Cap Growth ETN	0.90%	137.37%	291.95%	러셀1000 성장 지수 2배 레버리지
UPRO	ProShares UltraPro S&P500	14.55%	118.64%	281.23%	S&P500 3배 레버리지

출처: VettaFi ETF Database

손주부의 TIP

음의 복리 효과

예를 들어보겠습니다. 나스닥100 지수가 오늘 100인데 10% 하락하면 90이 됩니다. 다음 날 10%가 다시 오르면 100이 되는 것이 아니라 99가 됩니다. 레버리지 3배를 추종하는 상품은 10% 하락하면 3배인 30%가 빠져서 70이 됩니다. 그다음 날 30%가 오르면 91이 됩니다.

요즘처럼 상승과 하락을 반복하는 장에서 레버리지 상품을 장기 보유하면 햇빛에 아이스크림이 녹듯 원금이 사르르 녹아버리니 주의가 필요합니다.

상품 종류	기초가	1일차 10% 하락	2일차 10% 상승	손실률
나스닥100 추종	100	90	99	1%
2X 레버리지	100	80	96	4%
3X 레버리지	100	70	91	9%

출처: 《한경글로벌마켓》

05

ETF 관련 자료 구하는 법

ETF 정보 찾기

etf.com

etf.com에서는 비슷한 성격의 ETF를 비교할 때 자주 사용합니다. 아래 그림은 S&P500을 추종하는 대표적 ETF 2종인 SPY와 IVV의 비교 표입니다. 글자가 큼직하고 핵심 내용을 비교해서 보여주기 때문에 가독성이 좋습니다. etf.com은 ETF가 투자하고 있는 종목들을 파이 차트로 보여주기 때문에 상당히 직관적입니다.

SPY와 IVV의 주요 지표 비교

출처: etf.com

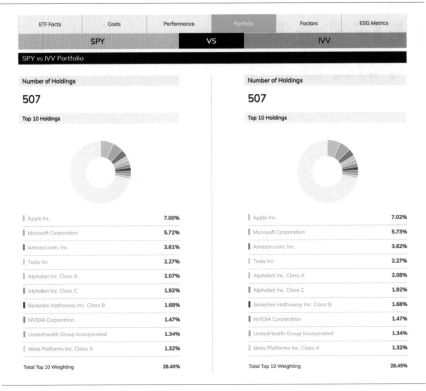

출처: etf.com

ETF CHECK

한글로 된 정보를 보고 싶으면 ETF CHECKetfcheck.co.kr를 방문하면 됩니다. 해외 증시에 상장된 ETF뿐만 아니라, 국내 자산운용사가 만든 ETF 상품들에 대한 정보도 이곳에서 찾아볼 수 있어 편리합니다. 다음 그림은 ETF CHECK에 서 찾은 SPDR S&P500 ETFSPY의 최근 1년간 시세입니다.

출처: ETF CHECK

    ETF CHECK에서는 내가 투자한 ETF가 어떤 섹터와 어떤 국가에 투자되어 있는지 확인해볼 수 있어 좋습니다.

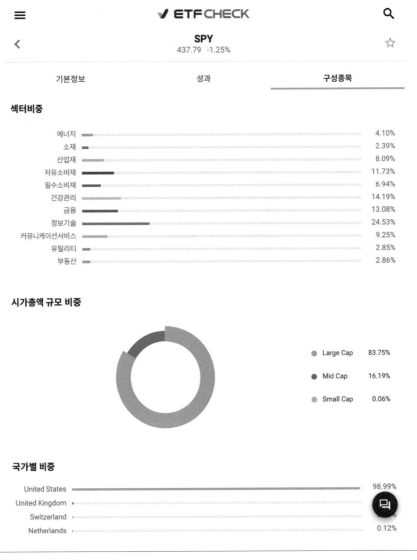

출처: ETF CHECK

Vettafi ETF Database

세상에는 수많은 종류의 ETF가 있습니다. 이렇게 많은 ETF 중에서 괜찮은

ETF를 골라낼 때 Vettafi ETF Database_etfdb.com_가 유용합니다. 이 웹사이트에는 필터 기능_screener_이 있어서 수익률, 운용 규모, 배당금 등 다양한 변수를 활용해서 좋은 ETF를 골라낼 수 있습니다. 필자의 경우 운용자산 규모 순이나 5년 수익률 기준으로 필터링합니다.

다음은 운용 자산 규모_Total Assets_로 필터링한 ETF 결과값입니다.

ETF Database의 ETF 스크린 기능

| | | | | Overview | Returns | Fund Flows | Expenses | ESG | Dividends | Risk | Holdings | Taxes | Technicals | Analysis | Realtime Ratings |

Symbol	ETF Name	Asset Class	Total Assets ($MM)	YTD Price Change	Avg. Daily Share Volume (3mo)	Previous Closing Price	ETF Database Pro
SPY	SPDR S&P 500 ETF Trust	Equity	$399,571.00	-7.54%	114,692,609	$437.79	A
IVV	iShares Core S&P 500 ETF	Equity	$322,569.00	-7.51%	8,414,814	$439.70	A-
VTI	Vanguard Total Stock Market ETF	Equity	$285,818.00	-8.32%	5,029,859	$220.67	A
VOO	Vanguard S&P 500 ETF	Equity	$284,340.00	-7.49%	8,007,838	$402.52	A
QQQ	Invesco QQQ Trust	Equity	$185,949.00	-14.83%	80,964,148	$338.43	B+
VEA	Vanguard FTSE Developed Markets ETF	Equity	$105,776.00	-7.78%	22,181,131	$47.01	A
VTV	Vanguard Value ETF	Equity	$103,418.00	1.18%	4,000,838	$148.05	A
IEFA	iShares Core MSCI EAFE ETF	Equity	$98,741.00	-8.83%	14,887,317	$68.05	A

출처: Vettafi ETF Database[50]

ETF 관련 용어

미국 사이트에서 ETF 관련 정보를 검색하다 보면, 새로운 용어들을 많이 만나게 됩니다. 그중 핵심 용어들을 표에 정리해보았습니다.

ETF 세부 정보	내용(etf.com 기준)
Expense Ratio	자산운용사에게 지급하는 보수_{운용보수}
AUM_{Assets Under Management}	자산운용사가 운용하고 있는 자산의 규모 규모가 클수록 시장에서 신뢰받고 있다는 의미
Average Daily $ Volume	달러기준 일평균 거래량, 45일 평균치(영업일 기준)
Average Spread(%)	최고 매수호가와 최저 매도호가 간의 차이를 45일 평균으로 구한 것 간격_{Spread}이 크면클수록 거래비용이 증가해서 안 좋음
Distribution Yield	분배 수익률(지난 12개월간 지급한 분배금/NAV), 배당주의 배당 수익률과 비슷한 말인데, ETF에서는 분배 수익률이라 칭함
NAV_{Net Asset Value}	ETF의 순자산가치를 주당 가격으로 환산한 것
YTD Return	올해 초부터 데이터를 확인하고 있는 지금까지의 수익률

ETF 선택 시 주의사항

규모가 큰 ETF를 사자

자산운용사의 규모_{AUM}가 클수록 거래량이 많기 때문에 ETF를 쉽게 사고팔 수 있습니다. 거래량이 적으면 ETF의 시장 가격과 순자산가치_{NAV} 사이의 '괴리'가 발생하기 때문에 NAV보다 비싼 가격에 ETF를 살 수 있습니다_{거래 비용 증가}.

예컨대 새우깡의 권장 소비자 가격이 1,400원이지만 실제로 팔리는 시장 가격은 일정치 않습니다. 더 높기도 하고 더 낮기도 합니다. ETF에서는 시장 가격_{새우깡 실제로 팔리는 가격}과 순자산가치_{새우깡 권장 소비자 가격} 사이에 생긴 가격의 차이를 '괴리율'로 표현합니다. 괴리율은 ETF 시장 가격 - 순자산가치 / 순자산가치 × 100으로 계산됩니다.

참고로 ETF의 시장 가격이 순자산가치보다 높으면 괴리율이 +가 되고 고평가되어 있다고 봅니다. 반대로 -로 괴리율이 뜨면 현재 ETF 가격이 순자산가치보다 낮다는 뜻입니다.

운용 보수에 주의하자

자산운용사는 매년 운용 보수를 가져갑니다. 이게 %로 보면 1%도 안 되니 작은 금액 같지만, 장기 투자를 통해 원금이 점점 불어나면 은근히 부담이 될 수 있습니다. 예를 들어 운용 보수가 0.5%인 ETF에 1,000만 원을 투자했다면, 1년차 운용 보수는 5만 원이 나옵니다1년간 안 올랐다고 가정. 하지만 10년 뒤에 ETF 가격이 10배 올라서 1억 원이 되었다면, 연간 운용 보수는 5만 원이 아닌 50만 원이 됩니다. 10억 원이 되면 500만 원이 되겠지요.

07

쉽지만 강력한 수익, 미국 배당주 투자

$$

01 배당주 투자의 장점

배당주 정의

매달 회사에서 월급을 받으면 어떻게 쓰고 계십니까? 아마 투자를 하거나 가족들을 위해 사용할 것입니다. 여기서 투자란 주식 투자뿐만 아니라 영어 학원에 다니고 책을 읽는 것도 포함합니다. 자기 자신에게 투자하면 지금 당장 돈이 들어 손해인 것 같지만, 시간이 흐를수록 점점 더 성장하는 자신을 만날 수 있습니다.

기업도 똑같습니다. 기업은 지금 당장 돈이 되지 않더라도 미래를 위해 꾸준히 투자합니다. 오래된 시설은 최신 시설로 교체해주고 신기술 개발을 위해 돈을 씁니다. 우리가 가족을 위해 돈을 쓰듯 기업도 주주를 위해 돈을 씁니다. 배당을 주거나 자사주를 매입해서 주주의 부가 늘 수 있도록 노력합니다.

주기적으로 배당을 주는 기업의 주식을 배당주라고 부릅니다. 꾸준하게 정해진 날짜에 배당금을 줄 수 있다는 것은 미래에도 지금처럼 꾸준히 돈을 벌 수 있다는 의미입니다. 하지만 꾸준히 배당금을 주다가 갑자기 배당을 줄이면 투자자들은 회사에 문제가 생긴 것으로 인식하고 주식을 매도합니다.

미국의 대표적 통신 기업이자 배당주인 AT&T는 2022년 2월 1일에 배당금을 절반으로 줄이겠다고 발표했고 하루 만에 주가가 4% 급락했습니다. AT&T의 CEO는 한 미디어와의 인터뷰에서 "배당금을 줄인 돈으로 미래 수익을 추가로 창출할 수 있는 인프라 구축에 투자하겠다I'd much rather be pouring some of that cash back into the infrastructure of this business to [generate] returns at a higher level than what we pay out on the dividend"라고 밝혔습니다.

안정성

배당을 오랫동안 꾸준히 해온 기업들은 미래에도 지금처럼 돈을 벌 자신이 있다는 신호를 주고 있기 때문에 주가의 변동 폭도 낮습니다. 즉 낮은 베타 값을 갖습니다. 예컨대 S&P500 지수가 20% 하락했을 때 베타 값 0.5인 주식은 10%만 하락합니다. 반대로 베타 값이 2인 주식은 40% 하락합니다. 배당주로 유명한 P&G의 베타 값은 0.45이고 대표적 성장주인 테슬라의 베타 값은 2.01입니다.

우리나라는 퇴직 후 원룸 건물을 매입해서 세를 받아 생활하는 사람이 많듯이 미국에는 배당금으로 생활하는 퇴직자들이 많습니다. 미국 정부도 이를 알기 때문에 장기 보유한 주식에 대해 세금 혜택을 주고 장기 보유를 유도합니다. 즉 배당주 투자자들은 장기 보유하는 사람이 많기 때문에 주가의 변동 폭이 적고 안정적입니다.

인플레이션 헤지inflation hedge 효과

러시아 담배 제조 공장에서 관리팀장으로 근무하던 시절에 직원들 월급을 20% 정도 인상해준 적이 있습니다. 언뜻 보면 월급을 많이 올려준 것처럼 보이지만 당시 러시아의 물가가 연간 17% 인상되어 물가를 감안하면 월급이 많이 오른 것도 아니었습니다.

배당주를 보유하고 있으면 매년 회사 측에 월급 좀 올려달라고 요구하지 않더라도 매년 자동으로 배당금이 인상됩니다. 예를 들어보겠습니다. 나이키는 지난 5년간 배당금이 연평균 11.27% 인상되었습니다. 직장인으로 따지면 입사할 때 연봉이 3,000만 원이었는데, 6~7년 뒤 6,000만 원으로 인상되었다는 뜻입니다 (72의 법칙으로 계산하면 바로 나옵니다).

조정장에서 피난처_{safe haven} 역할

우수한 배당주들은 경제가 어려운 시기에도 꾸준히 배당금을 지급해온 역사와 전통이 있기 때문에 조정장에서 투자자들의 피난처 역할을 수행합니다. 성장주들의 주가가 하락하고 있을 때 배당주는 오히려 상승하는 경우가 많습니다.

아래 그래프에서 볼 수 있듯이 배당주인 코카콜라는 조정장에서 주가를 잘 방어하고 있는 반면, 성장주인 테슬라의 주가는 지속적으로 하락하고 있는 모습을

코카콜라와 테슬라의 주가(2021년 12월~2022년 2월)

출처: 야후 파이낸스

보여줍니다.

재투자 복리 효과

배당금을 수령한 후 생활비로 써도 되지만 배당금으로 주식을 재투자하면 복리 효과를 누릴 수 있습니다. 이런 투자를 미국에서 DRIP_{Dividend Reinvestment Plan}라고 합니다. 미국에서는 DRIP 프로그램에 등록해놓으면 자동으로 재투자가 되지만, 우리나라는 본인이 직접 재투자 해야 합니다. 간혹 ETF 상품 중에서 'TR_{Total Return}'이라는 이름이 들어간 상품을 이용하면 배당금을 자동으로 재투자할 수 있습니다.

다음은 2021년 12월 20일 기사입니다.

"최근 한 달간 기관 투자가들이 배당금을 재투자하는 방식의 '토털 리턴 상장지수펀드_{TR ETF}'를 대거 사들인 것으로 나타났다. 연말 배당 시즌이 다가오면 배당금이 자동으로 재투자되는 만큼 복리 효과를 누릴 수 있다는 이점과 절세 혜택을 받을 수 있다는 점을 긍정적으로 평가했기 때문이다."[51]

아래 표는 코카콜라 주식을 10년간 보유할 때 배당금 재투자 유무에 따른 수익률 전망입니다_{배당 수익률 2.8% 적용}.

배당 재투자	주가(2022/2/25)	주식 수	원금	10년 후	10년 수익률
O	$62.85	100	$6,285	$15,056.26	139.56%
X	$62.85	100	$6,285	$11,448.08	82.15%

배당금 재투자했을 때: With DRIP

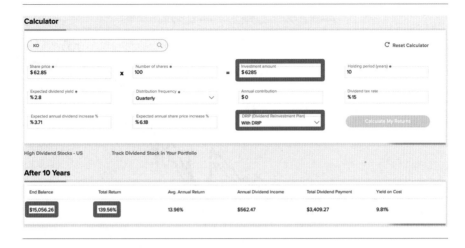

배당금 재투자 안 했을 때: Without DRIP

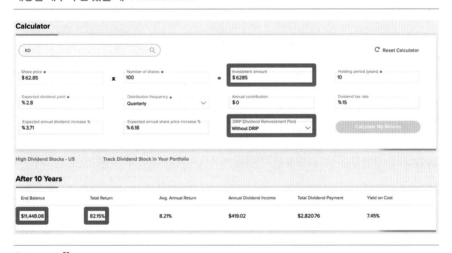

출처: TipRanks[52]

    S&P500의 경우 배당금을 재투자Total Return했을 때 최근 5년간 수익률이 17.42% 더 좋았습니다101.41% vs. 83.99%.

배당주 투자에서 기대하면 안 되는 것

기업에서 안정적으로 배당금을 준다는 뜻은 비즈니스가 성숙 단계에 접어들 었고, 추가 성장을 위한 마땅한 투자처가 없다는 뜻이기도 합니다. 즉 배당주는 투자를 통해 빠르게 성장하는 성장주처럼 높은 시세 차익자본 이득을 기대하기는 힘듭니다. 성장주들이 강세장에서 빠르게 상승할 때 배당주는 빨리 오르지 않아 답답할 수 있습니다.

배당주는 무조건 안전한 투자처라는 생각도 금물입니다. 꾸준히 지급해오던 배당금을 줄이면배당 컷, dividend cut 투자자들이 놀라 매도하게 되고 주가가 폭락할 수 있습니다. 다만 배당 컷이 발생한 배경이 '미래 성장 동력 확보를 위한 투자'처 럼 합당한 이유라면 주가 하락 폭은 줄어들 수 있습니다.

조금 더 알아봅시다!

고배당주의 진실

　예전 글에서 배당을 많이 주는 회사는 지금 당장 좋지만 시세 차익을 기대하기는 어렵다고 알려드렸습니다. 배당을 많이 주는 회사가 나쁜 것은 아니지만 어떻게 해서 배당을 많이 주게 되었는지는 꼭 확인해볼 필요가 있습니다. 이번에는 고배당주의 진실에 대해 알아보고자 합니다.

　얼마 전에 친구가 AT&T 배당 수익률이 8%나 된다면서 투자하면 어떻겠냐고 물어봤습니다. 아직도 많은 사람이 배당 수익률만 보고 투자를 결정합니다. 정말 회사가 재정적으로 튼튼해서 높은 배당 수익률을 달성했을 수도 있지만 주가가 급락해서 배당 수익률이 좋아 보이는 착시인 경우도 많이 있습니다. 일단 배당 수익률이 4%를 넘어서면 최근 주가가 하락한 것은 아닌지, 최근 배당 역사dividend history는 어떻게 되는지 꼼꼼하게 확인해보는 것이 좋습니다.

　배당 히스토리는 시킹알파seekingalpha.com에 들어가면 확인해볼 수 있습니다. 검색창에 종목명을 입력하고 'Dividends' → 'Dividend History'를 차례로 클릭하면 됩니다. 다음 그래프는 나이키의 배당 역사를 보여줍니다. 유료 회원에 가입하면 가려진 자물쇠 부분을 볼 수 있습니다.

　배당 역사를 보면 내가 사고자 하는 기업이 얼마나 재무적으로 튼튼한 기업인지 알 수 있습니다. 예컨대 2008년 금융위기와 2020년 코로나 확산 시기에도 안정적으로 배당을 지급해온 기업은 강력한 경제적 해자가 있음을 알 수 있습니다. 경제적 해자가 있으면 어떠한 상황에서도 사업을 안정적으로 잘 운영할 수 있습니다. 이런 기업들은 대개 우리 생활에 정말 필요한 제품을 만드는 회사이거나 강력한 브랜드 파워를 가지고 있는 회사입니다.

시킹알파에서 찾은 나이키 배당 역사

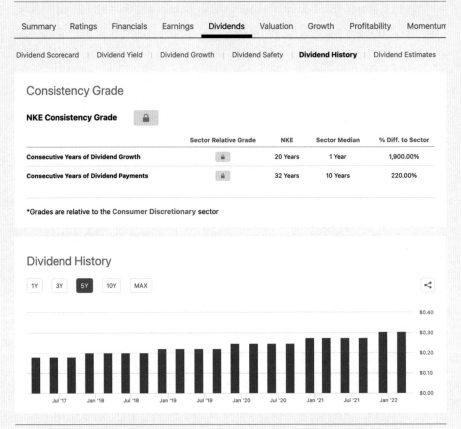

Summary | Ratings | Financials | Earnings | **Dividends** | Valuation | Growth | Profitability | Momentum

Dividend Scorecard | Dividend Yield | Dividend Growth | Dividend Safety | **Dividend History** | Dividend Estimates

Consistency Grade

NKE Consistency Grade 🔒

	Sector Relative Grade	NKE	Sector Median	% Diff. to Sector
Consecutive Years of Dividend Growth	🔒	20 Years	1 Year	1,900.00%
Consecutive Years of Dividend Payments	🔒	32 Years	10 Years	220.00%

*Grades are relative to the Consumer Discretionary sector

Dividend History

| 1Y | 3Y | 5Y | 10Y | MAX |

출처: 시킹알파[53]

02 배당주 고르는 방법

배당주 선택 방법

예전 회사에서 만났던 선배는 부자처럼 돈을 쓰는 사람이었습니다. 월급 받는 직장인이었지만 고급 외제 차를 몰고 다니고 명품 옷으로 몸을 치장하고 다녔습니다. 여자친구에게도 돈을 잘 썼습니다. 호텔 레스토랑에서 밥을 사주고 생일이면 명품 가방을 선물로 주었습니다. 선배는 곧 여자친구에게 프러포즈했고 성대한 결혼식을 올렸습니다. 그리고 몇 달 뒤 형수가 한 말을 잊을 수가 없습니다.

"난 이 사람이 돈 쓰는 것을 보고 어마어마한 부자인 줄 알았는데, 그냥 평범한 직장인이어서 깜짝 놀랐어!"

과거 이야기를 끄집어낸 이유는 회사 중에서도 무리해서 돈을 쓰는ᵇ배당하는 기업들이 있기 때문입니다. 많은 초보 투자자가 돈 많이 주는 기업, 즉 배당 수익률lvidend Yield만 보고 매수합니다. 배당 수익률이 좋은 기업이 나쁘다는 뜻은 아닙니다. 하지만 회사가 수익의 대부분을 배당하는 데 사용한다면 회사 상황이 조금만 안 좋아도 배당을 줄일 수밖에 없습니다. 배당을 줄이면 투자자들은 놀라 패닉 셀링을 하게 되고 주가는 폭락하게 됩니다. 따라서 배당주를 선택할 때는 배당 수익률뿐만 아니라 다른 여러 사항을 함께 검토해보아야 합니다. 이번에는 '배당주 선택 전 고려할 사항' 4가지에 대해 알아보고자 합니다.

[Dividend Safety] 앞으로도 안정적으로 배당금을 지급할 수 있을까?

지금 회사가 지급하고 있는 배당금 수준을 미래에도 지속할 수 있을지 확인해 봅니다. 회사가 어느 정도 현금을 남겨두고 배당을 하면 회사에 위급 상황이 생겨도 꾸준히 배당을 지속할 수 있습니다. 반면 버는 돈의 대부분을 배당하는 데 사용하고 있다면 위급 상황 시 배당 컷이 불가피합니다.

회사의 배당 지속 가능성을 확인하기 위해 확인하는 지표는 'Cash Dividend Payout Ratio'와 'Dividend Payout Ratio'입니다.

Dividend Payout Ratio

우리나라에서는 '배당 성향'이라고 알려진 지표입니다. 당기순이익에서 배당금이 차지하는 비율을 보여줍니다. 우리나라 상장 기업들은 배당 성향이 20% 수준이고 미국 기업들은 평균적으로 순이익의 40%를 주주들에게 배당합니다. 배당 성향이 35~55% 수준에 있을 때 기업이 건전한 배당 성향을 지녔다고 봅니다. 물론 예외도 있습니다. 부동산 리츠 회사들은 90%가 넘습니다. 리츠 회사의 배당금으로 생활하는 퇴직자가 미국에 많기 때문에 미국 정부는 리츠 회사들의 배당 성향이 90%를 초과하도록 권장합니다.

Cash Dividend Payout Ratio

현재 기업에 들어오는 현금 중에 얼마만큼을 배당에 쓰는지 확인해 보는 지표가 Cash Dividend Payout Ratio입니다. Dividend Payout Ratio와의 차이점은 당기순이익이 아닌 기업이 보유한 실제 현금 중에 배당금이 차지하는 비중을 확인한다는 것입니다.

위 2가지 지표를 직접 계산하지 않아도 시킹알파에 들어가면 무료로 확인할 수 있습니다. 다음 그림은 코카콜라의 배당 성향을 보여줍니다.

코카콜라의 배당 성향

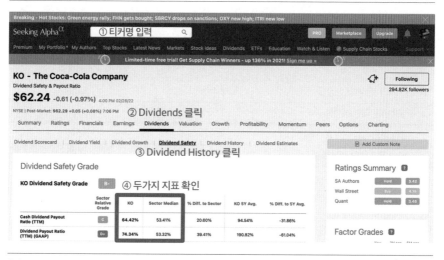

출처: 시킹알파

시킹알파에서 확인한 코카콜라의 Cash Dividend Payout Ratio는 64.42%이고 Dividend Payout Ratio는 74.34%입니다. 코카콜라가 속해 있는 필수 소비재 섹터Consumer Staples의 Dividend Payout Ratio 중간값이 53.32%이므로 코카콜라의 배당 성향이 다소 높음을 알 수 있습니다.

[Dividend Growth] 향후 배당금 성장 가능성

매년 물가가 오르기 때문에 똑같은 수준의 삶을 유지하기 위해서는 월급도 물가 수준 정도는 올라주어야 합니다. 배당금 역시 최소 물가 상승분 정도는 성장해야 현재 배당금의 가치를 유지할 수 있습니다. 배당 성장률Dividend Growth Rate, DGR을 확인해보면 지금까지 배당금이 어떻게 성장해왔고 향후에는 얼마나 성장할지 가늠해볼 수 있습니다.

구글 검색창에 '티커명+dividend growth rate'를 입력하여 배당 성장률을 확인해볼 수 있습니다. 필자는 시킹알파를 통해 코카콜라의 배당 성장률을 확인해보았습니다.

	코카콜라KO	필수 소비재 중간값
과거 1년 배당 성장률	2.44%	5.13%
3년 평균 배당 성장률CAGR	2.50%	5.14%
5년 평균 배당 성장률CAGR	3.71%	5.84%
10년 평균 배당 성장률CAGR	5.98%	7.65%

위의 표에서 알 수 있듯이 코카콜라의 배당 성장률은 최근으로 올수록 점점 낮아지고 있는 모습을 보여주고 있습니다. 코카콜라가 속한 필수 소비재 섹터 역시 배당 성장률이 최근으로 올수록 둔화되는 모습입니다.

코카콜라 배당 성장률과 필수 소비재 중간값 비교

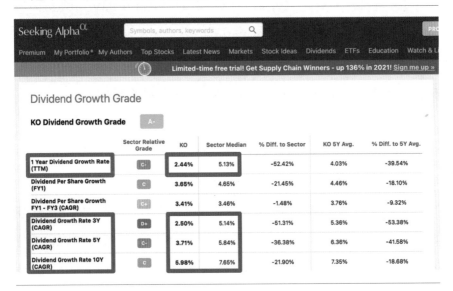

출처: 시킹알파

[Dividend History] 배당 역사

기술 발전 속도가 빨라질수록 기업의 수명 또한 점점 짧아지고 있습니다. 1965년만 하더라도 S&P500 기업들의 평균수명은 32년이었는데, 2020년 조사 결과에 따르면 21년으로 줄었습니다.[54] 기업들의 수명이 짧아지고 있는 와중에 배당 성장을 50년 넘게 한 기업들도 있습니다. 오랜 배당 역사를 가졌다는 말은 해당 기업이 강력한 경제적 해자를 보유하고 있다는 의미입니다.

미국 시장에서는 연속으로 몇 해 동안 배당금을 증가시켜 왔는지에 따라 배당 킹Kings, 귀족Aristocrats, 챔피언Champions, 어치버Achievers로 나눕니다. 50년 이상 늘려 왔으면 배당 킹Dividend Kings이라고 부르고 25년 이상 늘려왔으면 배당 귀족 혹은 챔피언이라고 부릅니다. 10년 이상 늘려왔으면 배당 어치버라고 부릅니다. 배당 귀족과 챔피언의 차이점은 배당 귀족의 경우 반드시 S&P500에 포함되어야 한 다는 것입니다. 배당 귀족을 제외한 나머지 클럽들은 S&P500에 포함되든 되지 않든 상관없습니다. 정리하면 다음과 같습니다.

	성장 연수	S&P500 멤버 필수 여부	예시
배당 킹	50년	X	코카콜라, 존슨앤드존슨, 3M, P&G
배당 귀족	25년	O	월마트, 펩시, 킴벌리클라크, 로우스, 넥스테라
배당 챔피언	25년	X	블랙힐, 프랭클린 리소시즈, 뉴저지 리소시즈
배당 어치버	10년	X	마이크로소프트, 비자카드, 마스터카드

코카콜라는 59년 연속 배당금을 증가시켜왔습니다. 섹터 중간값이 3년밖에 되지 않으니 코카콜라의 오랜 역사는 더욱 돋보입니다. 배당 지급 역사가 깊을수록 CEO는 해당 전통을 지키기 위해 노력할 수밖에 없습니다.

다음 그림은 시킹알파를 통해 배당 역사를 확인하는 방법입니다. 코카콜라의 티커명 KO를 사용해서 찾아보았습니다.

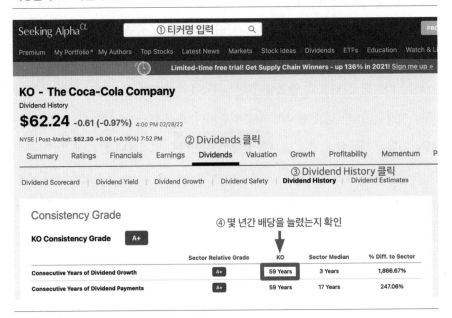

출처: 시킹알파

[Dividend Yield] 배당 수익률

네 번째로 배당주 매입 전에 확인해보아야 할 지표는 배당 수익률Dividend yield =
Annual dividends per share / Current Share Price, 배당 수익률 = 주당 배당금 / 현재 주가입니다. 주식 초

보자가 가장 많이 하는 실수가 배당 수익률만 보고 덥석 주식을 매입하는 것입니

다. 일반적으로 코카콜라처럼 오랜 기간 배당해온 기업들은 2~5% 사이에서 배

당 수익률이 형성됩니다.

배당 수익률이 10%를 넘어서는 주식은 바로 매입하기보다는 천천히 시간을

갖고 높은 배당 수익률의 이유를 확인해보아야 합니다. 대부분의 경우 배당 컷으

로 인한 주가 폭락으로 배당 수익률이 높아진 경우가 많습니다.

2022년 2월 28일 기준 AT&T의 배당 수익률은 8.78%입니다. 하지만 AT&T

의 최근 주가 흐름을 보면 배당 수익률이 왜 높아 보이는지 바로 알 수 있게 됩니다. AT&T는 지난 5년간 주가가 43.61% 빠졌습니다. 이로 인해 4~5% 정도 하던 배당 수익률이 현재와 같은 배당 수익률로 상승했습니다. 아래 그림은 AT&T의 최근 5년간의 주가 흐름을 보여줍니다.

최근 5년간 AT&T의 주가 흐름

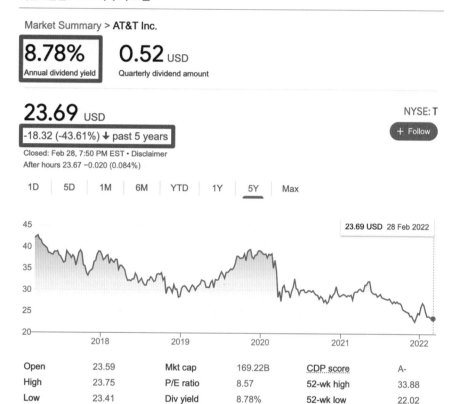

출처: 구글 파이낸스

조금 더 알아봅시다!

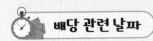 배당 관련 날짜

배당주를 구매하다 보면 수많은 날짜를 만나게 됩니다. 무슨 무슨 'Date'가 셀 수 없이 많이 나와서 멀미가 날 지경입니다. 게다가 영어로 쓰여 있으니 멀미는 더 심해지는 것 같습니다. 한글로 번역해보아도 '배당 선언일', '배당락일', '배당 기준일', '배당 지급일' 등으로 번역되는데 한글도 여전히 이해가 되지 않습니다. 이렇게 많은 배당 관련 날짜가 나올 때는 시간 순서대로 정리해서 이해하면 편합니다.

> 배당 선언일Declare Date: 배당을 주겠다고 선언한 날
> 배당락일Ex-Dividend Date: 배당을 받을 권리가 사라지는 날
> 배당 기준일Record Date: 주주 명부에 등재되는 날
> 배당 지급일Payment Date: 배당을 지급하는 날

아, 여전히 너무 복잡하다고요? 그럼 이것 하나만 기억하세요. 우리의 목적은 배당을 하루라도 빨리 받는 것이므로 배당락일 전날까지 주식 매수를 하면 됩니다. 배당락일이 2022년 8월 29일 월요일이라면 26일 금요일에 매수하면 됩니다. 일부 증권사 홈페이지에는 미국 주식 결제일이 T+3이라고 적혀 있어 25일에는 매수해야 할 것 같지만 8월 26일에 매수해도 배당금을 받을 수 있습니다. 아마도 증권사 귀책 사유가 발생할까 봐 넉넉하게 T+3이라고 표시한 것 같습니다. 아무튼 이것만 기억하시기 바랍니다. 배당락일 전에 배당주를 사면 배당금을 받습니다.

실제 사례를 들어보겠습니다. 다음은 나이키의 배당 관련 날짜입니다. 배당락일은 2022년 3월 4일 금요일입니다. 따라서 3월 3일 목요일까지 나이키 주식을 매입했다면 2022년 4월 1일 금요일에 배당금을 받을 수 있습니다.

Last Announced Dividend

Amount	Ex-Div Date	Payout Date	Record Date	Declare Date	Div Frequency
$0.31	03/04/2022	04/01/2022	03/07/2022	02/10/2022	Quarterly

출처: 시킹알파

섹터별
주요 배당주

부동산Real-estate 관련 배당주

몇 년 전 초등학교 수업에 참관할 기회가 있었습니다. 그날 수업의 주제는 장래 희망이었습니다. 1970~1980년대만 하더라도 대통령, 과학자, 의사 등이 주를 이루었는데 요즘 아이들의 희망은 참으로 다양했습니다. 바리스타, 축구 선수, 유튜버 등이 보였고, 그중에서도 가장 눈길을 끌었던 것은 바로 건물주였습니다.

건물주가 되기 위해서는 초기 투자 금액이 상당히 많이 들어갑니다. 적게는 수십억 원에서 많게는 100억 원 이상 들어갑니다. 일반인들이 노리기에는 서울 소재 꼬마 빌딩들의 가격이 너무 많이 올랐습니다. 그래서 차선책으로 많은 퇴직자가 지방 원룸 건물을 매입합니다. 투자금으로 3억~4억 원만 있으면 연간 수익률이 10% 정도 나오니 한 달에 300만~400만 원 정도 받을 수 있습니다. 퇴직자들은 집을 팔아 원룸 건물을 사서 매월 월세 받으며 행복한 노후를 보내는 상상을 합니다.

하지만 현실은 그리 녹록하지 않습니다. 20명에 달하는 세입자 관리를 하다 보면 성격이 점점 이상해집니다. 하루가 다르게 늙어가는 것은 나뿐만 아니라 건물도 똑같습니다. 낡아 가는 건물의 유지 보수를 하다 보면 수리비도 은근히 나옵니다. 시간이 지날수록 느는 것은 주름과 수리비를 아끼기 위한 잔기술입니다.

원룸 건물 몇 년 운영하다 보면 도배도 하고 장판도 깔고 깨진 타일도 직접 붙일 수 있게 됩니다.

수억 원씩이나 하는 초기 투자금이 없고 세입자 관리에 신경 쓰지 않고도 건물주 되는 법이 있습니다. 그것은 바로 부동산을 투자·개발·운영하는 회사에 투자하는 것입니다. 부동산 운영을 통해 돈 버는 회사를 '리츠'라고 부릅니다. 리츠REITs는 'Real Estate Investment Trusts'의 약자입니다. 리츠는 투자자들로부터 돈을 받아서 대신 부동산을 매입하고 임대를 합니다. 그렇게 받은 임대 수익을 투자자들에게 나누어 줍니다.

리츠 회사에 투자하기 전에 확인해야 할 점으로는 크게 3가지가 있습니다.

첫째, 어떤 임차인이 세 들어 있는지 확인해보아야 합니다. 리츠 회사는 회사 홈페이지에 주요 임차인들의 명단을 게시합니다. 은행이 대출해줄 때 신용도 높은 대기업 종사자, 전문직, 공무원을 좋아하듯이 리츠 회사들도 임차인으로 대기업들을 선호합니다.

둘째, 임차인의 사업이 'Essential'인지, 'Non-Essential'인지 확인해 봐야 합니다. 갈색 병 에센스가 아내에게 매일 밤 바르는 필수품인 것처럼, Essential 은 우리가 살아가는 데 꼭 필요한 물건과 서비스를 파는 사업자를 말합니다. 식료품점, 편의점, 약국 등이 대표적 Essential 사업체입니다. 코로나처럼 전염병이 도는 시기에 Non-Essential 사업자들은 락다운Lockdown 때문에 영업할 수 없었고 월세를 내지 못하는 일이 빈번히 발생했지만 Essential 사업자들은 락다운 없이 영업을 지속했습니다.

EPR 프로퍼티스EPR Properties라는 미국의 리츠 회사는 주요 부동산 투자 사업이 영화관, 리조트, 놀이공원과 같은 Non-Essential 사업이었습니다. 해당 업체들은 코로나 기간 락다운 때문에 영입힐 수 없었고 EPR의 매출은 폭락했습니다. 김연수 서울대 병원장에 따르면 앞으로 미래에는 사스, 메르스, 코로나와 같은 전염병이 예전보다 더 빠른 주기로 찾아온다고 합니다. 따라서 임차인이 락다운에 취약한 사업체인지 아닌지 미리 확인하는 것은 굉장히 중요합니다.

셋째, 얼마나 오랫동안 배당금을 꾸준히 지급해왔고 공실률은 어떤지 확인해 보아야 합니다. 지난 수많은 경제위기에서도 배당금을 꾸준히 지급한 기업이라면 부동산 포트폴리오가 튼튼하다는 방증이고 앞으로도 꾸준히 배당금 받을 확률이 높습니다.

위 3가지 조건을 충족하는 미국의 대표적 리츠 회사는 리얼티 인컴Realty Income Corporation, 티커명 O입니다. 회사명에 'Income'이 들어가는 것에서 알 수 있듯이, 리얼티 인컴은 매달 배당금을 지급합니다. 배당 수익률은 4~5% 정도 되고, 상장 이후에 연평균 15.5%의 시세 차익도 누릴 수 있었습니다. 배당금뿐만 아니라 시세 차익도 누릴 수 있어 투자자들에게 인기가 많은 배당주입니다.

리얼티 인컴의 주요 임차인들은 생필품을 유통하는 Grocery식료품 판매점, Drug Store직역하면 약국인데 우리나라의 올리브영과 비슷함, Convenience Store편의점가 많습니다. 즉 우리 삶에 꼭 필요한 'Essential' 사업자이기 때문에 전염병으로 인한 락다운 기간에도 꿋꿋이 영업할 수 있습니다. 리얼티 인컴의 임차인들은 대부분 재정적으로 튼튼한 기업들로 구성되어 있습니다. 리츠에서는 이런 기업들을 영어로 'Investment Grade Clients신용등급 BBB- 이상'라고 부릅니다. 코로나로 인한 매출 감소로 많은 자영업자가 임대료 납부를 힘들어할 때도 'Investment Grade Clients'들은 99.9% 임대료를 납부했습니다.

다음은 리얼티 인컴의 상위 20개 임차 기업 명단입니다. 대부분의 기업이 재정적으로 안정된Investment Grade Clients 생필품 유통 기업들Essential 사업자입니다. 1위부터 4위 업체는 Walgreens드럭 스토어, Dollar General미국판 다이소, 7-Eleven편의점, Dollar Tree미국판 다이소입니다.

Top 20 Client Diversification

Client	Number of Leases	% of Revenue
Walgreens*	333	4.1 %
Dollar General*	1,272	4.0 %
7-Eleven*	627	4.0 %
Dollar Tree / Family Dollar*	1,016	3.6 %
FedEx*	80	3.0 %
LA Fitness	79	2.5 %
Sainsbury's	26	2.3 %
BJ's Wholesale Clubs	32	2.0 %
CVS Pharmacy*	183	1.8 %
Walmart / Sam's Club*	64	1.8 %
B&Q (Kingfisher)*	23	1.7 %
AMC Theaters	35	1.7 %
Regal Cinemas (Cineworld)	41	1.6 %
Red Lobster	201	1.6 %
Tractor Supply*	153	1.4 %
Tesco*	15	1.4 %
Lifetime Fitness	16	1.4 %
Home Depot*	29	1.2 %
Amazon*	16	1.1 %
Fas Mart (GPM Investments)	262	1.0 %
Total	4,503	43.1 %

* Investment Grade Clients

출처: 리얼티 인컴 홈페이지

다음 그림은 리얼티 인컴이 보유한 부동산의 점유율을 보여줍니다. 미국에서는 공실률이라는 말 대신에 점유율Occupancy Levels이란 단어를 씁니다. 점유율은 공실률의 반대말로 수치가 높을수록 좋습니다. 리얼티 인컴은 1998년부터 2021년까지 98.2%의 점유율과 1.8%의 공실률을 보여주고 있습니다. 리얼티 인컴의 점유율이 S&P500에 속한 다른 리츠 회사들의 점유율 94.0%보다 4.2% 더 높습니다.

리츠는 인플레이션 시기에 굉장히 좋은 주식입니다. 월세 인상을 통해 인플레이션 부담을 임차인에게 전가할 수 있기 때문입니다. 하지만 금리가 너무 많이 올라버리면 부동산 가격이 떨어지고 대출이자 부담이 늘기 때문에 리츠에 좋지 않

점유율 비교

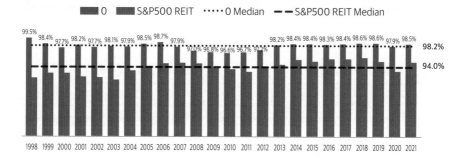

출처: 시킹알파, 리얼티 인컴

리얼티 인컴과 EPR 프라퍼티즈(2022년 8월 25일 기준, 배당 성향은 AFFO Ratio 사용)

회사명	티커명	배당 수익률 FWD	연간 배당금 FWD	배당 성향	5년 평균 배당 성장률	연속 배당 성장 연수
리얼티 인컴	O	4.20%	$2.97	76.23%	3.83%	25년
EPR 프라퍼티즈	EPR	7.13%	$3.13	68.37%	-4.72%	1년

출처: 시킹알파

습니다. 2022년 8월 25일 기준 배당률은 4.2%이고, 25년 연속 배당금 인상을 지속하여 배당 귀족Dividend Aristocrat에 속합니다.

리츠의 배당 성향 Dividend PayoutRatio**은 왜 이렇게 높은가요?**

일전에 배당 성향에 대해 배웠습니다. 배당 성향이란 순이익 중에서 얼마나 배당금으로 지급되는지 보는 지표입니다. 배당 성향이 20%이면 순이익이 100억 달러라고 가정했을 때 배당금으로 20억 달러를 지급한다는 뜻입니다. 그런데 리츠 회사들의 배당 성향을 확인해보면 100%를 넘어가는 경우가 많습니다. 배당 성향이 높다는 뜻은 회사가 무리해서 배당하고 있다는 뜻인데, 이런 회사에 투자해도 되는지 의문이 생기셨을 겁니다. 이에 대한 답을 알려드리겠습니다.

리얼티 인컴의 배당 성향은 274.21% 입니다(GAAP, TTM 기준). 순이익이 100억 원인데 배당금으로 274억 원이 나간다는 뜻입니다. 이 같은 일이 벌어진 것은 순이익 계산 시 감가상각이 포함되어 있기 때문입니다. 예컨대 필자가 이번 달에 저작권료로 벌어들인 돈이 300만 원인데 작년에 새로 산 자동차의 감가상각비 300만 원 때문에 순이익이 0원이 되었다면, 회계상 순이익은 0원이지만 실제 계좌에 들어온 돈은 300만 원입니다.

리츠 기업들은 매입한 건물의 감가상각비가 어마어마하게 크기 때문에 실제 계좌에 들어오는 돈보다 순이익이 적은 것처럼 보입니다. 이처럼 감가상각에 따른 왜곡을 줄이기 위해 리츠 기업들은 순이익 대신 AFFO를 많이 사용합니다. AFFO는 순이익에서 감가상각비, 렌트 인상분을 더하고 평소 부동산 관리에 들어가는 비용 등을 빼주어 구합니다. 다행히도 AFFO는 직접 구하지 않아도 많은 웹사이트에서 무료로 제공해 줍니다.

AFFO = FFO + rent increases - capital expenditures - routine maintenance amounts
FFO = net income + amortization + depreciation - capital gains from property sales

출처: 인베스토피아

● **유틸리티**Utilities **관련 배당주**

우리나라에서는 한국전력과 같은 공기업들이 전기·수도·가스를 공급하는데, 미국에서는 민간 기업과 공기업이 합작으로 전기·수도·가스를 공급합니다. 전기·수도·가스를 미국에서는 유틸리티라고 합니다. 미국에서 살면 집세와 함께 매달 Utility Bill전기·수도·가스 요금 청구서이 나옵니다. 눈치 빠른 독자분들은 아셨겠지만, 유틸리티 기업들은 굉장히 안정적입니다. 왜냐하면 경기가 안 좋을 때 사람들은 여행을 덜 가고 자동차, 옷, 가방과 같은 물건의 지출을 줄일 수 있지만 전기·수도·가스는 경기와 상관없이 계속 필요하기 때문입니다.

미국은 국토가 넓고 여러 주가 모여 있기 때문에 주마다 유틸리티를 담당하는 여러 업체가 있습니다. 민간 유틸리티 기업들은 안정적 공급을 위해 대규모 설비 투자를 하고 유지 보수도 해야 합니다. 이런 단점들이 있지만 정부와의 계약 기간이 길기 때문에10~50년, 경쟁사 위협 없이 안정적으로 사업을 운영할 수 있습니다. 시가총액 1, 2위인 애플과 마이크로소프트도 경쟁사 위협으로 10년 뒤 어떻게 되어 있을지 모르지만 유틸리티 기업들은 큰 말썽만 부리지 않는다면 오랜 기간 사업을 유지할 수 있습니다.

2020년 맥킨지 조사에 따르면 S&P500 기업들의 평균수명은 10년 정도밖에 되지 않는다고 합니다. 그리고 해를 거듭할수록 기업의 수명은 점점 짧아지고 있다고 합니다. 하지만 유틸리티 회사들은 대부분 50년 이상 된 장수 기업들입니다. 미국의 대표적 유틸리티 회사인 아메리칸 스테이츠 워터American States Water, 티커명 AWR는 캘리포니아 지역에 수도와 전기를 공급하는 회사인데 설립 연도가 1929년입니다. 1929년은 2차 세계대전이 발발하기 10년 전이고 미국에 대공황이 발생했던 해입니다.

아메리칸 스테이츠 워터뿐만 아니라 블랙 힐스Black Hills, 티커명 BKH, 캘리포니아 워터 서비스California Water Service, 티커명 CWT와 같은 유틸리티 기업들도 50년 넘게 안정적으로 배당금을 지급해 온 기업입니다. 이런 유틸리티 기업 중에서도 최근에 특히 관심을 받는 기업이 있습니다. 그것은 바로 재생 에너지 1위 기업 넥스테라 에너지NextEra Energy, 티커명 NEE입니다.

넥스테라 에너지는 시가총액 기준으로 세계 최대 유틸리티 회사이면서 풍력과 태양광 에너지와 같은 신재생 에너지에도 강한 기업입니다. 넥스테라 에너지의 미래가 촉망받는 이유는 탄소 중립 2050 계획 때문입니다. 탄소 중립이란 탄소의 배출량과 포집량의 합을 0으로 만들겠다는 뜻입니다. 탄소 중립을 위해 많은 기업이 자발적으로 탄소 배출을 줄이고 에너지 절감을 위해 노력하고 있습니다.

예컨대 애플의 경우 아이폰의 비닐 포장을 없애고 아이폰 상자의 크기를 줄여 제품과 물류에 들어가는 에너지 감축에 힘쓰기 시작했습니다. 사실 애플은 2016년 9월부터 'RE100' 운동에 참여하겠다고 선언한 상태입니다. RE100이란 'Renewable Energy 100'의 줄임말로 사업 운영에 있어서 태양광, 풍력과 같은 재생 에너지만 사용하겠다는 의미입니다. 애플은 벌써 기업 운영에 필요한 에너지의 100%를 재생 에너지로부터 충당하고 있습니다.

하지만 삼성전자는 아직 RE100에도 가입하지 못한 상태입니다. 우리나라 재생 에너지는 전체 에너지의 3.6%밖에 되지 않고 발전 단가가 굉장히 비싸기 때문입니다. 한 언론은 이렇게 쓰고 있습니다.

"전력거래소에 따르면 2020년 kWh당 에너지 발전 단가는 원자력이 58.3원, 가스 118.7원, 태양광 139.6원, 육상 풍력 138원, 해상 풍력 274.5원 등으로, 재생 에너지 발전 단가가 훨씬 비싸다."[55]

전 세계 기관 투자자들은 앞으로 기업이 얼마나 환경보호에 앞장서고 사회적 책임을 다하는지 확인하고 투자할 것입니다. 세계 3대 연기금 중의 하나인 네덜란드의 APG는 삼성전자에 탄소 배출 감축 계획을 제출하라고 통지했습니다. 탄소 감축 계획을 제대로 제출하지 못하면 투자금을 전부 빼겠다는 뜻입니다.

RE100 운동에 참가한 회사는 아직 많지 않습니다. 전 세계 359개 회사가 RE100 운동에 참가한 상태입니다(2022년 4월 11일 기준). 앞으로 더 많은 기업이 RE100 운동에 동참하면 넥스테라 에너지의 가치는 더욱 올라갈 것으로 보입니다.

넥스테라 에너지의 2022년 8월 25일 배당 수익률은 1.92%이지만 최근 5년간 배당 성장률은 11.83%로 매년 배당금이 빠른 속도로 성장하고 있습니다. 넥스테라 에너지는 26년 연속 배당금을 올려주었고 현재 배당 귀족에 속해 있습니다. 배당금은 3, 6, 9, 12월에 분기별로 나옵니다.

바이든 행정부가 재생 에너지 관련 인프라 투자 계획을 발표하면서 굉장히 인기가 많아진 주식이기 때문에 현재 PER P/E Ratio이 상당히 높습니다. 따라서 지금 당장 매입하기보다는 향후 주식시장 조정이 왔을 때 조금씩 모아가면 좋을 주식입니다. P/E ratio는 30.96로 섹터 중간값인 20.47보다 다소 높지만 워낙 빠르게 성장하는 기업이어서 향후 성장률을 감안한 PEG Price Earning to Growth Ratio 값은 3.19로 섹터 중간값인 3.20보다 낮습니다.

넥스테라의 섹터 중간값

	Sector Relative Grade	NEE 넥스테라	Sector Median 섹터 중간값	% Diff. to Sector	NEE 5Y Avg.	% Diff. to 5Y Avg.
P/E Non-GAAP (TTM)	D-	32.73	21.29	53.75%	16.10	103.26%
P/E Non-GAAP (FWD)	D-	30.96	20.47	51.27%	15.25	102.94%
P/E GAAP (TTM)	F	68.23	22.48	203.58%	28.41	140.14%
P/E GAAP (FWD)	D-	36.75	20.84	76.33%	16.84	118.28%
PEG GAAP (TTM)	-	NM	0.83	NM	-	NM
PEG Non-GAAP (FWD)	C+	3.19	3.20	-0.20%	1.81	75.87%

출처: 시킹알파[56]

넥스테라와 아메리칸스테이츠워터의 비교(2022년 8월 25일)

회사명	티커명	배당 수익률 FWD	연간 배당금 FWD	배당 성향	5년 평균 배당 성장률	연속 배당 성장 연수
넥스테라	NEE	1.92%	$1.70	59.78%	11.83%	26년
아메리칸 스테이츠 워터	AWR	1.87%	$1.59	59.59%	8.75%	18년

출처: 시킹알파

● **필수 소비재**Consumer Defensive **관련 배당주**

음식료처럼 생활에 꼭 필요한 것들은 경기와 관계없이 항상 구매해야 합니다. 이를 필수 소비재 혹은 생활 소비재라고 부릅니다. 경기와 관계없이 매출이 일정하게 나오기 때문에 경기 방어주라고도 부릅니다. 워런 버핏이 사랑하는 기업인 코카콜라티커명 KO도 대표적인 필수 소비재 기업입니다.

코카콜라가 필수 소비재에 들어간다는 사실을 처음 알았을 때 의아한 생각이 들었습니다. '콜라 없어도 잘 먹고 잘살지 않나?' 하지만 월마트에 장을 보러 간 이후 필수 소비재가 맞음을 바로 깨달았습니다. 미국인들의 쇼핑 카트 안에 코카콜라가 들어 있지 않은 경우는 거의 찾기 힘들었기 때문입니다.

코카콜라의 무서움은 인플레이션 시기에 비용 상승을 소비자들에게 전가할 수 있다는 것입니다. 코카콜라를 좋아하는 사람은 아무리 더 저렴하고 맛있는 펩시콜라를 권유해도 코카콜라만 마십니다. 코카콜라와 펩시의 상표를 가리고 맛 테스트Blind Taste Test를 하면 항상 펩시가 이기지만 코카콜라 상표가 붙는 순간 소비자들은 코카콜라를 선택합니다. 이런 결과를 보면 코카콜라의 브랜드 파워는 강력한 경제적 해자입니다.

코카콜라는 무려 59년 동안 배당금 성장을 지속해 온 배당 킹 기업입니다. 그뿐만 아니라 코카콜라는 수익성이 어마어마한 기업입니다. 코카콜라의 매출 이익률Gross Profit Margin은 58.89%에 달하며 당기순이익률Net Income Margin도 23.16%에 달합니다. 참고로 롯데칠성음료의 당기순이익률은 5.7%입니다(2022년 2분기 말 기준).

코카콜라의 당기순이익률

	Sector Relative Grade	KO
Gross Profit Margin (TTM)	A	**58.89%**
EBIT Margin (TTM)	A+	**28.75%**
EBITDA Margin (TTM)	A+	**32.01%**
Net Income Margin (TTM)	A+	**23.16%**

출처: 시킹알파[57]

코카콜라와 펩시의 비교(2022년 8월 25일 기준)

회사명	티커명	배당 수익률 FWD	연간 배당금 FWD	배당 성향	5년 평균 배당 성장률	연속 배당 성장 연수
코카콜라	KO	2.73%	$1.76	70.49%	3.62%	59년
펩시코	PEP	2.57%	$4.60	67.62%	7.39%	49년

출처: 시킹알파

● **소비 순환 업종**Consumer cyclicals **관련 배당주**

소비 순환 업종은 경기에 민감한 업종을 말합니다. 소비 순환 업종의 상품들은 있어도 그만 없어도 그만이기 때문에 사람들의 지갑이 얇아지면 소비 순환 업종의 소비를 먼저 줄이게 됩니다. 소비 순환 업종의 대표적인 예는 여행, 자동차, 옷, 신발, 인테리어 산업 등입니다.

소비 순환 업종에서 대표적인 배당주는 홈디포The Home Depot, 티커명 HD입니다. 홈디포는 인테리어 자재를 판매하는 회사입니다. 미국과 캐나다에서는 인건비가 굉장히 비싸기 때문에 인테리어 업자에게 맡기지 않고 자재를 구매해서 직접 수리하는 경우가 많습니다.

최근 코로나로 인해 집에서 보내는 시간이 길어지면서 인테리어에 대한 수요가 급증했습니

미국 인테리어 시장의 규모 전망치

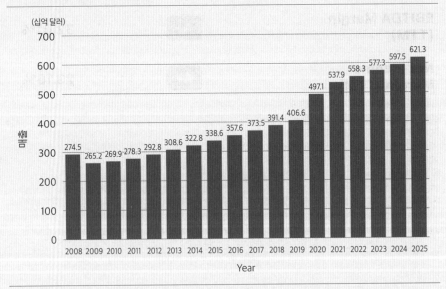

(십억 달러)

Year	매출
2008	274.5
2009	265.2
2010	269.9
2011	278.3
2012	292.8
2013	308.6
2014	322.8
2015	338.6
2016	357.6
2017	373.5
2018	391.4
2019	406.6
2020	497.1
2021	537.9
2022	558.3
2023	577.3
2024	597.5
2025	621.3

출처: 스태티스타[58]

다. 아울러 MZ 세대들은 자신의 공간을 아름답게 꾸미려는 욕구가 강하기 때문에 인테리어 관련 시장은 성장하고 있습니다.

앞의 그래프는 스태티스타에서 조사한 미국 인테리어Home Improvement 시장 규모 전망치입니다. 2021년 5,379억 달러에서 2025년 6,213억 달러까지 성장할 것으로 전망됩니다.

홈디포의 주요 경쟁사로 로우스Lowe's Companies, 티커명 LOW가 있습니다. 배당 역사만 보면 로우스가 압도적으로 깁니다. 로우스는 58년 연속 배당금을 지급하고 인상해왔습니다. 반면 홈디포는 32년 연속 배당금을 지급하고 있고 13년 연속으로 배당금을 인상했습니다. 하지만 시장 점유율과 시가총액은 홈디포가 우세합니다.

홈디포와 로우스의 비교(2022년 8월 25일 기준)

회사명	티커명	배당 수익률 FWD	연간 배당금 FWD	배당 성향	5년 평균 배당 성장률	연속 배당 성장 연수
홈디포	HD	2.47%	$7.60	45.18%	17.57%	12년
로우스	LOW	2.02%	$4.20	27.19%	18.77%	58년

출처: 시킹알파

04 ▶ 배당주로 월급 받자

배당주로 평생 월급 받기

미국 주식은 대부분 1년에 4번 배당금을 지급하기 때문에 배당 월이 겹치지 않는 3개 종목만 있으면 매월 배당을 받을 수 있습니다. 배당금의 매력은 주가가 떨어져도 때가 되면 배당금이 계속 나오기 때문에 하락장에서도 잘 견딜 수 있다는 점입니다. 오히려 주가가 떨어지면 주식을 저렴한 가격에 추가 매수할 수 있기 때문에 더 좋아하는 투자자도 많습니다.

미국에서는 회사에 요청하면 배당금을 받지 않고 바로 주식에 재투자하는 제도도 있습니다. 증권사를 거치지 않고 직접 회사를 통해 재투자하기 때문에 수수료가 없거나 낮습니다. 이러한 것을 DRIP_{Dividend Reinvestment Plan}라고 합니다.

우리나라에서는 DRIP를 신청하기 어렵지만 배당금을 자동으로 재투자하는 ETF를 활용해 수익을 극대화할 수 있습니다. ETF 이름 맨 마지막에 TR_{Total Return}이 들어간 상품들은 배당금을 받지 않고 주식에 자동으로 재투자한다는 뜻입니다. 예컨대 'KODEX 미국 나스닥100 TR'이라는 ETF는 미국 나스닥100 지수를 추종하되 배당금을 받지 않고 자동으로 재투자해주는 상품입니다. KODEX는 삼성자산운용에서 만든 상품이라는 뜻입니다. TR ETF는 배당금을 받지 않고 바로 투자하기 때문에 배당소득세가 없다는 장점도 있습니다.

배당 킹으로 배당 월급 만들기

50년 이상 배당 지급을 늘려온 배당 킹으로 만들어본 배당 지급 일정입니다.

회사명	티커명	배당 지급월
코카콜라	KO	1, 4, 7, 10
P&G	PG	2, 5, 8, 11
존슨앤드존슨	JNJ	3, 6, 9, 12
3M	MMM	3, 6, 9, 12

출처: 시킹 알파

배당 킹은 50년 이상 배당금을 인상해 왔기 때문에 앞으로도 계속 지속될 것이라는 믿음Consistency이 있는 회사들입니다. 하지만 이러한 믿음이 항상 좋은 것만은 아닙니다. 회사에 독이 될 수도 있습니다. 예를 들어 회사가 앞으로 더 성장할 수 있는 투자 기회가 왔을 때 CEO는 지금까지 지속되어온 전통을 이어가기 위해 투자보다 배당금을 선택할 가능성이 큽니다.

배당 킹은 오랜 기간 배당을 인상해줄 정도로 회사가 안정적이고 강력한 경제적 해자가 있다는 의미입니다. 이로 인해 경기가 어려운 상황에서도 주가를 잘 방어해주고 배당금도 약속된 날짜에 잘 지급해줍니다.

배당 킹은 이미 성장을 멈추고 안정적으로 사업을 하는 기업들이기 때문에 성장주처럼 높은 시세 차익을 기대하기는 힘듭니다. 마치 아이가 자라서 어른이 되

각 기업들의 배당 관련 정보(2022년 8월 25일 기준)

회사명	티커명	배당 수익률 FWD	연간 배당금 FWD	배당 성향	5년 평균 배당 성장률	연속 배당 성장 연수
코카콜라	KO	2.72%	$1.76	70.49%	3.62%	59년
P&G	PG	2.51%	$3.65	60.63%	5.58%	65년
존슨앤드존슨	JNJ	2.70%	$4.52	43.14%	5.95%	59년
3M	MMM	4.17%	$5.96	60.06%	5.12%	63년

출처: 시킹알파

면 더 이상 키가 안 크는 것처럼 말이죠. 하지만 간혹 애플과 같은 기업들은 어른이 된 후에도 다시 성장하기도 합니다.

배당 귀족으로 배당 월급 만들기

배당 귀족은 25년 이상 배당 지급을 늘리면서 S&P500에 있는 기업들을 말합니다. 배당 킹과 배당 귀족의 차이점은 배당을 연속으로 인상한 기간도 있지만, S&P500 포함 여부도 있습니다. 배당 킹은 50년 이상 지속만 해주면 되고, S&P500에 속하지 않아도 상관없습니다.

아래 표는 주요 배당 귀족주들을 배당 지급 월 순으로 나열한 것입니다. 킴벌리클라크, 로우스, 넥스테라 에너지를 보유하면 매월 월급처럼 배당금을 받을 수 있습니다.

배당 귀족 역시 25년을 넘는 오랜 기간 배당을 해왔기 때문에 배당이 미래에도 지속될 것이란 믿음이 강하게 퍼져있습니다. 하지만 물론 경제위기 상황 때 예외도 있었습니다. AT&T는 투자를 위해 돈을 사용하면서, 2021년 배당금 인상에 실패했고 배당 귀족 자리에서 내려와야 했습니다. 맥도날드는 2008년 금융위기 때 배당금 인상에 실패했고 엑슨모빌은 코로나 기간에 배당금 인상에 실패해서 배당 귀족 자리에서 내려왔습니다. AT&T, 맥도날드, 엑슨모빌과 같은 세계적

배당 지급 일정

회사명	티커명	배당 지급 월
킴벌리 클락	KMB	1, 4, 7, 10
펩시코	PEP	1, 3, 6, 9
로우스	LOW	2, 5, 8, 11
넥스테라 에너지	NEE	3, 6, 9, 12

출처: 시킹 알파

각 기업들의 배당 관련 정보(2022년 8월 25일 기준)

회사명	티커명	배당 수익률 FWD	연간 배당금 FWD	배당 성향	5년 평균 배당 성장률	연속 배당 성장 연수
킴벌리클라크	KMB	3.49%	$4.64	82.00%	4.00%	49년
펩시코	PEP	2.57%	$4.60	67.62%	7.39%	49년
로우스	LOW	1.99%	$4.20	27.19%	18.77%	58년
넥스테라 에너지	NEE	1.90%	$1.70	59.78%	11.83%	26년

출처: 시킹알파

기업들도 경제위기가 왔을 때 배당금 인상에 실패했는데 현재에도 배당 킹과 배당 귀족 지위를 유지하고 있는 기업들은 정말 대단해 보입니다. 맥킨지 최근 연구 결과에 따르면, 1958년에 S&P500 기업의 평균수명은 61세였는데 현재는 10년이 안 되고 앞으로 더욱 짧아진다고 하니, 배당 킹과 배당 귀족 기업들이 더욱 남달라 보입니다.

조금 더 알아봅시다!

안정적으로 자산을 운용하고자 하는 사람들이 선호하는 상품에는 S&P500을 추종하는 ETF가 있습니다. 심지어 워런 버핏이 아내에게 자신이 죽으면 S&P500에 투자하라고 했다는 말이 퍼지고 난 이후로는 S&P500의 인기가 하늘을 찌를 듯합니다. 심지어 우리나라 자산운용사들도 S&P500을 추종하는 상품들을 출시하기 시작했고 운용 규모도 상당합니다.

그런데 주린이를 조금 탈출하고 나면 이런 생각이 드실 겁니다. '아니, S&P500은 대표 기업 500개를 묶어놓은 건데, 500개까지 묶을 필요가 있나? 배당 킹 기업들은 50년 넘게 배당금을 올려줄 정도로 좋은 기업인데, 배당 킹 주식들만 모으면 되지 않나?'

질문에 대한 답은 '예'일 수도 있고 '아니오'일 수도 있습니다. 왜냐하면 배당 킹 기업들과

S&P, P&G, 코카콜라의 수익률 비교(최근 5년 기준, 2022년 8월 현재)

출처: 야후 파이낸스

S&P500 ETF의 수익률은 '얼마 동안 투자했느냐'에 따라서 성과가 다르게 나타나기 때문입니다. 예컨대 배당 킹 주식인 코카콜라, P&G와 S&P500의 최근 5년간의 수익률을 비교해보면 S&P500의 수익률이 가장 높습니다.

하지만 최근 1년 수익률 비교를 해보면 수익률이 반대로 뒤집힙니다. 코카콜라가 가장 좋고 P&G, S&P500 순으로 이어집니다.

S&P, P&G, 코카콜라의 수익률 비교(최근 1년 기준, 2022년 8월 현재)

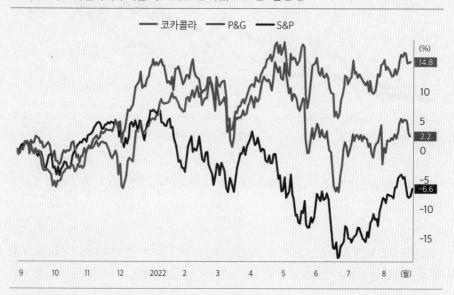

출처: 야후 파이낸스

재미있는 사실은 투자 기간을 좀 더 늘려서 1990년 이전부터 투자 했다면 배당 킹 주식인 코카콜라 혹은 P&G가 S&P500의 수익률을 이긴다는 것입니다. 다음 그래프는 1990년부터 2022년까지의 수익률 그래프입니다. 투자한 지 32년이 넘었을 경우에는 배당 킹들이

S&P, P&G, 코카콜라의 수익률 비교(최근 32년 기준, 2022년 8월 현재)

출처: 야후 파이낸스

S&P500지수를 압도했습니다. 심지어 해당 그래프는 배당금이 포함되지 않은 수익률 그래프입니다.

　결론을 내리자면, 배당 킹인 코카콜라와 P&G의 수익률이 투자 기간에 따라 S&P500보다 높을 수도 있고 낮을 수도 있지만 투자 기간이 길어지면 길어질수록약 30년 배당 킹의 수익률이 시장S&P500을 압도합니다.

05 ▌▏▎▍▌▋▊▉▌▎▍▌ 고배당주에 투자할 때 주의할 점 3가지

고배당주란

사전에 정확한 정의가 나와 있는 것은 아니지만, 배당 수익률이 5%를 넘어가면 고배당주라고 봅니다. 통신, 금융, 에너지, 유틸리티 섹터 등에 고배당 기업들이 많이 있습니다. 배당을 많이 준다는 것은 기업이 어느 정도 성장해서 안정적으로 사업을 하고 있다는 의미로 볼 수 있습니다. 반면 회사가 한창 성장하는 기업들은 아직 투자할 곳이 많기 때문에 배당을 하지 않거나 배당을 하더라도 배당금이 굉장히 적습니다_{낮은 배당 수익률}.

배당 수익률이 높아 보이는 경우

배당 수익률이 높으면 배당금을 많이 준다는 뜻이니 좋은 것이라 생각하기 쉽지만 좋지 않은 이유로 배당 수익률이 높아 보이는 경우가 있습니다. 마치 키 높이 구두를 신은 남자의 키가 실제보다 커 보이는 것처럼 말이죠.

배당 수익률_{Dividend Yield}은 지난 1년간 지급된 배당금을 현재 주가로 나누어서 구합니다_{배당 수익률 = 연간 배당금 / 현재 주가}. 따라서 최근에 주가가 급락했을 경우 분모가 작아지기 때문에 배당 수익률이 커 보이는 착시 현상을 일으킵니다.

출처: 구글 파이낸스

앞서 설명한 바와 같이 최근 AT&T는 주가가 떨어지면서 배당 수익률이 7%를 초과했습니다(TTM 기준). 위의 그래프에서 알 수 있듯이 배당 수익률이 증가한 이유는 최근 5년 동안 주가가 꾸준히 하락했기 때문입니다. AT&T는 지난 5년간 주가가 36.06% 하락했습니다(2022년 8월 26일 기준).

두 번째로 조심해야 할 고배당주는 실적 기복이 심한 산업에 속한 주식입니다.

실적 기복이 심한 산업의 주식(2022년 8월 26일 기준)

회사명	티커명	배당 수익률 FWD	연간 배당금 FWD	배당 성향	5년 평균 배당 성장률	연속 배당 성장 연수
스타 벌크 캐리어	SBLK	28.97%	$6.60	73.84%	-	0년
ZIM Integrated Shipping Services	ZIM	39.37%	$27.10	52.54%	-	0년

출처: 시킹알파

예를 들어보겠습니다. 앞에 나온 두 회사는 해운 회사입니다. 4월 11일 기준 배당 수익률이 상상을 초월할 정도로 높습니다.

이처럼 배당 수익률이 높은 이유는 '해운 회사들의 매출이 경기가 좋을 때 급등하는 사업적 특성' 때문입니다. 해운 회사들은 경기가 좋을 때 땅 짚고 헤엄치듯 돈을 끌어모으지만 경기가 나쁠 때는 적자를 면키 힘듭니다.

이런 일이 벌어지는 이유는 배를 주문해서 인도받는 데까지 2년 정도의 시간이 걸리기 때문입니다. 늘어나는 해상 운송에 대한 수요를 바로 충족시킬 수 없기 때문에 해상 운임은 갑자기 폭등합니다. 여름철 성수기에 비행기값이 많이 오르는 것과 비슷합니다.

예컨대 중국에서 출발해서 미국까지 가는 배의 운임은 코로나 직후 2,800달러(40피트 컨테이너 기준) 정도였는데, 1년 뒤 2021년 하반기에는 운임이 2만 2,000달러까지 올랐습니다. 1년 만에 운임이 거의 10배 정도 오른 것입니다.[59]

해운 회사들은 늘어나는 운송 수요를 충족시키기 위해 선주로부터 배를 빌려서 운송하기도 하지만 수요가 높을 때 배를 빌리면 용선료렌트비가 굉장히 비싸다는 단점이 있습니다. 용선료가 비싸도 해상 운임이 더 비싸면 상관없는데, 경기가 둔화되고 해상 운임이 떨어지면 용선료 지급이 상당히 부담스러워집니다. 배를 빌리는 것은 렌트카처럼 하루만 빌릴 수 있는 것이 아니고 몇 년 단위로 빌리기 때문에 해운사 입장에서는 리스크가 굉장히 큽니다.

세계 금융위기가 터지기 직전인 2007년에도 경기가 좋아서 해상 운임이 굉장히 비쌌습니다. 따라서 많은 해운 회사가 비싼 용선료를 주더라도 배를 빌렸습니다. 1년 뒤 2008년에 경제위기가 오고 해상운임은 추락했는데 장기로 빌린 배의 용선료는 계속 지급해야 했습니다. 이 때문에 2010년대에 부도난 해운 회사들이 매우 많았습니다. '흠슬라'라고 불리며 잘나갔던 현대상선HMM도 용선료가 비싼 시절에 배를 빌려서 무려 9년 동안 적자영업손실를 보았습니다(2011~2019년).

따라서 현재의 배당 수익률만 보고 해운 회사 주식을 덥석 매입한다면 몇 년 간 주가 하락의 고통을 맛볼 수 있습니다. 해운 회사 주식을 매입하기 전에는 반드시 과거 배당 내역을 확인해야 하고 앞으로도 높은 배당을 유지할 수 있는지 면밀히 살펴보아야 합니다. 앞서 설명드린 대로 배당 성향이 낮은지 우선 확인해야 하고, 향후 해상 운임이 어떻게 될 것인지도 봐야 합니다.

발틱 운임 지수Baltic Dry Index와 상하이 컨테이너 지수Shanghai containerized freight index를 보면 해상 운임의 추이를 확인할 수 있습니다. 발틱 운임 지수BDI는 석탄, 철광석, 곡류를 운송하는 대형 벌크선의 운임과 용선료를 종합해 만든 지수입니다. 상하이 컨테이너 지수SCFI는 자동차, 가구, 컴퓨터와 같은 제품들을 운송하는 일반 컨테이너선의 운임과 용선료를 종합해 만든 지수입니다. 아래 그래프를 보면 발틱 운임 지수BDI와 상하이 컨테이너 지수SCFI 모두 2021년 말에 정점을 찍고 하향 추세에 있음을 알 수 있습니다. 2022년 4월 기준에서는 해운 회사에 투자하는 것은 다소 위험한 선택으로 보입니다.

발틱 운임 지수

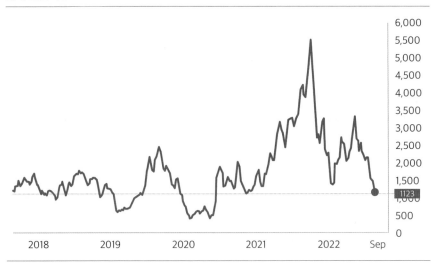

출처: 트레이딩 이코노믹스[60]

상하이 컨테이너 지수

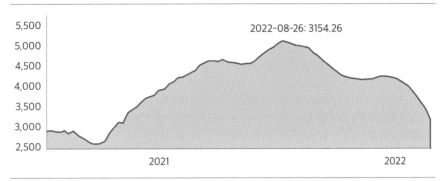

2022-08-26: 3154.26

출처: 상하이거래소[61]

세 번째로 주의해야 할 고배당 주식은 행동주의 헤지펀드에게 공격을 당한 회사의 주식입니다. 우리나라도 예전에 외환은행, KT&G, SK그룹, 삼성전자 등이 행동주의 헤지펀드에게 공격당한 적이 있습니다. 이런 행동주의 헤지펀드들은 회사의 장기적인 미래보다는 단기간에 투자금을 회수하고 주식을 팔아 소위 '먹튀' 하는 데 목적이 있습니다.

따라서 이들은 경영진을 압박해서 미래를 위해 투자할 돈을 배당금으로 지급하라고 요구하고 알짜배기 자회사와 주요 자산을 팔아서 배당금으로 나누어 주라고 협박합니다. 이런 회사들은 단기간에 배당 수익률이 높아져서 언뜻 보면 좋을 것 같지만, 회사의 핵심 자산을 팔아 배당 수익률을 올리기 때문에 장기적으로는 회사에 좋지 않습니다. 행동주의 헤지펀드가 매수하는 시점과 매도하는 시점을 똑같이 따라서 투자한다면 큰 수익을 볼 수 있겠지만, 헤지펀드가 언제 팔고 도망갈지 알 수 없기 때문에 이런 전략은 리스크가 큽니다.

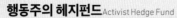

행동주의 헤지펀드 Activist Hedge Fund

이들은 저평가된 기업들을 사냥하는 펀드입니다. 그들은 조용히 PBR과 PER이 낮고 보유 현금이 많은 기업의 지분을 늘립니다. 지분을 어느 정도 확보하고 나면 그때부터 목소리를 내기 시작합니다.

"직원들 월급이 너무 많으니 줄여라, 알짜배기 자회사를 팔아라, 회사가 보유한 땅을 팔아라, 그렇게 확보한 돈으로 배당금을 늘리고 자사주 매입을 해서 주가를 올려라."

행동주의 헤지펀드는 회사가 장기적으로 잘되는 것에 관심이 없습니다. 그들은 최대한 빠른 시일 내에 투자 원금을 회수하고 다른 기업을 사냥하러 떠나는 것에 관심 있습니다. 대표적인 행동주의 헤지펀드는 삼성전자를 공격했던 엘리엇Elliot과 KT&G를 공격했던 칼 아이칸Carl Icahn이 있습니다.[62]

08

미국 주식 자료 구하는 방법

$$

일단 회사 홈페이지에 들어가 보자!

자료 수집의 시작과 끝

주변에 미국 주식을 시작하신 분 중에서 미국 주식 관련 유튜브를 보시는 분이 많습니다. 그런데 정작 자신이 매수한 회사의 홈페이지에 들어가 연간 보고서를 읽어본 사람은 많지 않은 것 같습니다. 유튜브에서 친절하게 분석해놓은 영상을 침대에 누워 시청하는 것도 좋지만, 영상 제작의 기본 자료가 된 회사의 IR 자료를 직접 챙겨보는 것도 좋습니다.

미국 회사들은 자료가 영어로 되어 있어서 투자하기 너무 힘들다고 말하는 분도 있습니다. 하지만 요즘은 AI 번역이 잘되어 있어서 파파고 혹은 구글 번역기로 돌려서 보아도 이해하는 데 큰 무리가 없습니다. 그뿐만 아니라 재무제표와 관련된 용어는 제한되어 있기에 여러 차례 읽다 보면 저절로 암기됩니다.

예를 들어보겠습니다. 구글 검색창에 'Netflix IR'을 입력하고 클릭하면, 다음과 같은 화면을 찾을 수 있습니다.

분기마다 회사는 실적 발표를 하고 실적에 대한 설명을 비디오 혹은 오디오 형태로 올립니다. 영어가 어려우면 대화 내용을 받아 적어놓은 Transcript를 다운로드해서 구글 번역기를 돌려서 보면 됩니다. 넷플릭스는 매 분기 Video Interview회사 관계자가 실적에 대해 설명, Letter to Shareholders주주들에게 보내는 편지,

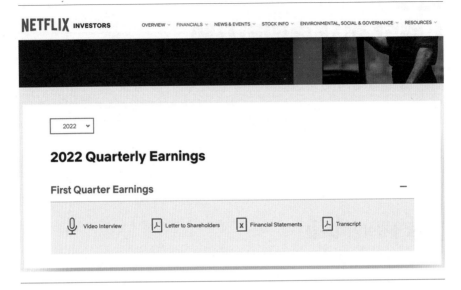

Financial Statements재무제표, Transcript인터뷰 내용 대본를 게시합니다.

회사마다 분기 실적 발표하는 날은 상이합니다. 구글에서 'earnings calendar'로 검색하면 내가 매수한 기업의 실적 발표 날을 챙겨 볼 수 있습니다.

어린 시절 성적이 잘 나오면 한시라도 빨리 엄마에게 성적표를 보여주고 싶지만 성적표 내용이 그리 좋지 못하면 엄마가 바빠서 정신없을 때 보여드리듯 기업들도 똑같이 행동합니다. 기업들은 실적이 좋지 못하면 주가에 악영향을 줄 수 있기 때문에 정규 장이 다 끝난 금요일 늦은 오후에 발표합니다.

대부분의 기관 투자자들은 AI를 활용해서 투자하는데, 실적 발표 내용이 부정적인 것으로 판명되면 자동으로 매도 주문이 나갑니다. 따라서 개인 투자자들이 기관 투자자처럼 실적 발표에 바로 대응하는 것은 쉽지 않습니다. 그럼에도 어닝 리포트를 잘 챙겨 보아야 하는 이유는 향후 시장이 어떻게 흘러갈지에 대한 인사이트를 얻을 수 있기 때문입니다.

실적 발표 때 챙겨 보아야 할 것들

실적 발표 때 챙겨야 할 것들은 크게 3가지입니다. 첫째, 애널리스트의 실적 전망치 달성 여부, 둘째, 이번 실적이 이렇게 나오게 된 구체적 이유, 셋째, 경영진이 보는 회사 실적 전망입니다. 이를 회사 가이던스라고도 부릅니다.

애널리스트의 예측을 넘겼나?

애널리스트의 전망치가 어떻고 실제 결과는 어떠했는지 일일이 찾아보려면 귀찮습니다. 그래서 구글에 들어가서 '회사명 earnings report analysis'라고 입력하여 검색합니다. 필자는 'Netflix earnings report analysis'를 검색하였고 다음과 같은 결과를 얻었습니다.

구글에서 '실적 보고서' 분석 자료 찾는 화면

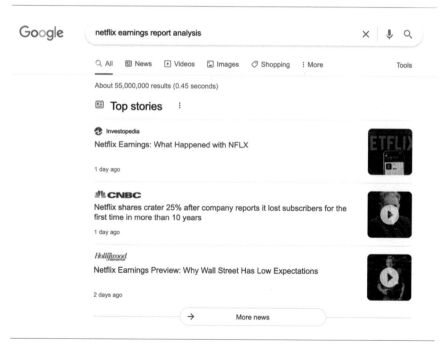

출처: 구글

Metric	Beat/Miss/Match	Reported Value	Analysts' Prediction
Earnings Per Share	Beat	$3.53	$2.89
Revenue	Match	$7.9B	$7.9B
Global Paid Streaming Memberships	Miss	221.6M	224.5M

출처: 인베스토피디아[63]

이 중에서 맨 처음에 언급된 인베스토피디아의 분석 'Netflix Earnings: What Happened with NFLX'를 확인해보겠습니다.

여기서 'Beat·Miss·Match'는 각각 애널리스트 전망치를 '넘어섰다·미달했다·달성했다'는 뜻입니다. 넷플릭스의 경우 EPS 전망치를 넘어섰습니다. 그리고 매출은 79억 달러로 전망치와 같았습니다. 하지만 구독자 수는 전망치가 2억 2,450만 명이었는데, 실적은 290만 명 적은 2억 2,160만 명으로 집계되었습니다.

실적이 이렇게 나오게 된 이유

어닝콜을 들어보거나, 주주들에게 보낸 편지를 읽어보면 실적이 이렇게 나오게 된 이유를 찾을 수 있습니다. 넷플릭스의 예를 이어서 들어보겠습니다.

넷플릭스는 우크라이나와 러시아의 전쟁으로 인해 러시아 사업을 접게 되었고 러시아 가입자 70만 명을 잃었습니다. 아울러 미국과 캐나다에서 멤버십 가격 인상에 따른 저항으로 60만 명의 가입자가 멤버십을 취소했습니다.

현재 OTT 시장의 경쟁이 가열되면서 어려움을 겪고 있으며, 멤버십 아이디와 비밀번호를 타인과 공유해서 사용하는 가입자가 1억 명 정도 되어, 추가 가입자 유치에 어려움을 겪고 있다고 밝혔습니다. 그나마 다행인 것은 아시아 지역에서 가입자 수가 증가하면서 순가입자는 20만 명 감소에 그쳤다고 발표했습니다.

향후 회사에서 바라보는 회사 전망

우리나라 기업들은 IR을 할 때 무조건 장밋빛 미래만 발표하는 것과 달리 미국에서는 다소 정직하게 발표하는 편입니다. 왜냐하면 장밋빛 미래를 발표해서 주주들을 속이면 다음 분기 실적 발표 때 결국은 현실이 드러나고 더 심한 주가 폭

넷플릭스의 주가 추이

출처: 구글

락이 예상되기 때문입니다.

넷플릭스는 1분기 실적 발표에서 앞으로 구독자 수가 2분기에 추가로 200만 명 정도 감소할 것이라고 전망했습니다. 실적 발표와 함께 넷플릭스 주가는 크게 하락하는 모습을 보였습니다. 넷플릭스 주가는 실적 발표 후 하루 만에 35% 하락했습니다.

그 밖에 알아두어야 할 점

어닝 시즌에 종종 벌어지는 일은 "친구 따라 강남 간다Sympathy Trade"입니다. 이 말은 비슷한 사업을 하는 기업들이 같은 주가 방향을 보여준다는 뜻입니다. 예컨대 넷플릭스가 실적 발표를 하면서 더 이상 가입자 수 증가가 어려울 것 같다는 사실을 인정하는 순간 넷플릭스의 주가만 하락한 것이 아니라 동종 업계에 있는 디즈니와 로쿠의 주가도 동반 하락했습니다.

가끔 남의 불행은 나의 행복이 되는 경우도 있습니다. 통신 산업처럼 성장이 거의 멈추고 경쟁자의 수가 일정한 산업의 경우 경쟁사의 불행시장 점유율 감소은 내가 투자한 회사의 행복으로 받아들여지기도 합니다. 어차피 먹을 수 있는 피자가 한 판일 때 같이 먹을 경쟁자가 배탈이 나면 내가 더 먹을 수 있으니까요.

이번 넷플릭스 실적을 보면 EPS가 애널리스트 전망치보다 상당히 좋았는데도 불구하고 주가가 폭락했습니다. 왜냐하면 장기적으로 보았을 때 회사에 좋지 않은 방법으로 EPS를 올렸기 때문입니다.

과자 회사를 예로 들면 수익을 가장 손쉽게 올리는 방법은 소비자가 눈치채지 못할 정도로 과자 용량을 줄이는 것입니다. 이렇게 순이익을 늘리면 EPS가 증가합니다. 또 다른 예를 들면 평소하던 광고를 줄이거나 없애면 순이익이 증가하여 EPS가 증가합니다.

이번 넷플릭스 재무제표를 자세히 살펴보면, 이 2가지 방법이 모두 사용되었음을 알 수 있습니다. 넷플릭스는 실적을 좋아 보이게 하려고 광고비를 줄이고 콘텐츠 투자_{과자의 양}를 줄였습니다.

넷플릭스의 광고비

	Three Months Ended		
	March 31, 2022	December 31, 2021	March 31, 2021
Revenues	$ 7,867,767	$ 7,709,318	$ 7,163,282
Cost of revenues	4,284,705	5,239,575	3,868,511
Marketing	555,978	792,713	512,512
Technology and development	657,530	647,470	525,207
General and administrative	397,928	397,790	297,196
Operating income	1,971,626	631,770	1,959,856
Other income (expense):			
Interest expense	(187,579)	(189,429)	(194,440)
Interest and other income	195,645	108,512	269,086
Income before income taxes	1,979,692	550,853	2,034,502
Benefit from (provision for) income taxes	(382,245)	56,576	(327,787)
Net income	$ 1,597,447	$ 607,429	$ 1,706,715
Earnings per share:			
Basic	$ 3.60	$ 1.37	$ 3.85
Diluted	$ 3.53	$ 1.33	$ 3.75
Weighted-average shares of common stock outstanding:			
Basic	444,146	443,462	443,224
Diluted	452,984	455,795	455,641

출처: 넷플릭스 주주 서한

넷플릭스의 콘텐츠 투자

	Three Months Ended		
	March 31, 2022	December 31, 2021	March 31, 2021
Cash flows from operating activities:			
Net income	$ 1,597,447	$ 607,429	$ 1,706,715
Adjustments to reconcile net income to net cash provided by (used in) operating activities:			
Additions to content assets	(3,584,164)	(5,654,639)	(3,284,576)
Change in content liabilities	(347,149)	840,392	(266,040)
Amortization of content assets	3,166,365	3,741,317	2,719,196
Depreciation and amortization of property, equipment and intangibles	74,602	63,984	35,741
Stock-based compensation expense	119,209	99,329	107,230
Foreign currency remeasurement gain on debt	(161,821)	(103,917)	(253,330)
Other non-cash items	101,968	93,806	72,657
Deferred income taxes	(68,906)	(62,279)	159,733
Changes in operating assets and liabilities:			
Other current assets	41,157	(608)	(221,555)
Accounts payable	(215,444)	185,279	(137,313)
Accrued expenses and other liabilities	350,763	(95,903)	177,897
Deferred revenue	16,743	26,710	22,279
Other non-current assets and liabilities	(167,931)	(144,174)	(61,368)
Net cash provided by (used in) operating activities	922,839	(403,274)	777,266

출처: 넷플릭스 주주 서한

투자 전 전문가 의견 확인

시킹알파에서 가장 유용한 기능은 내가 투자하고자 하는 회사에 대한 전문가들의 의견을 듣는 것입니다. 전문가들은 크게 세 부류로 나뉩니다. 월스트리트에서 일하는 펀드매니저, 시킹알파에서 활동하는 금융 전문가, 시킹알파 알고리즘을 활용한 AI입니다. 5점 만점이고 세부 점수도 확인할 수 있습니다. 다만 시킹알파 관련 의견은 유료 회원에게만 오픈되어 있습니다. 애플을 예로 들어보겠습니다.

미국 시각 5월 4일 오후 4시 기준으로 시킹알파 전문가SA Authors 점수는 3.24점, 월스트리트 점수는 4.37, 시킹알파 AIQuant 의견은 3.43점입니다. 세부 의견은 시킹알파 AI가 산출한 점수가 어떻게 나왔는지 보여줍니다. 애플의 경우 주식 가치 부분에서 'F'를 기록했고 수익성 부분에서는 최고 점수인 'A+'를 받았습니다. 이 말은 애플 주식이 수익성도 좋고 모멘텀도 좋지만 주가가 다소 높게 평가되고 있다는 뜻입니다.

시킹알파 화면

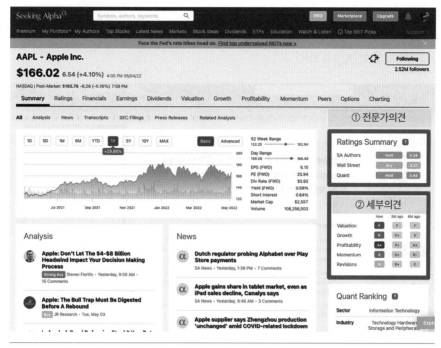

출처: 시킹알파

시킹알파 소속 전문가들의 다양한 의견 SA Authors

인터넷을 통해 다양한 정보를 얻을 수 있지만 이런 정보들이 주가에 어떠한 영
향을 끼치는지 분석하여 논리적으로 알려주는 글은 드뭅니다. 시킹알파에서는
개별 주식에 대한 매수 혹은 매도 의견을 논리적으로 설명한 글을 찾아볼 수 있
습니다. 특정 기업에 대한 매수 및 매도에 관한 글이 모두 있기 때문에 기업을 객
관적으로 볼 수 있습니다. 다음은 시가총액 1위 애플에 대한 시킹알파 소속 전문
가들의 의견을 캡처한 화면입니다.

발행된 글들은 발행 날짜와 이후 주가 변동 추이를 동시에 확인할 수 있기 때
문에 집필진의 말대로 주가가 오르거나 내렸는지 확인해볼 수 있습니다. 마음

에 드는 집필진을 팔로우하면 새로운 글이 발행될 때마다 알림을 받을 수 있습니다.

시킹알파의 집필진 팔로우 기능

출처: 시킹알파

언제 매수하면 되는 거지? Relative Strength Index

여러 번 나왔지만 워런 버핏 투자 명언 "공포에 사고 탐욕에 팔아라"가 있습니다. 이 말은 언제 주식을 사야 할지 모를 때 매수 시점을 알려줍니다. 일전에 공포 상황을 파악하기 위해 VIX와 같은 인덱스를 사용한다고 말씀드렸는데 개별 주식에서 사용할 수 있는 지표도 있습니다. 그것은 바로 RSI Relative Strength Index 입니다.

RSI는 0에서 100까지 표시되며 주식이 초과 매수 국면인지 초과 매도 국면인지를 보여줍니다. 기본적으로 50을 넘어서면 매수세가 강하다는 뜻이고 50 밑

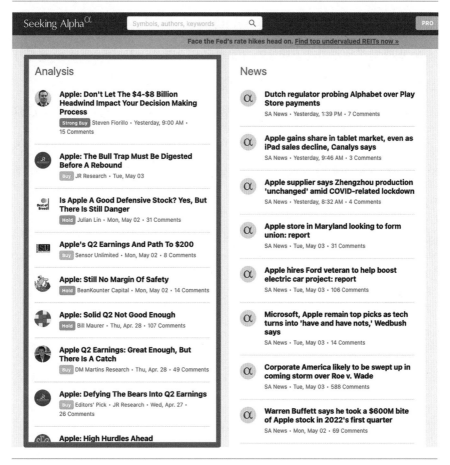

출처: 시킹알파

으로 떨어지면 매도세가 강하다는 뜻입니다. RSI가 70을 넘어서면 초과 매수 국면고평가 구간으로 매도 시점이라 보고, 30 밑으로 떨어지면 초과 매도 국면저평가 구간으로 매수 시점이라 봅니다.

　RSI에도 물론 단점이 있습니다. 그것은 바로 특정 사건에 의해 주가가 오르거나 내릴 수 있다는 것입니다. 예컨대 A라는 주식의 RSI가 현재 75라면 고평가 구간으로 간주되기 때문에 주식을 팔아 앞으로 있을 조정에 대비해야 하는데, 연준이 기준 금리를 대폭 인하하는 변수가 발생한다면 RSI가 고평가 구간에 있음에도 불구하고 주가는 더 상승할 수 있습니다.

두 번째 단점은 주가가 오랫동안 횡보하고 있으면 RSI 값이 50에서 큰 변화가 없기 때문에 활용하기 힘들어진다는 것입니다.

시킹알파에서 RSI 값을 쉽게 찾아볼 수 있습니다. 관심 있는 주식의 티커 명을 입력하고 메뉴 중에 'Momentum'을 클릭하면 아래와 같이 'Relative StrengthRSI'를 확인할 수 있습니다. 다음은 애플의 6개월간의 RSI값과 주가 추이를 함께 보여줍니다.

애플의 RSI 값(2021년 12월~2022년 5월)

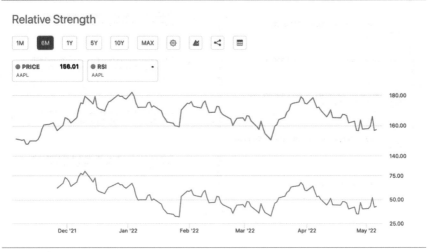

출처: 시킹알파[64]

배당금까지 포함한 수익률Total Return은 어떻게 되지?

코카콜라처럼 배당금을 많이 주는 주식의 경우 애플과 같은 성장주보다는 시세 차익을 누리기 힘듭니다. 하지만 코카콜라로부터 받은 배당금을 쓰지 않고 다시 코카콜라 주식을 매수했다면 수익률은 아마도 더 높아질 것입니다. 이렇게 배당금까지 포함된 수익을 'Total Return'이라고 하는데 시킹알파에서는 Total Return 그래프를 쉽게 찾아볼 수 있습니다.

다음은 코카콜라의 지난 10년간의 주가 수익률과 배당금을 재투자했을 때 _{Total Return}의 수익률을 동시에 보여줍니다. 10년간 코카콜라의 주가는 68.16% 상승하였는데, Total Return은 130.09%가 나왔습니다.

코카콜라의 수익률

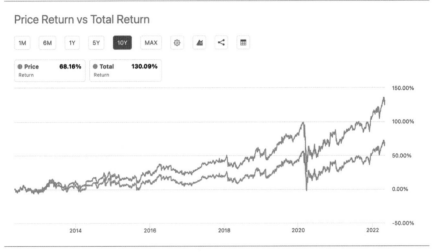

출처: 시킹알파

03 야후 파이낸스 finance.yahoo.com 활용법

Watchlists

야후 파이낸스의 가장 강력한 기능 중 하나는 'Watchlists워치리스트'라고 생각합니다. 한국어로 번역하면 감시 대상 혹은 관심 목록 정도가 될 것 같습니다. 야후 파이낸스에 무료로 가입한 후 관심 있는 분야를 선택 후 팔로우하면 최신 소식을 무료로 받아볼 수 있습니다.

The Berkshire Hathaway Portfolio

워치리스트 중에서 많은 투자자가 팔로우한 소식은 워런 버핏이 이끄는 버크셔의 포트폴리오입니다. 버크셔가 보유하고 있는 주식들의 지분이 어떻게 변하고 있는지 확인할 수 있으며, 이를 통해 시장 전반에 대한 인사이트를 얻을 수 있습니다.[65] 예컨대 워런 버핏이 2021년 말에 쉐브론 지분을 늘린 사실을 알았다면, 러시아가 우크라이나를 침략할 가능성이 굉장히 크며 이로 인한 에너지 관련 기업들의 주가가 크게 상승할 것임을 유추해볼 수 있었을 것입니다.

미국의 바이든 행정부는 선거 운동 때부터 친환경 재생 에너지를 지향하는 정부이기 때문에 그가 집권하면 석유 관련 기업의 약세를 점친 투자자들이 많았습니다. 그러나 2022년 2월 러시아와 우크라이나 간의 전쟁이 시작되면서 전 세계

에너지 가격은 폭등했고 석유 관련 기업들은 사상 최대 실적을 기록했습니다.

Most Bought by Activist Hedge Funds

행동주의 헤지펀드에서 가장 많이 산 주식 정보를 워치리스트를 통해 받아볼 수 있습니다. 행동주의 헤지펀드는 주식을 매입하는 것에 그치지 않고 의사결정에 적극적으로 개입하는 헤지펀드를 말합니다. 단기 이익을 극대화하기 위해 자사주 매입, 배당 증액, 재무구조 개선 등을 요구합니다. 과거 삼성전자가 엘리엇이라는 행동주의 헤지펀드의 공격을 받은 적이 있습니다. 당시 엘리엇은 두 달 만에 약 1,800억 원을 벌었고, 또 다른 헤지펀드인 칼 아이칸은 KT&G를 공격하여 1,500억 원을 벌어들였습니다. 다음은 행동주의 헤지펀드가 가장 많이 매입한 기업 리스트입니다.

헤지펀드가 주로 매입한 기업들(2022년 2분기 기준)

10 Symbols

Symbol	Company Name	Last Price	Change	% Change	Market Time	Volume	Avg Vol (3 month)	Market Cap
DIS	The Walt Disney Company	114.07	-3.39	-2.89%	4:03 PM EDT	7.57M	11.77M	207.96B
CL	Colgate-Palmolive Company	79.21	-1.71	-2.11%	4:00 PM EDT	3.33M	4.37M	66.07B
GPN	Global Payments Inc.	125.13	-4.74	-3.65%	4:00 PM EDT	1.53M	1.69M	34.68B
AR	Antero Resources Corporation	42.25	-0.16	-0.38%	4:00 PM EDT	4.44M	7.95M	12.93B
CPRI	Capri Holdings Limited	49.39	-2.44	-4.71%	4:00 PM EDT	1.59M	2.29M	6.82B
BLCO	Bausch + Lomb Corporation	15.57	-0.58	-3.59%	4:00 PM EDT	491.74k	1.17M	5.45B
REZI	Resideo Technologies, Inc.	21.58	-1.03	-4.56%	4:00 PM EDT	313.96k	526.84k	3.15B
VSCO	Victoria's Secret & Co.	36.4	-1.20	-3.19%	4:04 PM EDT	2.18M	1.80M	3.02B
CEIX	CONSOL Energy Inc.	76.62	+0.76	+1.00%	4:00 PM EDT	476.84k	774.06k	2.67B
KD	Kyndryl Holdings, Inc.	10.89	-0.16	-1.45%	4:00 PM EDT	1.75M	2.97M	2.47B

출처: 야후 파이낸스[66]

스크리닝Screening 기능

얼마 전에 에어비앤비를 통해 숙소를 예약하고 여행을 다녀왔습니다. 에어비앤비를 종종 애용하는데 그 이유는 수많은 숙소 중에서 내게 꼭 필요한 시설이

야후 파이낸스 검색 방법

출처: 야후 파이낸스

갖추어진 숙소를 쉽게 걸러낼Screening 수 있기 때문입니다. 에어비앤비에서 필터링 기능을 이용하면 주방, 에어컨, 주차장, 수영장이 구비된 숙소만 걸러서 볼 수 있습니다.

우리가 매입하고자 하는 주식들도 이러한 방식으로 손쉽게 걸러낼 수 있습니다. 예를 들어보겠습니다. 필자가 미국 기업 중에서 시가총액이 2,000억 달러가 넘고Mega Cap 영업 활동으로 인한 현금Cash from Operations이 지난 1년간 2배 이상 증가한 기업에 투자하고 싶다고 가정해봅니다. 여기서 사용된 필터는 총 3가지입니다.

첫째, 미국 기업이면 좋겠고, 둘째, 시가총액 2,000억 달러 이상인 기업이면 좋겠고, 셋째, 영업 활동으로 인한 현금이 지난 1년간 2배 이상 증가한 기업이면 좋겠습니다. 해당 조건을 충족시키는 기업들을 야후에서는 간단히 검색해볼 수 있습니다.

필터 3개를 걸어준 결과 다음과 같이 11개의 기업이 검색되었습니다. 눈에 띄는 기업들은 쉐브론CVX, 엑슨모빌XOM, AMDAMD, 화이자Pfizer Inc., ASMLASML, 에르

검색 결과

	Results List	Heatmap View							

Matching Stocks 1-11 of 11 results ☆ Add to Portfolio ⬆ Share
ⓘ Results were generated a few mins ago. Pricing data is updated frequently. Currency in USD

☐ Symbol	Name	Price (Intraday)	Change	% Change ⌄	Volume	Avg Vol (3 month)	Market Cap	PE Ratio (TTM)	52 Week Range
☐ COP	ConocoPhillips	107.69	+4.83	+4.70%	9.213M	8.613M	139.572B	17.74	51.41 ─ 107.71
☐ CVX	Chevron Corporation	170.69	+4.43	+2.66%	10.418M	16.187M	335.373B	16.04	82.86 ─ 174.76
☐ EQNR	Equinor ASA	35.71	+0.89	+2.56%	4.088M	4.459M	115.022B	13.58	18.45 ─ 39.15
☐ STOHF	Equinor ASA	35.33	+0.65	+1.86%	220.285	124.770	114.451B	13.43	19.24 ─ 38.99
☐ AMD	Advanced Micro Devices, Inc.	95.34	+1.47	+1.57%	144.287M	107.807M	154.499B	37.10	72.50 ─ 164.46
☐ XOM	Exxon Mobil Corporation	91.69	+1.38	+1.53%	29.619M	31.889M	388.178B	15.23	52.10 ─ 92.05
☐ PFE	Pfizer Inc.	49.04	+0.59	+1.22%	19.891M	28.938M	276.967B	12.72	38.48 ─ 61.71
☐ ASMLF	ASML Holding N.V.	547.83	-7.89	-1.42%	587	1,891	229.711B	40.31	648.00 ─ 902.00
☐ ASML	ASML Holding N.V.	551.00	-13.17	-2.33%	1.215M	1.17M	229.711B	40.54	544.00 ─ 895.90
☐ HESAY	Hermès International Société en commandite par actions	109.62	-3.97	-3.50%	71,735	38,995	114.653B	44.66	107.69 ─ 190.43
☐ HESAF	Hermès International Société en commandite par actions	1,088.08	-41.04	-3.63%	106	218	119.53B	44.33	1,060.08 ─ 1,949.92

Show 25 rows ⌄ 《 〈 Prev Next 〉 》

출처: 야후 파이낸스[67]

메스HESAY, HESAF입니다.

　적용할 수 있는 필터의 숫자는 정말 많습니다. PER가 10 미만인 기업만 걸러 낼 수도 있고, PEG가 1 이하인 기업만 걸러 낼 수도 있습니다. 우리가 알고 있는 지표들을 활용해서 우수한 기업만 골라낼 수 있다는 것이 야후 파이낸스 스크리닝 기능의 최대 장점입니다.

04 인베스팅닷컴investing.com 활용법

경제 캘린더

인베스팅닷컴은 한글 지원이 되어 이해하기에 수월합니다. 게다가 미국 주식뿐만 아니라 전 세계 모든 주식에 대한 자료를 찾아볼 수 있습니다. 특히 인베스팅닷컴은 경제 캘린더 기능이 우수합니다. 주요 경제지표, 실적 발표, 배당 지급, 주식 분할 및 IPO 날짜를 확인할 때 인베스팅닷컴의 경제캘린더 섹션을 활용하면 편리합니다. 들어가면 다음 그림과 같은 화면이 나옵니다.[68]

화면을 보면 알 수 있듯이 미국뿐만 아니라 중국, 일본, 인도 등 전 세계 경제지표가 동시에 보입니다. 미국 주식 중에서도 중요 경제지표에만 관심이 있다면 필터 기능을 통해 자료를 걸러낼 수도 있습니다.

출처: 인베스팅닷컴

실적 발표 캘린더

인베스팅닷컴을 통해 전 세계 모든 기업의 '실적 발표 날짜'를 확인할 수 있습니다. 경제 캘린더 때처럼 국가별로 확인할 수 있습니다. 다음은 미국 기업들의 실적발표 캘린더입니다. 2022년 8월 마지막 주 실적 발표 일정입니다.

기업별로 주당순이익과 매출 전망치가 적혀 있어 실제 발표치와 쉽게 비교해볼 수 있습니다.

실적 발표 캘린더

경제캘린더 | 휴일 | **실적** | 배당 | 분할 | **IPO** | 만기

어제　오늘　내일　**이번주**　다음주　📅

미국 기업만 적용　⊞ 필터 ✓

회사 ⇅	주당순이익 / 예측	매출 / 예측	총 시가 ⇅	시간 ⇅
2022년 8월 29일 월요일				
🇺🇸 핀듀오듀오 (PDD)	-- / 2.96	-- / 23.9B	72.79B	☀
🇺🇸 휴렛팩커드 (HPQ)	-- / 1.04	-- / 15.69B	32.44B	
🇺🇸 Catalent Inc (CTLT)	-- / 1.14	-- / 1.33B	17.87B	☀
2022년 8월 30일 화요일				
🇺🇸 바이두 (BIDU)	-- / 10.52	-- / 29.4B	51.04B	☀
🇺🇸 크라우드 스트라이크 (CRWD)	-- / 0.2753	-- / 515.98M	45.15B	
🇺🇸 휴렛패커드 엔터프라... (HPE)	-- / 0.4749	-- / 6.93B	17.88B	
🇺🇸 베스트바이 (BBY)	-- / 1.29	-- / 10.29B	16.7B	
🇺🇸 PVH - 필립스 반 호이젠 (PVH)	-- / 2	-- / 2.21B	4.29B	🌙
2022년 8월 31일 수요일				
🇺🇸 브라운포맨 (BFb)	-- / 0.4661	-- / 978.28M	35.83B	☀
🇺🇸 옥타 (OKTA)	-- / -0.3071	-- / 430.64M	14.75B	☀
🇺🇸 쿠퍼 컴퍼니스 (COO)	-- / 3.23	-- / 831.3M	14.63B	🌙
2022년 9월 1일 목요일				
🇺🇸 브로드컴 (AVGO)	-- / 9.56	-- / 8.41B	210.33B	🌙
🇺🇸 룰루레몬 (LULU)	-- / 1.86	-- / 1.77B	39.74B	🌙
🇺🇸 호멜 (HRL)	-- / 0.411	-- / 2.99B	27.89B	☀
🇺🇸 켐벨 수프 (CPB)	-- / 0.5575	-- / 1.98B	15.24B	☀
2022년 9월 2일 금요일				
🇺🇸 도큐사인 (DOCU)	-- / 0.4262	-- / 602.72M	11.6B	

배당 캘린더

인베스팅닷컴에는 주별로 배당 일정을 볼 수 있어 배당주 투자하기가 수월합니다. 필자가 좋아하는 리츠 회사, 리얼티 인컴○의 배당락일이 2022년 8월 31일 화요일입니다. 한국 시각으로 8월 30일 월요일 밤에 리얼티 인컴을 매수하면 9월 15일 배당금을 받을 수 있음을 알려줍니다.

배당 캘린더를 활용하여 리얼티인컴의 배당락일 확인

2022년 8월 31일 수요일					
켈로그 (K)	2022년 08월 31일	0.59	3M	2022년 09월 15일	3.20%
하트포드 (HIG)	2022년 08월 31일	0.385	3M	2022년 10월 04일	2.33%
IPG (IPG)	2022년 08월 31일	0.29	3M	2022년 09월 15일	4.06%
타이슨 푸드 (TSN)	2022년 08월 31일	0.46	3M	2022년 09월 15일	2.35%
자일럼 (XYL)	2022년 08월 31일	0.3	3M	2022년 09월 29일	1.29%
넷이즈 (NTES)	2022년 08월 31일	0.3575	O	2022년 09월 16일	1.45%
골드만 삭스 (GS)	2022년 08월 31일	2.5	3M	2022년 09월 29일	2.97%
록히드 마틴 (LMT)	2022년 08월 31일	2.8	3M	2022년 09월 23일	2.60%
유니버설 헬스 서비스 (UHS)	2022년 08월 31일	0.2	3M	2022년 09월 15일	0.79%
주니퍼 네트웍스 (JNPR)	2022년 08월 31일	0.21	3M	2022년 09월 22일	2.86%
홈디포 (HD)	2022년 08월 31일	1.9	3M	2022년 09월 15일	2.55%
맥도날드 (MCD)	2022년 08월 31일	1.38	3M	2022년 09월 16일	2.15%
이베이 (EBAY)	2022년 08월 31일	0.22	3M	2022년 09월 16일	1.98%
M&T 뱅크 (MTB)	2022년 08월 31일	1.2	3M	2022년 09월 30일	2.61%
보그워너 (BWA)	2022년 08월 31일	0.17	3M	2022년 09월 15일	1.79%
퀄컴 (QCOM)	2022년 08월 31일	0.75	3M	2022년 09월 22일	2.17%
맥케슨 (MCK)	2022년 08월 31일	0.54	3M	2022년 10월 03일	0.61%
모자이크 (MOS)	2022년 08월 31일	0.15	3M	2022년 09월 15일	0.97%
리얼티인컴 (O)	2022년 08월 31일	0.2475	1M	2022년 09월 15일	4.25%
마틴 마리에타 (MLM)	2022년 08월 31일	0.66	3M	2022년 09월 30일	0.75%
볼 코퍼레이션 (BALL)	2022년 08월 31일	0.2	3M	2022년 09월 15일	1.39%

조금 더 알아봅시다!

중요한 경제지표 5가지

주식에 관심을 갖고 유튜브를 보다 보면 수많은 경제지표와 용어들로 인해 머리가 지끈지끈해집니다. 이번에는 정말 중요한 경제지표 5가지를 소개하고 각 지표가 주가에 어떠한 영향을 끼치는지 알아보고자 합니다.

① 기준금리

경제지표 중에서 가장 중요합니다. 미국에서는 기준금리를 정하기 위해 1년에 8번 FOMC 회의가 열립니다. 이 회의에는 연방준비은행 총재 5명과 연방준비제도이사회 이사 7명, 총 12명이 회의를 통해 미국의 기준금리를 정합니다.

기준금리가 올라가면 주가가 떨어집니다. 그 이유는 크게 3가지입니다.

첫째, 기준금리가 올라가면 최고 안전 자산인 미국 국채 금리도 올라갑니다. 사람들이 주식에 투자하는 이유는 조금 위험하긴 해도 수익률이 좋아 투자하는데, 안전한 국채의 수익률이 좋아지니 주식에 투자할 이유가 줄어듭니다. 주식에 투자되었던 돈은 미국 국채로 이동하고 주가는 하락하게 됩니다.

둘째, 기준금리가 올라가면 회사가 돈을 빌릴 때 비용이 더 들어가기 때문에 회사의 수익성이 악화됩니다. 기업은 사업 확장을 위해 돈을 빌려 투자합니다. 회사가 채권을 발행하든 은행에서 대출을 받든 돈을 빌려준 사람에게 이자를 지급합니다. 이것을 자본 비용Cost of Capital이라고 하는데 금리가 올라가면 자본 비용도 상승합니다. 금리 1%일 때 100억 원을 빌리면 이자가 매년 1억 원이 나가는데 금리 5%가 되면 매년 5억 원이 나갑니다. 회사의 수익이 줄어든다는 것은 회사의 가치Valuation가 준다는 말이고 이는 주가 하락을 유도합니다.

셋째, 금리가 오르면 기업의 미래 수익에 대한 현재 가치가 떨어지기 때문에 주가도 떨어집니다. 쉽게 설명해보겠습니다. 기업의 가치Valuation는 기업이 미래에 벌어들일 수익을 현재 가치로 환산한 것입니다. 예를 들어 A라는 회사가 앞으로 100억 원을 벌어들일 수 있다고 가정해봅시다. 투자자들이 지금 회사를 사고 싶다면 얼마에 사려고 할까요? 아마도 100억 원이 아닌 할인된 금액을 부를 것입니다. 현재의 100억 원과 미래의 100억 원의 가치는 다르기 때문이지요. 지금 100억 원이면 서울 아파트 6~7채를 살 수 있지만 30년 뒤 100억 원으로는 몇 채를 살 수 있을지 모릅니다.

만약 인플레이션이 전혀 일어나지 않고 금리 인상도 없었다고 가정한다면 미래의 100억 원은 현재의 100억 원과 같은 가치일 것입니다. 하지만 높은 인플레이션이 예상된다면 미래의 100억 원은 현재 50억 원의 가치와 같을지 모릅니다. 즉 미래에 예상되는 금리가 높으면 높을수록 미래 수익에 대한 현재 가치도 작아집니다. 따라서 미래 수익이 좋을 것으로 전망되는 성장주들은 금리가 오를 때 주가가 많이 떨어집니다.

② 비농업 신규 고용과 실업률Nonfarm Payrolls and Unemployment rate

미국 노동통계청Bureau of Labor Statistics에서 매월 첫 번째 금요일에 발표합니다. 미국은 고용시장이 유연하기 때문에 직원 채용 및 해고가 경기 상황에 따라 자연스럽게 일어납니다. 따라서 비농업 신규 고용과 실업률은 경기 상황을 잘 보여줍니다.

비농업 신규 고용과 실업률에서는 농축산업 관련 고용과 비영리단체 직원, 공무원, 전업주부 등은 제외합니다. 비농업 분야는 전체 GDP의 80%를 설명합니다. 비농업 신규 고용 지표가 예상치보다 높을 경우 경기가 좋음을 의미하고 이로 인해 달러화 가치가 상승합니다.

실업률은 일을 하고 싶고 할 능력을 가진 사람들 가운데서 실업자가 차지하는 비율을 보여줍니다. 실업률이 낮으면 대부분의 사람이 고용되어 있고 소비 여력이 있다는 의미이므로 경제에는 좋지만 지갑이 두둑하단 뜻이기도 하므로 물가 상승의 위험도 있습니다. 실업률은 실제 발표치가 예상치보다 낮을 경우 경기가 좋음을 의미하고 이로 인해 달러화 가치가 상승합니다.

③ ISM 제조업 지수

우리가 치킨집 사장이라고 가정해봅시다. 이번 달에 월드컵이 있다면, 여러분은 어떠한 조치를 할 것인가요? 아무래도 이번 달에 치킨 주문이 증가할 것이기 때문에 평소보다 많은 양의 식자재를 주문하게 될 것입니다. ISM 지수도 같은 취지로 만들어졌습니다. 회사 구매 담당자들이 미래 수요가 증가할 것이라고 예측하면 원자재 주문을 많이 해서 높아질 수요에 대비하고자 합니다.

ISM미국공급자관리협회에서는 미국 내 400개 기업에서 근무하는 구매 담당자들에게 앞으로 재료를 많이 주문할 것인지, 현재와 같은 수준을 유지할 것인지, 아니면 주문량을 줄일 것인지 질문합니다. 지수가 50을 넘어서면 경기 확장을 의미하고, 50 이하이면 경기 침체를 의미합니다. ISM 지수는 제조업 지수와 서비스업 지수의 2가지로 나뉘며 매월 초에 발표합니다. 특히 수치가 60을 넘어가면 경기가 심하게 과열된 것으로 보고 반대로 40 밑으로 떨어지면 침체된 것으로 봅니다. ISM 지수는 대표적 경기 선행 지수입니다.

④ 신규 실업 수당 청구 건수Initial Jobless Claims

미국에서는 실업자들에게 26주 동안 실업 수당을 줍니다. 신규 실업 수당 청구 건수는 현재 경제 상황을 잘 보여주기에 경기 동행지수로 잘 사용됩니다. 실업 수당을 신청하는 사람이 많아진다는 것은 직장을 잃은 사람이 증가하고 있다는 뜻이므로 경기가 침체하고 있다는 뜻으로 받아들여집니다. 침체의 기준은 청구 건수 기준으로 40만 건으로 봅니다. 40만 건보다 많으면 경기가 침체하고 있다고 봅니다. 신규 실업수당 청구 건수는 매주 목요일에 발표됩니다.

⑤ 내구재 수주Durable Goods Orders

내구재 수주혹은 주문란 3년 이상 사용할 수 있는 내구재컴퓨터, 자동차, 냉장고 등에 대한 주문량을 집계한 통계치입니다. 미국 상무부에서 4,200여 개의 제조 업체를 대상으로 조사하며 매월 마지막 주에 전월 통계치를 발표합니다.

왜 하필 내구재를 집계할까요? 내구재는 지금 당장 없어도 먹고사는 데 지장이 없는 제품이기에 경기가 어려울 때 주문이 줄기 때문입니다. 즉 내구재 수주는 경기 상황을 잘 보여줍니다. 자동차를 예로 들어 보겠습니다. 자동차는 한두 푼 하는 것이 아니기 때문에 한 번 사고 나면 몇 년 동안 바꿀 일이 없습니다. 자동차를 구매하면 매달 할부 값으로 100만 원 정도 나가기 때문에 미래 돈벌이에 대한 확신이 없으면 섣불리 구매할 수 없습니다. 즉 자동차 주문이 늘어난다는 말은 미래 수입에 대한 자신감을 보여줍니다. 이로 인해 '내구재 수주'는 경기 선행 지표로 사용됩니다. 내구재 수주가 예상치를 넘어설 때 달러화 가치가 상승할 것으로 전망됩니다.[69]

05 ▶ ᴵᴵᴵᴵᴵᴵᴵᴵᴵᴵᴵ

팁랭크스 tipranks.com
활용법

긍정적 뉴스와 부정적 뉴스

인지심리학에 확증편향이라는 말이 있습니다. 영어로 'Confirmation Bias'
입니다. 쉬운 말로 풀자면 '사람들은 보고 싶은 것만 본다'는 뜻입니다. 생각보다
많은 사람이 확증편향에 빠져 있습니다. 보수를 지지하는 사람은 조중동만 보고
진보를 지지하는 사람은 한경오 뉴스만 봅니다. 이런 신문들을 읽으며 내 생각이
옳았음을 계속해서 강화합니다.

확증편향에 빠지지 않는 가장 간단한 방법은 양쪽의 의견을 모두 들어보는 것
입니다. 위의 경우 보수를 지지하는 사람은 진보 성향의 신문을 읽어보고 진보를
지지하는 사람은 보수 성향의 신문을 읽어봅니다. 주식을 매수하고 나서도 확증
편향에 빠지기 쉽습니다. 특정 기업을 매입하고 나면 자기 자신도 모르게 그 기업
의 좋은 소식만 찾아보게 됩니다. 이러한 확증편향에 빠지지 않을 수 있도록 도
와주는 방법이 있는데 그것은 바로 팁랭크스를 활용하는 것입니다.

팁랭크스는 매수해야 하는 이유가 나온 기사Bullish News와 매도해야 하는 이유
가 나온 기사Bearish News를 동시에 보여줍니다. 양쪽 모두의 의견을 들음으로써 내
가 매입한 주식을 객관적으로 볼 수 있게 됩니다. 다음은 팁랭크스에서 발췌한
아마존 관련 매도 지지 기사와 매수 지지 기사입니다.

아마존 관련 부정적 뉴스와 긍정적 뉴스

AMZN News on the Web

All News   **Bearish News**   Bullish News

2 days ago **Ready to Sell Amazon? This 1 Number May Change Your Mind** Motley Fool ● Bearish	2 days ago **Amazon Stock's 14% Meltdown: 3 Jaw-Dropping Stats** Motley Fool ● Bearish
2 days ago **FAANG stocks plus Microsoft lost $1.4 trillion in market value during April** MarketWatch ● Bearish	2 days ago **Amazon and Google just closed out their worst months on Wall Street since 2008** CNBC ● Bearish
2 days ago **Stock Market Today: Dow Ends Brutal April With Big Loss as Tech Tanks** Investing.com ● Bearish	2 days ago **U.S. shares lower at close of trade; Dow Jones Industrial Average down 2.77%** Investing.com ● Bearish
2 days ago **At Close: TSX tracks Wall Street Lower; Weighed down by Crude** Investing.com ● Bearish	2 days ago **U.S. stocks lower at close of trade; Dow Jones Industrial Average down 2.77%** Investing.com ● Bearish

AMZN News on the Web

All News   Bearish News   **Bullish News**

2 days ago **Why Wall Street is staying super bullish on Amazon stock despite crash** Yahoo Finance ● Bullish	3 days ago **Stock Market Today: Stocks Close Out Worst April in Years With Another Slide** Yahoo Finance ● Bullish
3 days ago **What Cramer is watching Friday — Apple keeps winning, Amazon has too much of...** CNBC ● Bullish	3 days ago **Here's Why Farrer Wealth Advisors Sold its Amazon Shares** Yahoo Finance ● Bullish
3 days ago **Amazon (AMZN) Received its Third Buy in a Row** TipRanks News ● Bullish	3 days ago **Monness Remains a Buy on Amazon (AMZN)** TipRanks News ● Bullish
3 days ago **Amazon (AMZN) Receives a Buy from Wells Fargo** TipRanks News ● Bullish	

출처: 팁랭크스

팁랭크스는 특정 기업과 관련된 뉴스가 한 주간 몇 편이나 발행되었는지 보여주며, 매도 지지 기사와 매수 지지 기사 비중 또한 보여줍니다. 위의 예는 아마존 관련 뉴스가 한 주 동안 총 519편이 게재되었으며, 매수 지지 관련 뉴스가 더 많았음을 보여줍니다.

한 주간 아마존 관련 뉴스 수와 긍정/부정 비율

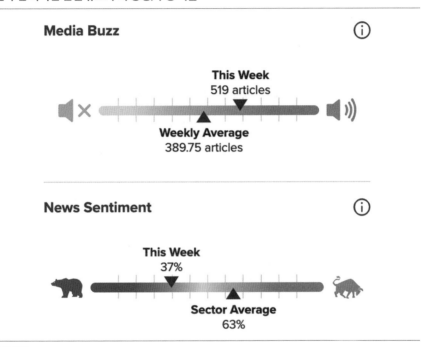

출처: 팁랭크스

내부 거래 Insider Trading

타이타닉호가 빙산에 부딪혀 배에 구멍이 났을 때 선장은 몇 시간 뒤에 배가 침몰할 것임을 알게 됩니다. 회사라는 배가 조만간 침몰할지를 가장 먼저 알게 되는 사람은 회사의 임원들입니다. 그래서 회사 임원들이 그 회사 주식을 대량으로 매도하기 시작하면 안 좋은 신호로 봅니다.

반대의 경우도 있습니다. 회사의 미래가 밝은데 현재 주식의 가치가 너무 저평가되었다고 생각하면 임원들이 먼저 나서서 회사 주식을 매수합니다. 2022년 상반기에 삼성전자 임원들은 삼성전자의 주가가 너무 저평가되었다고 판단하고 삼성전자 주식 38억 원어치를 사들였습니다.[70]

물론 임원들의 매수 혹은 매도가 향후 주가 방향과 정확히 일치하는 것은 아닙니다. 예컨대 임원들이 회사가 저평가되었다는 판단해서 자사 주식을 사들인 것이 아니라 CEO의 압력에 못 견뎌 울며 겨자 먹기식으로 매수했다면 회사의 미래가 밝다고 보기 힘듭니다.

강압에 의해서 했든 자발적이든 내부자들의 거래가 늘어난다는 것은 회사 내부에 중대한 변화가 생기고 있음을 의미합니다. 팁랭크스에서는 이처럼 내부 직원들의 주식 거래 내역을 'Insider Trading'이라는 메뉴에서 쉽게 찾아볼 수 있습니다.

미국에 상장된 기업들은 임원들이 주식을 사거나 팔 경우에 'Form 4' 양식으

내부자 거래 시 SEC 보고용으로 쓰이는 FORM4 양식

로 SEC에 보고해야 합니다. 앞의 양식은 아마존의 부사장이 주식을 매도했다는 내용이 들어간 'Form 4'입니다.

Form 4 양식은 이해하기 어려운 용어가 많고 복잡해서 초보자가 읽고 이해하기 쉽지 않습니다. 다행히 팁랭크스에서는 Form 4 양식에서 중요 정보를 자동으로 끌어와 다음과 같이 보기 좋게 정렬해 줍니다.

다음은 아마존 부사장의 내부 거래 내역을 팁랭크스에서 보여주는 화면입니다. 언제 얼마나 매수 혹은 매도했는지 깔끔하게 보여줍니다. 주가 시세 그래프가 함께 있기 때문에 내부자가 거래를 하고 난 후 주가가 어떻게 변했는지도 바로 확인해볼 수 있습니다.

아마존 부사장의 거래 내역

출처: 팁랭크스[71]

웹사이트 방문자 수 Website Traffic Chart

유튜버 중에 구독자 수가 10만 명을 넘어선 사람은 대기업 평균 월급보다 많이 번다는 이야기가 있습니다. 이처럼 사람이 많이 모이는 곳에 돈 벌 기회가 있습니다. 자영업자들이 시골 산골 마을에서 카페를 차리기보다 도심지에 카페를 차리려는 것도 사람이 많이 모이는 곳에 돈 벌 기회가 많기 때문입니다.

팁랭크스는 이러한 아이디어에 착안하여 회사 홈페이지 유동 인구를 주기적으로 측정하고 변화한 내역을 그래프로 보여줍니다. 방문자가 점점 증가하는 회사 홈페이지와 점점 감소하는 회사의 홈페이지를 한눈에 확인해볼 수 있습니다.

다음은 분기별 아마존 홈페이지 방문자 수 추이입니다. 2021년 3분기 이후로 상승하는 모습을 볼 수 있습니다. 월별 확인도 가능하고 전년 동기와 대비해서 어떠한지도 확인할 수 있습니다.

아마존 방문자 수 추이

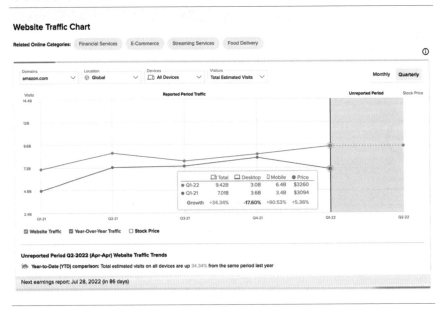

출처: 팁랭크스[72]

마우스 커서를 그래프 속 굵은 점 위로 가져가면 방문자들이 아마존 홈페이지를 데스크톱 컴퓨터를 통해 접속했는지 모바일을 통해 접속했는지도 보여줍니다. 아마존의 경우 1년 동안 모바일을 통한 접속이 90.53% 증가했고 데스크톱을 통한 접속은 17.6% 감소했습니다.

디바이스별 아마존 홈페이지 방문자 수와 주가

	⌐⊡ Total	▭ Desktop	▯ Mobile	● Price
● Q1-22	9.42B	3.0B	6.4B	$3260
● Q1-21	7.01B	3.6B	3.4B	$3094
Growth	+34.34%	**-17.60%**	+90.53%	+5.36%

직관적 주가 현황 파악

아마도 다음 그림이 핀비즈 하면 떠오르는 대표 화면일 것입니다. 화면에서 붉은색은 전일 대비 하락을 의미하고 녹색은 전일 대비 상승을 의미합니다. 또한 색

S&P500(2022년 8월 28일 기준)

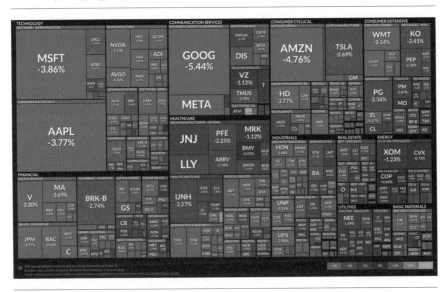

출처: 핀비즈[73]

이 밝으면 밝을수록 변동 폭이 컸음을 나타냅니다. 네모의 크기는 시총 규모를 의미합니다. 2022년 8월 28일에는 파월 미 연준 의장의 강경 발언으로 대부분의 섹터에서 주가가 하락한 모습을 보여주고 있습니다. 이처럼 핀비즈에서는 전일 주식시장S&P500 현황을 단 한 장의 사진으로 보여줍니다.

전 세계

미국 주식시장에 상장된 다양한 국적의 주가 현황도 같은 형식으로 볼 수 있습니다. 다음 세계 지도를 보면 'SOUTH K'라는 카테고리가 있는데, 이는 'SOUTH KOREA'의 줄임말입니다. 해당 카테고리 안에는 미국 증시에 상장된 우리나라 기업들이 있습니다. 대표적 기업으로는 쿠팡CPNG, KB금융KB, 포스코PKX 등이 있습니다.

전 세계 주가 파악(2022년 8월 28일 기준)

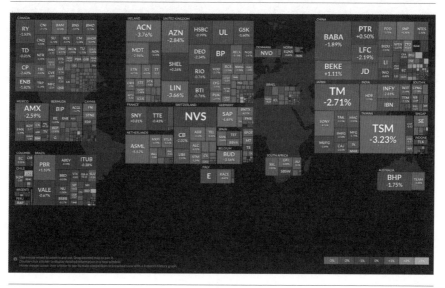

출처: 핀비즈[74]

ETF

ETF에 대해서도 전일 어떤 일이 있었는지 한눈에 파악할 수 있습니다. ETF 들은 총 11개의 카테고리로 분류되어 있습니다. 해당 카테고리 안에는 지수를 추종하는 ETF, 산업 섹터를 추종하는 ETF, 시총 규모에 따라 투자하는 ETF_{Large} _{Cap, Mid Cap, Small Cap} 등이 있습니다.

ETF 주가 파악(2022년 8월 28일 기준)

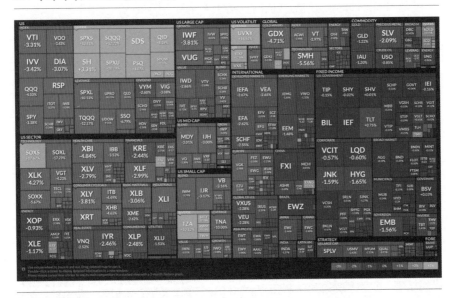

출처: 핀비즈[75]

좋은 주식 골라내기

전설적 투자자 피터 린치는 자신의 성공 비결 중에 하나로 PEG가 0.5 미만인 기업을 매수해서 1.5를 넘어섰을 때 매도한 것을 꼽았습니다. 핀비즈를 활용하여 이러한 기준을 충족하는 라지 캡 기술 기업을 골라내는 방법을 확인해보겠습니다.

핀비즈에서는 X축과 Y축에 내가 원하는 조건을 걸어 조건에 부합하는 기업

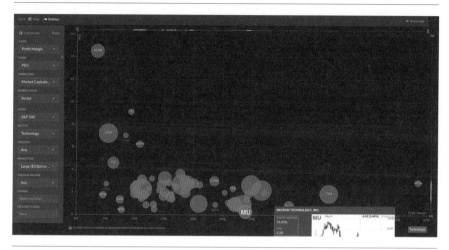

출처: 핀비즈[76]

만 추려서 볼 수 있습니다. 야후 파이낸스에 있는 스크리닝 기능과 유사한데, XY 그래프로 볼 수 있어 좀 더 직관적입니다.

핀비즈 홈페이지에 들어가서 좌측 상단에 있는 'Bubbles'라는 메뉴를 클릭합니다. 그러면 위와 같은 화면이 보입니다. 이제부터 조건을 걸어보겠습니다.

좌측 드롭다운을 클릭하여 조건을 걸어줍니다. 여기서 사용된 조건은 총 5가지입니다. ① Profit Margin, ② PEG, ③ Large Cap 기업, ④ 기술 섹터, ⑤ S&P500입니다. 이를 말로 풀면 "S&P500에 등재된 기술 섹터 기업 중에 Large Cap 기업들만 보여주세요"가 됩니다. 그래프상에서 오른쪽으로 갈수록 순이익률Profit Margin이 크다는 뜻이고, 아래로 갈수록 저평가되었다는 뜻입니다.

위에서 찾은 기업은 마이크론MU입니다. 마이크론은 순이익률이 30%에 가까운데 PEG가 0.29밖에 되지 않아 저평가되어 있습니다. 마이크론 테크놀로지는 삼성전자, 하이닉스에 이어서 전 세계 메모리 반도체 3위 업체입니다.

09

미국 주식
실전 분석

$$

애플

[Competitors] 경쟁자가 얼마나 있는가?

애플의 주요 매출은 아이폰에서 나옵니다. 그리고 애플 아이폰의 주요 경쟁자는 삼성전자의 갤럭시 S 시리즈입니다. 아이폰은 미니멀리즘적 디자인과 사용자 편의성을 앞세워 소비자들에게 사로잡아 왔고 삼성전자는 업계 최고 성능과 빠른 신기술 도입을 통해 인기를 끌어왔습니다.

하지만 이제는 성능에서도 아이폰이 갤럭시를 압도하기 시작했습니다. 특히 2022년 상반기에 발매된 삼성전자 갤럭시 S22에 탑재된 칩은 애플의 칩보다 성능이 떨어집니다.

삼성에게는 엎친 데 덮친 격으로 GOS 문제까지 터져 2022년도 스마트폰 시장은 애플이 독식할 것으로 보입니다.

삼성전자의 GOS 문제를 간단히 설명하자면 자동차에 비유할 수 있습니다. 어떤 자동차 회사가 최근에 출시한 신차의 최고 시속이 400km라고 홍보했는데 실제 시속은 100km밖에 나오지 않은 것과 같습니다. 삼성전자는 이미 미국에서 GOS 관련 소송을 당한 상태입니다.[77]

Smartphone Processors Ranking

Updated performance rating as of January 2022. Click on the name to see more detailed information about a particular chip or select 2 items via the checkbox to compare them.

You can also submit your AnTuTu result here.

#	Processor	Rating	AnTuTu 9	Geekbench 5*	Cores		Clock**	GPU
1	A15 Bionic Apple	97 A+	793498	1731 / 4689	6	(2+4)	3223 MHz	Apple GPU
2	Dimensity 9000 MediaTek	95 A+	1010643	1241 / 4173	8	(1+3+4)	3050 MHz	Mali-G710
3	Snapdragon 8 Gen 1 Qualcomm	95 A+	1003010	1202 / 3784	8	(1+3+4)	3000 MHz	Adreno 730
4	A14 Bionic Apple	93 A+	715964	1586 / 4071	6	(2+4)	3100 MHz	Apple GPU
5	Snapdragon 888 Plus Qualcomm	91 A+	834590	1159 / 3622	8	(1+3+4)	2995 MHz	Adreno 660
6	Exynos 2200 Samsung	90 A+	969805	1207 / 3493	8	(1+3+4)	2800 MHz	Samsung Xclipse 920
7	Snapdragon 888 Qualcomm	90 A+	791884	1119 / 3659	8	(1+3+4)	2840 MHz	Adreno 660
8	Google Tensor Google	85 A+	718794	1040 / 2837	8	(2+2+4)	2800 MHz	Mali-G78 MP20
9	Kirin 9000 HiSilicon	85 A+	761586	1046 / 3682	8	(1+3+4)	3130 MHz	Mali-G78 MP24
10	Dimensity 8100 MediaTek	83 A	842889	923 / 3773	8	(4+4)	2850 MHz	Mali-G610 MC6

출처: 나노리뷰[78]

[Shareholder friendly] 주주 친화적인가?

애플은 2012년부터 꾸준히 배당금을 지급하고 있습니다. 어느덧 10년 연속으로 배당금 인상에 성공하며 배당 어치버Dividend Achievers 클럽에 가입했습니다. 앞에서 말했듯이 25년 연속 배당을 늘리면 배당 귀족, 50년 연속으로 배당을 늘리면 배당 킹이라고 불립니다. 3M, P&G, 코카콜라가 대표적 배당 킹 기업입니다. 다음은 2016년부터 2022년 초까지 애플의 분기별 배당금 지급 내역입니다. 2016년에 주당 13센트였던 배당금은 2022년 22센트까지 인상되었습니다(참고

애플의 배당금 지급 내역

Year	Declare Date	Ex-Div Date	Record Date	Pay Date	Frequency	Amount	Adj. Amount
2022							
	1/27/2022	2/4/2022	2/7/2022	2/10/2022	Quarterly	0.2200	0.2200
2021							
	10/28/2021	11/5/2021	11/8/2021	11/11/2021	Quarterly	0.2200	0.2200
		8/6/2021	8/9/2021	8/12/2021	Quarterly	0.2200	0.2200
	4/28/2021	5/7/2021	5/10/2021	5/13/2021	Quarterly	0.2200	0.2200
	1/27/2021	2/5/2021	2/8/2021	2/11/2021	Quarterly	0.2050	0.2050
2020							
	10/29/2020	11/6/2020	11/9/2020	11/12/2020	Quarterly	0.2050	0.2050
	7/30/2020	8/7/2020	8/10/2020	8/13/2020	Quarterly	0.8200	0.2050
	4/30/2020	5/8/2020	5/11/2020	5/14/2020	Quarterly	0.8200	0.2050
	1/28/2020	2/7/2020	2/10/2020	2/13/2020	Quarterly	0.7700	0.1925
2019							
	10/30/2019	11/7/2019	11/11/2019	11/14/2019	Quarterly	0.7700	0.1925
	7/30/2019	8/9/2019	8/12/2019	8/15/2019	Quarterly	0.7700	0.1925
	4/30/2019	5/10/2019	5/13/2019	5/16/2019	Quarterly	0.7700	0.1925
	1/29/2019	2/8/2019	2/11/2019	2/14/2019	Quarterly	0.7300	0.1825
2018							
	11/1/2018	11/8/2018	11/12/2018	11/15/2018	Quarterly	0.7300	0.1825
	7/31/2018	8/10/2018	8/13/2018	8/16/2018	Quarterly	0.7300	0.1825
	5/1/2018	5/11/2018	5/14/2018	5/17/2018	Quarterly	0.7300	0.1825
	2/1/2018	2/9/2018	2/12/2018	2/15/2018	Quarterly	0.6300	0.1575
2017							
	11/2/2017	11/10/2017	11/13/2017	11/16/2017	Quarterly	0.6300	0.1575
	8/1/2017	8/10/2017	8/14/2017	8/17/2017	Quarterly	0.6300	0.1575
		5/11/2017	5/15/2017	5/18/2017	Quarterly	0.6300	0.1575
	1/31/2017	2/9/2017	2/13/2017	2/16/2017	Quarterly	0.5700	0.1425
2016							
	10/25/2016	11/3/2016	11/7/2016	11/10/2016	Quarterly	0.5700	0.1425
	7/26/2016	8/4/2016	8/8/2016	8/11/2016	Quarterly	0.5700	0.1425
	4/26/2016	5/5/2016	5/9/2016	5/12/2016	Quarterly	0.5700	0.1425
	1/26/2016	2/4/2016	2/8/2016	2/11/2016	Quarterly	0.5200	0.1300

출처: 시킹알파

로 2016년 배당금은 액면 분할을 감안하여 조정된 금액입니다).

워런 버핏이 이끄는 버크셔해서웨이는 애플의 최대 주주ETF 투자 제외이기 때문에 앞으로도 배당금 인상과 자사주 매입을 지속적으로 늘릴 것으로 전망됩니다. 버크셔해서웨이는 이미 애플로부터 연간 7억 7,500만 달러, 우리 돈으로는 9,300억 원에 달하는 배당금을 받고 있습니다.

애플은 2021년에 102조 원어치 자사주를 매입했고 전문가들은 향후 15년 동안에도 비슷한 수준의 자사주 매입이 있을 것이라 전망했습니다. 자사주 매입은 유통되는 주식 수를 줄여주기 때문에 주식 희소성의 증가로 주가를 상승시키는 효과가 있습니다. 2021년에는 자사주 매입 후 주가가 30% 올랐습니다.[79]

[Growth Industry] 산업이 성장하고 있는가?

현재 스마트폰 시장은 성숙기에 접어들어 매년 4% 성장하고 있지만 애플 워치와 같은 웨어러블 디바이스Wearable Device 시장은 매년 17.65%의 속도로 빠르게 성장 중입니다. 다음 그래프는 향후 5년간 웨어러블 디바이스 시장이 얼마나 성장할 것인지를 보여줍니다.

웨어러블 디바이스 시장 성장 전망

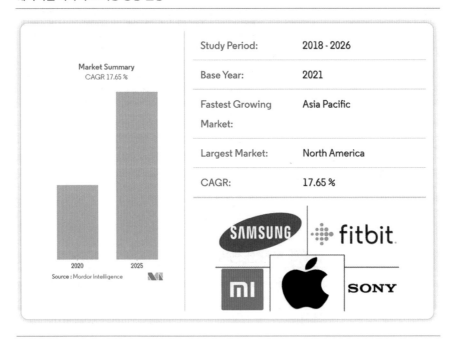

출처: 모르도르 인텔리전스[80]

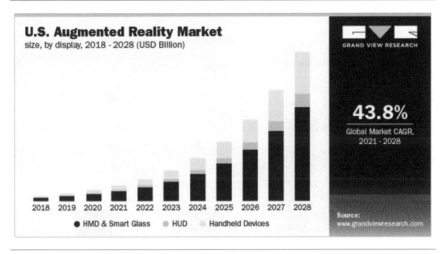

출처: 그랜드뷰 리처치[81]

그뿐만 아니라 2024년 출시 예정인 애플 글라스의 증강 현실 시장Augmented Reality Market은 2028년까지 연평균 43.8%의 속도로 성장할 시장입니다.

2022년 상반기에 애플은 아이폰 SE 3 시리즈를 발표했습니다. 50만 원대의 가격에 애플에서 가장 좋은 모바일 칩을 탑재하여 출시했습니다. 애플의 이러한 횡보는 프린터 회사가 잉크로 장사하듯, 각종 서비스를 통해 수익을 창출하려는 목적이 있습니다. 2021년 11월에 출시된 애플 원Apple One 서비스는 이를 뒷받침합니다. 애플 아이폰을 사용하는 소비자들은 애플원 서비스를 통해 OTT, 음악, 게임, 클라우드를 한 번에 즐길 수 있게 되었습니다. 해당 서비스들은 향후 성장 잠재력이 상당히 높은 산업입니다. 예컨대 애플 TV가 진입한 OTT 시장은 2028년까지 매년 14.5% 성장이 예상됩니다.[82]

애플 뮤직이 포함된 음악 스트리밍 산업은 연평균 10.8%씩 성장할 것으로 전망됩니다.[83] 애플 아케이드가 포함된 게임 스트리밍 시장은 연평균 9%씩 성장할 것으로 전망됩니다.

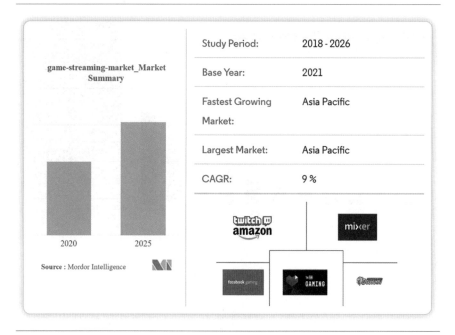

출처: 모르도르 인텔리전스[84]

[Brand Loyalty] 소비자들이 제품을 좋아하는가?

애플 소비자들의 재구매율

제품에 만족한 고객은 다음번 구매 시 같은 브랜드의 제품을 구매합니다. 이것을 'Loyalty Rate'라고 합니다. '재구매 비율'로 보면 됩니다. 다음 그래프에서 알수 있듯이 애플의 재구매율은 90%를 넘어섭니다. 애플의 유일한 경쟁자인 삼성은 60%대입니다.

제품 디자인 측면으로 보았을 때 애플은 세대를 거듭하더라도 디자인의 변화가 거의 없습니다. 반면 삼성의 갤럭시는 외관의 변화가 심합니다. 디자인 변화가 적으면 진부해 보일 수 있지만 기존 고객들에게 오랜 만족감을 줍니다.

외관이 자주 바뀌면 구매한 제품이 금세 구형 모델로 보일 수 있기 때문에 기

브랜드별 재구매 비율

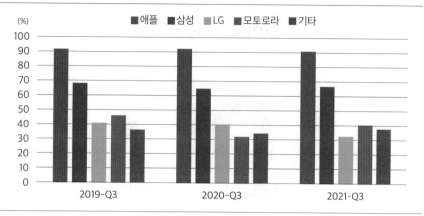

출처: 9to5Mac[85]

존 고객들에게 박탈감을 줍니다. 아울러 제조사가 스마트폰 판매량 증대를 위해 출시가 얼마 되지 않은 시점에서 지원금을 늘리면 정가로 구매한 최초 구매자들이 배신감을 느끼게 되고 이는 브랜드 로열티에 악영향을 끼칩니다.

강력한 브랜드 자산

앞에서 몇 차례 언급했듯이 애플의 브랜드 자산은 전 세계 1등입니다. 아울러 애플 제품은 10~20대들에게 사회적 지위로 인지된다는 연구 결과도 있습니다.[86]

[Leadership] CEO는 어떤 사람인가?

미국의 유명한 기업 리뷰 사이트인 글래스도어에 따르면 애플의 CEO인 팀 쿡은 95%의 직원으로부터 CEO 임무를 잘 수행하고 있다는 지지를 받고 있었습니다. 글래스도어 선정 최고의 CEO에서 전체 기업 중에 32위를 차지했습니다.

《CEO World Magazine》에서는 96개국 1,200명 이상의 CEO들을 대상으로 기업을 얼마나 성장시켰는지 시장 점유율, 시가총액 변화, 브랜드 가치 변화, ESG 경영 등 매년 조

#32 Tim Cook
95% Approval

Apple

See Reviews | View Jobs

출처: 글래스도어[87]

사하는데 애플의 팀 쿡이 2022년도 조사에서 1위를 차지했습니다.[88]

[Employee Satisfaction] 직원들의 만족도는 어떠한가?

회사에 만족한 직원들로부터 나오는 제품과 서비스는 그렇지 않은 곳에서 나오는 것과 비교해 고객 만족도가 높습니다. 만족한 고객은 재구매를 하고 브랜드 앰버서더가 됩니다. 글래스도어 선정 '2022년 일하기 좋은 직장' 순위에서 애플은 평점 4.2점으로 전체 56위를 차지했습니다. 미국 증시에 상장된 회사의 수가 6,100여 개 정도 되니, 상위 0.9%에 드는 훌륭한 성적입니다.

애플 직원들의 회사 만족도

Overall	★★★★☆	4.2
Culture & Values	★★★★☆	4.2
Diversity & Inclusion	★★★★☆	4.3
Work/Life Balance	★★★★☆	3.6
Senior Management	★★★★☆	3.7
Compensation and Benefits	★★★★☆	4.3
Career Opportunities	★★★★☆	3.8

82% Recommend to a Friend

91% Approve of CEO

77% Positive Business Outlook

Overall Trend

4.2
4.0
3.8
3.6

Overall Distribution

5 Stars
4 Stars
3 Stars
2 Stars
1 Star

출처: 글래스도어[89]

02 아마존

아마존의 잠재력

아직 낮은 온라인 쇼핑 비중

온라인 쇼핑은 미국 전체 소매 매출의 18.1%에 불과해서 아직도 성장 잠재력이 큽니다. 특히 젊은 세대들의 전자상거래 비중은 20%를 넘어섰고 나이가 어릴수록 온라인 쇼핑에 거부감이 없습니다.

클라우드 인프라스트럭처Cloud Infrastructure 1위 기업

4차 산업혁명 후 인공지능은 우리 삶에 많이 들어와 있습니다. 온라인 쇼핑몰에서 상담해주는 챗봇, 자율주행 자동차, 스마트 스피커, 자동 번역기 등은 인공지능을 통해 구현됩니다. 이러한 인공지능을 개발하고 유지하기 위해 필요한 것은 클라우드 인프라스트럭처입니다.

2022년 2분기 기준 클라우드 컴퓨팅 시장에서 아마존은 점유율 34%로 업계 1위를 차지하고 있습니다. 클라우드 업체를 일단 지정하고 나면 타사로 이전하기가 쉽지 않기 때문에 락인 효과Lock-in Effect가 발생합니다. 락인 효과로 인해 아마존은 오랫동안 1위를 차지할 것으로 전망됩니다.

아마존의 연구개발 투자 비용은 세계 최고

아마존의 연구개발 투자 비용은 427억 달러, 우리 돈으로는 약 50조 원으로 세계 최고 수준입니다. 사람의 미래는 오늘 내가 어떻게 시간을 보내고 있는지에 달려 있고 기업의 미래는 연구개발을 통한 신기술 창출에 달려 있습니다. 우리나라 기업인 삼성전자도 188억 달러로 6위에 오른 것을 볼 수 있습니다.

각 기업별 R&D 분야 지출 규모

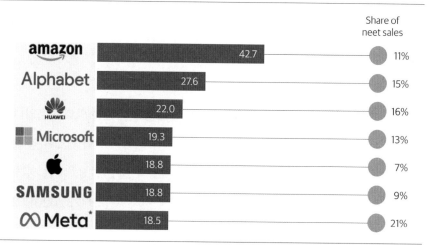

출처: 스태티스타[90]

아마존의 디지털 광고 잠재력

요즘 TV로 방송을 보는 일이 많이 줄었습니다. 대부분의 사람은 유튜브나 OTT를 통해 콘텐츠를 소비합니다. 이로 인해 TV 광고 시장은 줄고 디지털 광고 시장은 빠른 속도로 성장했습니다. 현재 디지털 광고는 전체 광고 시장의 60%를 넘어섰습니다. 이런 디지털 광고 시장을 구글, 페이스북, 아마존 3곳에서 독식하고 있습니다.

아마존의 배송 능력

아마존은 사업 초창기에 UPS와 페덱스를 이용해서 배송했습니다. 하지만 최근에는 아마존 전체 물량의 66%를 자체적으로 배송합니다. 2022년 중에 아마존은 UPS와 페덱스를 제치고 미국 최대 운송 업체가 될 것입니다.

2021년 기준 아마존의 화물 항공기 보유 대수는 85대로 82대를 보유한 아시아나항공보다 많습니다. 2028년에는 200대까지 증가하여 164대를 가진 대한항공보다 많아질 전망입니다. 아마존은 물류 인프라를 활용하여 물류 업체로서 기능도 수행할 예정입니다.[91]

아마존, 원격 의료 및 약국 사업 진출

인구 고령화에 따라 각 국가가 직면하게 될 문제는 늘어나는 의료 비용입니다. 기하급수적으로 증가하는 의료 비용을 절감하기 위해서는 원격 의료 사업 활성화가 불가피합니다. 신기술 도입에 보수적인 일본조차 2015년 8월부터 원격 진료를 허용했습니다. 우리나라는 원격 의료 도입에 지지부진하다가 2020년 2월부터 조건부로 허용해주었습니다.

전 세계적으로 원격 진료 업체들이 많이 생겨 경쟁이 치열합니다. 현재 원격 의료는 환자가 앱을 다운로드하고 증상을 말하고 사진을 업로드하면 의사가 판독하여 약을 처방하는 식으로 진행됩니다. 하지만 결국에는 의료비 절감을 위해 인공지능 의사가 환자의 사진을 판독하고 약을 처방하는 방식으로 발전될 것입니다.

즉 인공지능에 큰 강점을 보이는 빅테크 기업들이 결국에는 원격 의료 시장도 석권할 것입니다. 이미 구글·애플·아마존이 원격 의료 시장에 참전했습니다. 그중에서도 아마존은 인공지능 알렉사를 보유하고 있고, 처방 약을 배달할 수 있는 아마존 약국 또한 보유 중입니다. 따라서 어떠한 원격 의료 업체들보다 강력한 경쟁력을 보유하고 있습니다.

아마존 페이의 잠재력

우리나라에도 ○○페이가 정말 많아졌습니다. 네이버페이, 카카오페이, 엘페이 등 회사마다 각각 페이가 있는 것 같습니다. 그만큼 모바일 결제가 돈이 된다는 이야기입니다.

중국에서 소비자들이 가장 많이 사용하는 결제 방법은 신용카드도 현금도 아닌 모바일 결제입니다. 아이러니하게도 중국은 신용카드망 구축 속도가 더뎌서 모바일 페이가 신용카드보다 더 빠르게 발전했습니다. 중국 내 전체 결제의 78.5%가 모바일 페이로 이뤄집니다. 이 때문에 중국의 알리페이가 IPO 했을 때 주식시장에서 2,000억 달러의 가치를 인정받을 수 있었습니다.

현재 세계에서 중국 못지않게 인구가 많은 인도에서도 모바일 페이 시장을 선점하기 위한 싸움이 일어나고 있습니다. 그중에서도 아마존 페이의 성장세가 무섭습니다. 아마존은 소비자가 아마존 페이로 구매할 시 여러 혜택을 제공하기 때문에 사용자가 폭발적으로 증가하고 있습니다. 반면 주요 경쟁자인 페이티엠Paytm, 구글 페이, 왓츠앱 페이는 소매 사업 부분이 없기 때문에 아마존의 경쟁력이 더욱 돋보입니다.

[Competitors] 경쟁자가 얼마나 있는가?

아마존의 사업 부문은 크게 3개로 볼 수 있습니다. 온라인 커머스 사업, 클라우드 사업, 디지털 광고 사업입니다.

온라인 커머스

전자상거래e-commerce 시장은 크게 12개의 기업이 싸움을 벌이고 있습니다. 하지만 아마존의 시장 점유율은 압도적 1위를 달리고 있습니다. 다음 그래프에서 확인할 수 있듯이 아마존은 전체 온라인 소매 시장에서 41%를 차지하고 있습니다. 아마존은 방대한 물류망을 가지고 있고 빠른 배송을 위해 대규모 투자를 수년간 해왔기 때문에 경쟁자들이 아무리 많더라도 아마존과 동일한 배송 서비스를 제공하는 것은 사실상 불가능합니다.

전자상거래 시장 비중

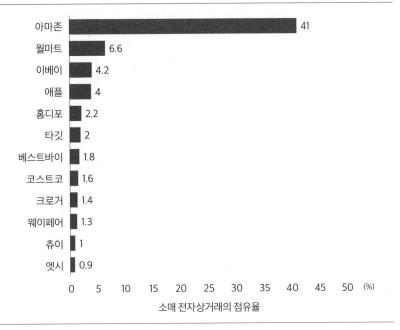

소매 전자상거래의 점유율

출처: 스태티스타[92]

클라우드

아마존은 클라우드 사업 모델을 최초로 만든 기업이며 현재 점유율 1등 기업입니다. 클라우드 시장은 아마존, 마이크로소프트, 구글 3개의 기업이 전체의 65%를 차지하고 있는 독과점 시장입니다.

클라우드 시장 점유 비율

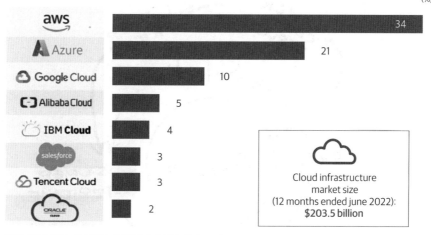

출처: 스태티스타

디지털 광고

사람들이 스마트폰과 컴퓨터에서 보내는 시간이 점점 많아지면서 디지털 광고 시장도 지속적으로 성장하고 있습니다. 이 시장은 구글·페이스북메타·아마존이 장악하고 있습니다. 구글은 검색 광고, 페이스북은 앱 사용자 추적을 기반으로 하는 개인화된 광고, 아마존은 쇼핑과 연관된 광고에서 두각을 나타내고 있습니다. 완전히 새로운 형태의 플랫폼이 등장하지 않는 이상 이 세 기업이 디지털 광고시장을 장악할 것으로 보입니다.

[Shareholder friendly] 주주 친화적인가?

아마존이 무서운 이유 중 하나는 CapExCapital Expenditure가 상상을 초월할 정도로 높다는 것입니다. 아마존은 사업 초창기 때부터 CEO인 제프 베이조스Jeff Bezos가 투자자들에게 플라이휠 모델을 설명해왔습니다. 플라이휠 모델이란 고객

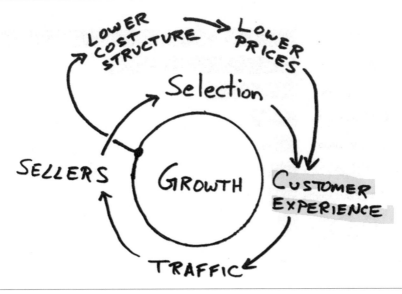

출처: 아마존[93]

경험Customer Experience을 지속적으로 개선해서 고객들의 방문을 유도Traffic합니다. 이로 인해 더 많은 판매자Sellers가 유입되고 더욱 다양한 상품들을 소비자들에게 제공함으로써 고객 경험이 더 좋아지는 선순환 구조를 만듭니다. 위의 그림은 제프 베이조스가 손으로 작성한 플라이휠 모델입니다.

아마존은 주주들의 가치를 제고하기 위해 배당을 하거나 자사주를 매입하는 대신 고객 만족도 제고를 위해 끊임없이 투자하겠다고 밝혀왔습니다. 이로 인해 아마존 투자자들은 배당을 하지 않아도 불만이 없습니다. 배당보다 주가 상승이 자신들의 부를 더 증가시킨다는 믿음이 있기 때문입니다.

다음 표는 2012년 이후 아마존이 얼마나 투자했는지 보여줍니다. 2021년 투자 규모는 610억 달러입니다. 약 73조 원 수준으로 우리나라 2022년 예산의 12%가 되는 금액입니다. 투자 규모는 2012년 대비 16배 증가했고, 주가는 주당 9.7달러 (2012년 1월 3일)에서 129.79달러(2022년 8월 29일)까지 13배가 올랐습니다.

아마존의 투자 규모와 주가 사이의 관계

투자 활동 현금 흐름		2012	2013	2014	2015	2016	2017	2018	2019	2020	2021	TTM
자본 지출	......ıₗ	(3,785.0)	(3,444.0)	(4,893.0)	(5,387.0)	(7,804.0)	(11,955.0)	(13,427.0)	(16,861.0)	(40,140.0)	(61,053.0)	(61,053.0)
자산 매각	ıll	-	-	-	-	-	-	-	4,172.0	5,096.0	5,657.0	5,657.0
회사 인수 시 사용된 현금	⌐	(745.0)	(312.0)	(979.0)	(795.0)	(116.0)	(13,972.0)	(2,186.0)	(2,461.0)	(2,325.0)	(1,985.0)	(1,985.0)
유가 증권 (주식, 채권) 투자	ıⁿ	935.0	(520.0)	807.0	(1,066.0)	(2,663.0)	(3,054.0)	1,140.0	(9,131.0)	(22,242.0)	(773.0)	(773.0)
그 밖의 투자 활동	ıll	-	-	-	798.0	1,067.0	1,897.0	2,104.0	-	-	-	-
투자 활동 순 현금 흐름	......ıₗ	(3,595.0)	(4,276.0)	(5,065.0)	(6,450.0)	(9,516.0)	(27,084.0)	(12,369.0)	(24,281.0)	(59,611.0)	(58,154.0)	(58,154.0)

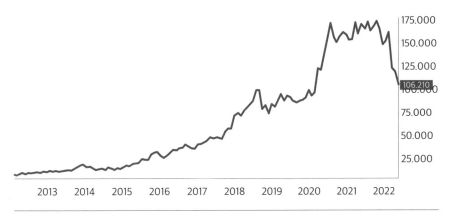

출처: 야후 파이낸스

[Growth Industry] 산업이 성장하고 있는가?

온라인 커머스

스태티스타에 따르면 전자상거래e-commerce 시장은 2022년에 4.1조 달러에 달할 것으로 전망됩니다. 2022년부터 2025년까지 이 시장은 연평균 11.35% 성장해서 2025년에는 5.7조 달러에 달할 것으로 예측됩니다.[94]

클라우드

프레시던스 리서치Precedence Research에 따르면 클라우드 시장은 2021년에 3,802억 달러 규모, 2030년에는 1조 6,141억 달러 규모로 성장할 것으로 예측됩니다. 이는 연평균 17.43%의 속도로 성장함을 의미합니다.

디지털 광고

글로벌 디지털 광고 시장은 2020년 기준 3,742억 달러 규모입니다. 리서치앤마켓에 따르면 글로벌 디지털 광고 시장은 2030년까지 1조 4,490억 달러 규모로 성장할 것으로 전망됩니다. 이는 연평균 14.5%의 성장률을 의미합니다.

원격 의료

마켓츠앤드마켓츠MarketsAndMarkets는 원격 의료 시장이 2022년부터 2027년까지 연평균 26.6%의 속도로 성장할 것으로 전망했습니다. 2022년 시장 규모는 878억 달러이고 2027년에는 2,587억 달러에 달할 것입니다.

향후 5년간 '원격 의료' 시장 규모 전망

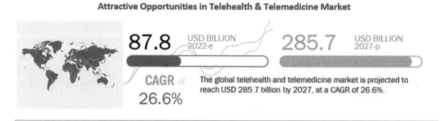

출처: MarketsAndMarkets[95]

[Brand Loyalty] 소비자들이 제품을 좋아하는가?

아마존은 2021년 인터브랜드 글로벌 베스트 브랜드 조사에서 영예의 2위를 차지했습니다. 브랜드 가치는 2,492억 달러인데 전년 대비 24% 성장했습니다.

아마존은 특히 젊은 대학생들 사이에서 인기가 좋았습니다. 대학생들은 아마존을 통해 옷에서부터 교재에 이르기까지 다양한 제품을 구매했습니다. 아울러 아마존은 대학 캠퍼스 내에 전용 픽업 센터를 설치해서 쇼핑의 편리성을 더욱 높였습니다. 다음 그래프에서 알 수 있듯 아마존의 브랜드 가치는 지난 10년 동안 폭발적으로 성장했습니다.

아마존 브랜드 가치의 추세

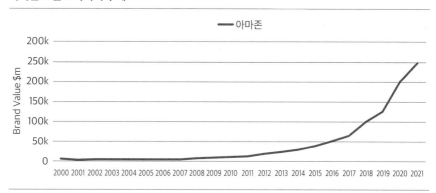

출처: 인터브랜드[96]

[Leadership] CEO는 어떤 사람인가?

아마존은 2014년에 글래스도어 선정 최고의 CEO 33위에 오른 이후로 100위권 내에 진입하지 못하고 있습니다. 2021년부터 앤드류 제시Andrew Jassy가 제프 베이조스를 대신하여 CEO직을 맡고 있는데 아마존 직원의 78%가 CEO가 현재 잘하고 있다고 평가했습니다. 이는 다른 빅테크 기업들과 비교했을 때 다소 낮은 수치입니다.

글래스도어 CEO 평가

Amazon Reviews

3.8 ★★★★☆ ⌄

 72% Recommend to a Friend

 78% Approve of CEO

 Andrew Jassy
11,654 Ratings

출처: 글래스도어[97]

캄프러블리 CEO 평가

Andy Jassy Amazon CEO Rating

Amazon's CEO, Andy Jassy, has 7680 employee ratings and a score of 74/100, placing them in the Top 20% of similar size companies on Comparably with 10,000+ Employees and Top 35% of other companies in Seattle. When breaking the CEO score down by factors such as department, gender, and ethnicity, we see that males at Amazon rate Andy Jassy higher than non-binary employees, giving the CEO a score of 78/100.

Last updated today.

B+

74 / 100

Where This Score Ranks Amazon's CEO Rating

TOP 20% In the Top 20% of 1338 Similar Sized Companies on Comparably

TOP 35% In the Top 35% of 139 Nearby Companies in Seattle

4th 4th place versus 5 competitors rated on Comparably

| Nov | Dec | Jan | Feb | Mar | Apr |

출처: 캄프러블리[98]

또 다른 조사 기관인 캄프러블리Comparably에 따르면 아마존의 CEO는 100점 만점에 74점을 맞아 1,338개의 비슷한 규모의 회사들과 비교해서 상위 20%의 성적을 거두었습니다. 해당 점수는 경쟁사인 애플, 이베이보다는 못하지만 전통적 소매 유통 기업인 월마트와 타깃보다는 나은 성적입니다.

[Employee Satisfaction] 직원들의 만족도는 어떠한가?

아마존 직원들은 사내 문화가 우수하고 보수와 복지가 좋다고 평가했습니다.

아울러 회사로부터 많은 것을 배울 수 있다고 언급했습니다. 반면 연말 피크 시즌에는 근무 시간이 길어지는 것과 일 처리를 빨리해야 한다는 점을 단점으로 꼽았습니다.

아마존 직원들이 말하는 회사의 장단점

Pros

"Good work culture is maintained" (in 2860 reviews)

"Great benefits not many worries enjoy" (in 2138 reviews)

"Decent pay to get you on your feet" (in 1589 reviews)

"Working here was so fun great pay" (in 1552 reviews)

"Definitely a great position where you can learn a lot in a short period" (in 1157 reviews)

Cons

"Long hours during peak or prime" (in 4985 reviews)

"No work life balance whatsoever" (in 1338 reviews)

"Fast paced - still very manageable" (in 873 reviews)

"Work environment is usually quite noisy (shouting conversations are normal)" (in 849 reviews)

"Short breaks other than that fine" (in 810 reviews)

출처: 글래스도어[99]

락인 효과

자물쇠 효과라고도 불립니다. 예를 들면 동네 카페에서 무료 한 잔 스탬프를 모으는 사람은 락인 효과 때문에 다른 카페에 잘 가지 않습니다. 그리고 대한항공에서 마일리지를 모으던 사람은 가급적 스카이팀 항공사를 이용하려 합니다.

핀테크 FinTech

금융 Finance 과 기술 Technology 이 융합되어 나온 말입니다. 최신 정보 기술을 활용하여 이용자가 좀 더 저렴하고 편리하게 금융 서비스를 이용할 수 있도록 돕습니다. 요즘 유행하는 모바일 페이 카카오페이, 네이버페이 는 결제의 편리함을 가져왔고 인터넷 전문 은행 카카오뱅크 은 지점 운영에 소요되는 비용을 절감하여 대출 금리는 낮추고 예금 금리는 높였습니다.

IPO

우리말로 기업 공개라고도 하는데 기업이 생기고 맨 처음으로 외부인들에게 주식을 공개하는 것을 IPO라고 말합니다. IPO를 하는 이유는 자금 조달 때문입니다. IPO를 통해 대규모 자금을 수혈받으면 해당 자금을 가지고 기업 성장을 위해 많은 일을 할 수 있습니다. 새로운 상품과 서비스를 개발하거나 시설을 확장하거나 연구개발에 투자를 하는 등 기업 성장을 위해 여러 일을 할 수 있습니다.

페이티엠 Paytm

인도 최대 전자 결제 기업입니다. 알리바바 자회사 앤트그룹, 손정의의 소프트뱅크가 투자한 비전펀드, 워런 버핏의 버크셔해서웨이가 투자한 스타트업입니다.

03 알파벳

탈세계화로 인한 인플레이션과 물가 안정을 위한 인공지능의 역할

우리 집 업무는 철저하게 분업이 이루어져 있습니다. 경제 전문 작가인 필자는 집안의 재테크를 책임지고 교사인 아내는 아이들 교육을 맡고 있습니다. 요리를 잘하는 아내는 주말에 요리를 담당하고 수건 개기를 좋아하는 필자는 빨래를 갭니다. 우리는 서로 믿기 때문에 각자 맡아서 하는 일에 대해 간섭하지 않습니다.

지금까지 세계 경제도 서로에 대한 믿음 하에 분업으로 돌아갔습니다. 미국과 같은 선진국은 부가가치가 높은 제품을 개발하고 마케팅을 했습니다. 기술이 발달하고 꼼꼼한 한국, 대만 등은 반도체와 같은 중간재 부품을 만들어서 수출했습니다. 인건비가 저렴한 중국, 동남아시아 등은 노동력을 활용하여 최종 제품을 조립했습니다. 그리고 천연자원이 풍부한 러시아와 같은 국가들은 천연자원을 팔아서 번 돈으로 최종 제품을 구매했습니다.

이처럼 전 세계 국가들은 각자 자신이 더 잘할 수 있는 것에 집중했습니다. 그리고 자유 진영, 공산 진영을 가리지 않고 자유무역을 통해 필요한 물건과 서비스를 구매해왔습니다. 즉 지금까지 세계 경제는 데이비드 리카도David Ricardo의 '비교 우위론'을 바탕으로 세계 자유무역을 지지해왔습니다.

2019년까지 세계는 다 같이 협동하며 자유무역을 지지해왔는데 갑자기 코로나라는 역병이 돌고 우크라이나에 전쟁이 터지니 친한 국가들끼리 편을 가르기 시작했습니다. 예컨대 우크라이나 전쟁으로 미국이 러시아를 제재하자 러시아는 과거 공산 국가들과 결속을 강화하기 시작했습니다. 러시아는 미국의 제재를 피해 천연가스를 중국에 팔았고 유럽은 러시아 대신 미국으로부터 천연가스를 사기 시작했습니다. 미국 역시 칩4 동맹이라는 것을 만들어 한국·일본·대만과의 결속력을 강화하고 중국을 배척하려는 움직임을 보이고 있습니다. 4차 산업혁명 시대의 석유로 불리는 반도체를 안정적으로 공급받기 위해 미국과 유럽에 파운드리 공장이 설립될 것입니다. 이처럼 단가보다는 공급 안정성을 우선시하는 탈세계화는 인플레이션을 불러옵니다.

정부는 금리 인상을 통해 인플레이션을 해결하려 하겠지만, 금리 인상은 경기 침체를 불러오기 때문에 장기적으로 쓸 수 없습니다. 이 때문에 얼마 전에는 미국의 10년물 장기 금리와 2년물 단기 금리가 역전되는 현상이 있었습니다. 장기 금리가 오르지 못하는 것은 시장에서도 경기 침체를 예상하기 때문입니다.

따라서 경기 침체 없이 인플레이션을 해결할 방법은 단연코 기술 발전밖에 없습니다. 역사적으로도 우리는 과학 기술 발전을 통해 제품 가격이 저렴해지는 것을 목격해왔습니다. 100년 전만 하더라도 극소수 부자들만 소유할 수 있었던 자동차가 지금은 사회 초년생들도 구매할 수 있을 정도로 가격이 낮아졌습니다. 이렇게 가격이 낮아진 것은 헨리 포드Henry Ford가 컨베이어 시스템을 도입해서 생산성을 획기적으로 증가시켰기 때문입니다.

탈세계화로 인건비가 증가하고 원자재 가격 인상으로 생산 비용이 올라가면 비용 절감을 위해 인공지능 도입이 더욱 가속화됩니다. 인공지능은 인건비가 드는 사람의 일자리를 대체하는 방식으로 비용을 줄이고 생산성을 높이기 위해 쓰일 것입니다. 한국은 이미 몇 년 전부터 인공지능과 로봇 도입의 대중화를 경험하고 있습니다. 2017년 이후로 최저 시급이 급속도로 올라가자비용 증가 고용주는 사람을 채용하는 대신 자동화를 선택했습니다_{생산성 향상}. AI와 기계가 사람의 일자리를 급속히 대체하기 시작했고 어느덧 우리나라는 무인 자동화 속도가 세계에서 가장 빠른 국가가 되었습니다. 언젠가부터 편의점과 마트에서 셀프 계산을 하고 스마트 스피커를 사용하며 사람이 없어도 가동되는 무인 공장에 익숙해져 버렸습니다.

인공지능의 끝판왕은 누가 될까?

앞서 설명한 것을 한 줄로 요약하면 "탈세계화는 인플레이션을 유발하고 인플레이션을 막기 위해서는 인공지능과 로봇의 역할이 중요하다"입니다. 영화 〈터미네이터〉를 보면 '스카이넷'이 등장합니다. 영화 속 스카이넷은 기술적 특이점인류 전체 지성을 인공지능이 앞지르는 시점에 등장하는 인공지능입니다. 아직까지 인공지능은 사람이 시킨 일만 하는 '약 인공지능Weak AI'에 머물러 있습니다. 바둑을 학습시키면 바둑을 잘 두고 번역을 학습시키면 번역을 해주며 운전 교육을 시키면 운전을 해줍니다. 즉 약 인공지능은 우리가 시킨 한 가지 일을 잘 처리할 수 있습니다. 회사에도 시킨 일만 잘 처리하는 '약 인공지능' 직원들이 있습니다.

2040년이 되면 사람이 시킨 일뿐만 아니라 스스로 학습해서 다른 일들도 처리할 수 있는 '강 인공지능Strong AI' 시대가 온다고 합니다. 이세돌을 이겼던 알파고가 바둑만 잘 두는 약 인공지능이었다면, 앞으로 인공지능은 스스로 알아서 학습해서 번역도 하고 운전도 하는 시대가 온다는 뜻입니다.

한발 더 나아가서 2060년에는 사람의 머리로는 이해할 수 없는 초지능Super intelligent이 탄생할 것으로 봅니다. 동물들이 지능이 높은 인간들의 행동을 이해할 수 없는 것처럼 인간들이 초지능을 이해할 수 없는 시대가 옵니다.

이런 인공지능을 개발하기 위해서는 방대한 데이터와 꾸준한 투자가 필요합니다. 그렇다면 전 세계에서 가장 많은 양의 데이터를 보유하고 인공지능 개발에 많은 투자를 하는 기업은 어디일까요? 그곳은 바로 구글과 아마존입니다(2022년 Wheelhouse Top 10 largest databases in the world 기준).

알파벳 매출 구조

구글의 모회사인 알파벳의 주요 매출은 디지털 광고에서 나옵니다. 과거에는 TV나 신문과 같은 전통 매체를 통한 광고가 대부분이었지만 이제는 온라인 디지털 광고의 비중이 점점 늘어가고 있습니다. 이 시장을 구글, 메타, 아마존과 같은 소수 업체가 절반 이상을 차지하고 있습니다.

구글은 연관 검색 광고와 유튜브 광고가 전체 매출의 81%를 차지합니다. 알파벳 전체 매출 2,576억 달러 중에 2,095억 달러가 디지털 광고 매출입니다. 구글 클라우드 매출은 192억 달러로 전체의 7.5%를 차지하는데, 아직은 비중이 작은 편입니다.

알파벳의 매출 구조

매출 구성(억 달러)	2017	2018	2019	2020	2021	매출비중
구글 검색 광고	698	853	981	1,041	1,490	57.8%
유튜브 광고	82	112	151	198	288	11.2%
구글 애드 센스	176	200	215	231	317	12.3%
구글 광고 전체	**956**	**1,165**	**1,348**	**1,469**	**2,095**	**81.4%**
구글 클라우드	41	58	89	131	192	7.5%
구글 기타 네스트, 유튜브 구독료 등	109	141	170	217	280	10.9%
구글 전체 매출	**1,105**	**1,364**	**1,607**	**1,817**	**2,567**	**99.7%**
기타 자회사 매출	5	6	7	7	8	0.3%
알파벳 전체 매출	**1,110**	**1,370**	**1,614**	**1,824**	**2,575**	**100.0%**

출처: 스태티스타[100]

[Competitors] 경쟁자가 얼마나 있는가?

구글의 매출 대부분이 디지털 광고 시장에서 발생하는데 미국 디지털 광고 시장은 구글, 페이스북메타, 아마존이 독식하고 있습니다. 전 세계적으로 보아도 알리바바와 텐센트, 바이두와 같은 중국 기업들을 제외하면 구글, 페이스북, 아마존이 독식하고 있는 독과점 시장입니다.

다음 그래프는 미국 디지털 광고 시장 점유율 전망입니다. 구글·페이스북·아마존이 전체 60% 이상을 차지하는 독과점 형태가 당분간 유지될 것으로 보입니다.

구글, 아마존, 페이스북의 디지털 광고 시장 점유율

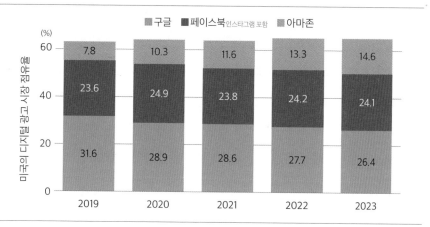

출처: 스태티스타[101]

[Shareholder friendly] 주주 친화적인가?

다음 현금흐름표에서 알 수 있듯이 구글은 2015년부터 자사주 매입을 꾸준히 늘려왔습니다. 2021년에는 502억 달러 규모의 자사주 매입을 했습니다. 자사주 매입은 유통되는 주식 수를 줄여주기 때문에 EPS가 상승하는 효과를 가져옵니다. EPS 상승은 PER(=주가/EPS)을 낮추고 주가 상승을 불러옵니다. 자사주 매입은 회사가 저평가되었다는 강력한 신호로 간주됩니다.

구글의 현금흐름표

Cash Flow From Financing Activities		2012	2013	2014	2015	2016	2017	2018	2019	2020	2021	TTM
Long-Term Debt Issued		16,109.0	10,768.0	11,625.0	13,705.0	8,729.0	4,291.0	6,766.0	317.0	11,761.0	20,199.0	20,199.0
Total Debt Issued		**16,109.0**	**10,768.0**	**11,625.0**	**13,705.0**	**8,729.0**	**4,291.0**	**6,766.0**	**317.0**	**11,761.0**	**20,199.0**	**20,199.0**
Long-Term Debt Repaid		(14,781.0)	(11,325.0)	(11,643.0)	(13,728.0)	(10,064.0)	(4,377.0)	(6,827.0)	(585.0)	(2,100.0)	(21,435.0)	(21,435.0)
Total Debt Repaid		**(14,781.0)**	**(11,325.0)**	**(11,643.0)**	**(13,728.0)**	**(10,064.0)**	**(4,377.0)**	**(6,827.0)**	**(585.0)**	**(2,100.0)**	**(21,435.0)**	**(21,435.0)**
Issuance of Common Stock		-	-	-	-	-	-	-	-	-	-	-
Repurchase of Common Stock		-	-	-	(1,780.0)	(3,693.0)	(4,846.0)	(9,075.0)	(18,396.0)	(31,149.0)	(50,274.0)	(50,274.0)
Other Financing Activities		(99.0)	(300.0)	(2,069.0)	(2,422.0)	(3,304.0)	(3,366.0)	(4,043.0)	(4,545.0)	(2,920.0)	(9,852.0)	(9,852.0)
Cash from Financing		**1,229.0**	**(857.0)**	**(2,087.0)**	**(4,225.0)**	**(8,332.0)**	**(8,298.0)**	**(13,179.0)**	**(23,209.0)**	**(24,408.0)**	**(61,362.0)**	**(61,362.0)**

출처: 시킹알파

전문가들은 구글이 앞으로 10년간 1조 달러 규모의 자사주 매입을 할 것으로 보고 있습니다. 부자들은 세금이 많은 배당보다는 시세 차익을 누릴 수 있는 자사주 소각을 더 선호하며, 구글은 배당 대신 자사주 매입에 전력을 다할 것으로 보입니다. 2022년 8월 29일 현재 구글의 시가총액이 1.4조 달러인데 자사주 매입 1조 달러는 시총의 71%에 달하는 규모입니다.

위의 표는 구글의 재무활동으로 인한 현금흐름표입니다. 빨간색으로 표시된 'Repurchase of Common Stock'은 자사주 매입을 뜻합니다.

[Growth Industry] 산업이 성장하고 있는가?

디지털 광고 시장

알파벳의 주요 매출은 디지털 광고 시장에서 나옵니다. 글로벌 디지털 광고 시장은 2020년 기준 3,742억 달러 규모입니다. 리서치앤마켓에 따르면 글로벌 디지털 광고 시장은 2030년까지 1조 4,490억 달러 규모로 성장할 것으로 전망됩니다. 이는 연평균 14.5%의 성장률을 의미합니다.

다음 그래프에서 알 수 있듯 전 세계 광고에서 디지털 광고가 차지하는 비중은 2021년에 60%를 넘어섰으며 앞으로도 계속 증가할 전망입니다.

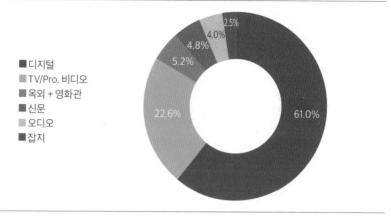

출처: Group M

OTT 시장

코히어런트 마켓 인사이트Coherent Market Insights에 따르면 알파벳의 유튜브가 속한 OTT 시장은 2021년 기준 1,012억 달러 규모이며 2028년까지 연평균 14.5%의 속도로 성장할 것으로 전망됩니다. 약 5년마다 시장 규모가 2배로 증가한다는 뜻입니다.

클라우드 시장

글로브뉴스와이어GlobeNewswire에 따르면 글로벌 클라우드 시장은 2021년 4,453억 달러에서 2026년 9,473억 달러 규모 시장으로 성장할 것으로 전망됩니다. 연평균 16.3%의 속도로 성장하는 것이며 2026년에 지금보다 2배 정도 시장 규모가 커지게 됩니다.

[Brand Loyalty] 소비자들이 제품을 좋아하는가?

높은 브랜드 가치

소비자들이 좋아하는 브랜드는 브랜드 가치가 높습니다. 애플이 전 세계 브랜드 가치 1위를 차지한 것만 보아도 알 수 있습니다. 2021년 인터브랜드 선정 베스트 글로벌 브랜드에서 구글은 4위를 차지했습니다. 구글의 브랜드 가치를 돈으로 환산하면 1,968억 달러에 달하며 전년 대비 19% 성장했습니다. 아래 그래프는 구글의 브랜드 가치가 지속적으로 상승하고 있음을 보여줍니다.

구글 브랜드 가치의 추세

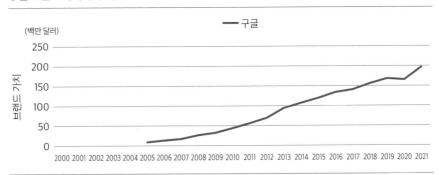

출처: 인터브랜드[102]

검색 엔진 점유율

구글의 다양한 서비스에 대한 만족도는 시장 점유율 추이를 통해서도 유추해 볼 수 있습니다. 구글의 검색 엔진 시장 점유율은 2022년 2월 기준 92.01%에 달하며 앞으로도 이변이 없는 한 현재 지위를 유지할 것으로 보입니다. 구글의 뒤를 이어 빙Bing 2.96%, 야후Yahoo 1.51% 순입니다.

구글의 시장 점유율

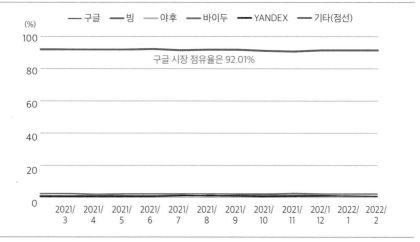

출처: 스탯카운터

OTT 시장 경쟁력

넷플릭스는 소비자들이 좋아할 만한 킬러 콘텐츠를 자신의 돈으로 끊임없이 투자하고 제작해야 하는 반면 유튜브는 수많은 크리에이터들이 알아서 자발적으로 킬러 콘텐츠를 생산해냅니다. 구글이 할 일은 인공지능을 강화하여 재미없는 콘텐츠를 걸러주고 시청자가 좋아할 만한 콘텐츠를 계속 추천해주는 것입니다. 유튜브 이용자 수와 평균 시청 시간이 매해 증가하고 있는 것은 시청자들이 유튜브를 좋아하고 있다는 방증입니다. 다음 그래프는 유튜브 앱 활성 이용자 수 MAU, Monthly Active Users 추이를 보여줍니다.

유튜브 앱 활성 이용자 수

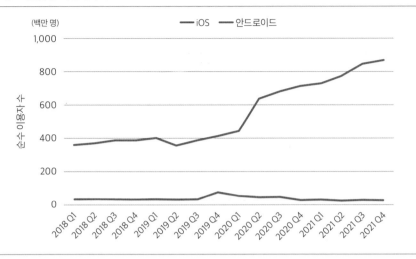

출처: 스태티스타[103]

클라우드 점유율

구글 클라우드는 2021년에 처음으로 점유율 10%를 넘겼습니다. 클라우드 전

클라우드 시장 점유율

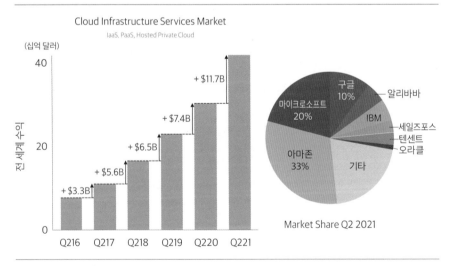

출처: 시너지리서치그룹[104]

체 시장 규모도 증가하고 점유율도 살짝 증가했지만 1위 아마존33%과 2위 마이크로소프트20%와는 격차가 있습니다. 현재 구글 클라우드 사업부는 아직 적자 상태이기 때문에 아직 갈 길이 멀어 보입니다.

[Leadership] CEO는 어떤 사람인가?

구글의 CEO인 순다르 피차이Sundar Pichai는 글래스도어 선정 최고의 CEO 조사에서 90위를 차지했습니다. 미국에 상장된 기업이 6,000여 개 정도 되니 상당히 높은 순위입니다. 구글 직원의 94%는 CEO가 임무를 잘 수행하고 있다고 평가했습니다.

글래스도어 구글 CEO 리뷰

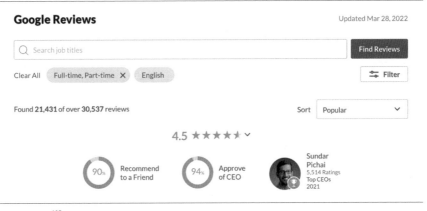

출처: 글래스도어[105]

또 다른 조사 기관인 캄프러블리에 따르면 순다르 피차이는 구글 내부 직원 4,173명을 대상으로 한 설문조사에서 100점 만점에 81점을 차지했습니다. 해당 점수는 비슷한 규모의 회사들과 비교해서 상위 5%에 해당하는 높은 점수입니다.

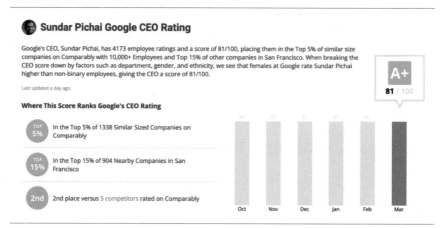

출처: 캄프러블리[106]

아래 그래프에서 알 수 있듯이 순다르 피차이의 점수는 최근 1년간 81점으로 꾸준한 모습맨 위 파란 선을 보여주었습니다.

구글 CEO 점수와 다른 기업 점수 비교

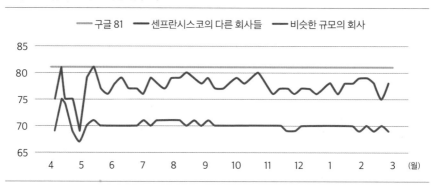

출처: 캄프러블리[107]

[Employee Satisfaction] 직원들의 만족도는 어떠한가?

구글은 2022년 글래스도어 선정 일하기 좋은 직장Best Places to Work에서 7위를 차지했습니다. 5점 만점에 4.5점을 획득한 구글은 사내 문화, 보수, 복지 등에서 높은 점수를 받았습니다. 내부 직원 인터뷰 결과는 회사는 직원들의 웰빙에 많은 신경을 쓰고 있는 것으로 나타났습니다.

직원들의 만족도가 높은 회사의 주식이 알파 수익_{시장 평균보다 높은 수익}을 창출한다는 내용의 논문과 보고서는 셀 수 없이 많이 있기 때문에 구글이 높은 순위를 차지했다는 것은 유의미한 결과입니다.

글래스도어 구글 리뷰

7. Google

Rating: 4.5

Industry: Technology

What employees are saying:

"All the good things people say are true--great culture, great pay, and benefits, fun projects, awesome offices."

"They really care about your well-being and make sure you're well taken care of."

"Excellent work-life balance allows me to get the most out of life"

출처: 글래스도어[108]

엔비디아

4차 산업 시대의 곡괭이를 만드는 회사

과거 캘리포니아 골드러시Gold Rush 시대에 돈 벌던 사람은 따로 있었습니다. 바로 곡괭이를 만들던 사람이었습니다. 이어서 청바지를 만들던 사람이 돈을 벌었습니다. 그렇다면 현재 메타버스, 인공지능, 가상 화폐, 자율주행차의 시대를 살고 있는 지금, 과거 곡괭이 회사처럼 돈을 벌고 있는 회사는 어디일까요?

메타버스를 구현하기 위해서는 고성능 그래픽 카드가 필요합니다. 여기에 들어가는 GPU를 만드는 기업은 엔비디아입니다. 인공지능을 개발하기 위해서는 인공지능 반도체AI 가속기가 필요합니다. 이를 만드는 대표 기업 또한 엔비디아입니다. 가상 화폐를 채굴하기 위해 필요한 그래픽 카드를 만드는 회사도 엔비디아입니다. 그뿐만 아니라 자율주행차를 개발 중인 테슬라의 반대 진영에서 자율주행 솔루션을 개발 중인 회사도 엔비디아입니다. 써놓고 보니 4차 산업혁명 관련 산업에서 엔비디아가 관여하지 않는 곳이 없습니다.

GPU가 뭔가요?

CPU는 우리가 많이 들어본 중앙처리장치입니다. 사람으로 치면 머리에 해당

합니다. GPU는 그래픽 연산 처리에 특화된 반도체입니다. 컴퓨터의 그래픽이 점점 발전하면서 CPU 혼자 일 처리하는 것이 버거워졌고 이를 돕기 위해 탄생한 것이 GPU입니다.

CPU와 GPU의 차이를 쉽게 설명하자면 CPU는 2~4명의 똑똑한 수학과 교수이고 GPU는 초등학생 수천 명이 있는 것으로 비유할 수 있습니다. 굉장히 어려운 수학 문제 1개는 똑똑한 수학과 교수 혼자서도직렬 잘 풀겠지만 곱하기처럼 간단한 산수 문제 1,000개는 초등학생 1,000명이 동시에병렬 푸는 것이 더 나은 것과 비슷합니다.

4차 산업혁명과 관련된 메타버스와 3D 그래픽 처리, 인공지능의 머신러닝 과정은 쉬운 문제 수천 개들을 풀어내야 하는 과정이기 때문에 CPU보다 GPU가 더 유리합니다.

	CPU	GPU
연산 능력	고성능수학과 교수	저성능초등학생
연산 담당 코어Core 수량	2~4개	수천 개
처리 방식	직렬한 번에 하나씩	병렬동시에 여러 개

사물인터넷이 확산되면서 수집되는 데이터가 점점 더 많아지고 해당 데이터를 기반으로 인공지능을 학습시키는 과정에서 GPU의 수요는 폭발적으로 성장할 것입니다. 이 때문에 수많은 투자자가 엔비디아를 골드러시 시대에 곡괭이 만드는 회사로 보고 있습니다. 현재 엔비디아의 영업이익은 삼성전자의 3분의 1 수준이지만 시가총액은 2배에 달합니다.

[Competitors] 경쟁자가 얼마나 있는가?
엔비디아는 크게 3곳에서 돈을 벌고 있고 시장마다 경쟁 정도가 다릅니다.

게이밍용 GPU

게이밍용 GPU 시장은 엔비디아와 AMD가 양분하고 있습니다. 독과점 형태의 시장인 만큼 제조사의 가격 결정권이 큽니다. 2021년에 공급 대란으로 GPU 가격이 미친 듯이 올랐지만 대안이 없기 때문에 소비자들은 울며 겨자 먹기 식으로 구매할 수밖에 없었습니다. 이를 달리 설명하면 엔비디아는 인플레이션 시기에 가격을 소비자에게 전가할 수 있습니다. 2021년 3분기 말 기준으로 엔비디아는 시장 점유율 83%를 차지하고 있으며 매년 시장 점유율이 조금씩 증가하고 있는 상황입니다.

엔비디아와 AMD의 시장 점유율

	Q2'20	Q2'21	Q3'21
AMD	20%	17%	17%
엔비디아	80%	83%	83%

출처: 하드웨어 타임스[109]

인공지능 전용 반도체

인공지능을 만들기 위해 10년 전에는 기존에 있던 컴퓨터 부품들CPU, GPU, 메모리 등을 활용했습니다. 현재는 인공지능 전용 하드웨어를 만들어 사용하는데 이를 AI 가속기AI accelerator 혹은 딥 러닝 칩셋Deep Learning Chipset이라고 부릅니다.

AI 가속기는 인공지능 개발을 위한 핵심 장비이기 때문에 해당 시장은 앞으로 10년간 폭발적으로 성장할 것으로 보입니다. 현재 AI 가속기는 개인용 컴퓨터에 쓰이는 CPU처럼 표준화x86, ARM가 되어 있지 않기 때문에 종류가 다양합니다.

옷으로 비유하자면 기성복, 주문 제작하는 맞춤복이 있는 것처럼 AI 가속기도 '범용으로 쓰이는 AI 가속기GPGPU', '주문 제작하는 AI 가속기ASIC', '프로그램을 사용해 용도 전환이 가능한 AI 가속기FPGA'로 나뉩니다. 엔비디아는 '범용 AI 가속기GPGPU'를 공급하고 있으며, 해당 AI 가속기 시장 점유율의 90%를 넘어섭니다.

하지만 돈을 많이 벌어 부자가 되면 기성복 대신 맞춤복을 입기 시작하듯 돈이 많은 부자 기업들은 범용 AI 가속기 대신 '주문 제작 방식ASIC'으로 전환하고 있습니다. 맞춰 입은 옷이 더 편안하고 내 몸에 꼭 맞듯이 기업이 보유한 인공지능 특성에 맞는 AI 가속기ASIC는 속도도 빠르고 전기도 덜 먹습니다. 아마존, 테슬라, 구글, 네이버와 같이 돈이 많은 부자 기업들은 주문 제작한 AI 가속기를 사용하고 있습니다.

인공지능 연구를 하기 위해서는 이처럼 AI 가속기가 설치된 컴퓨터가 필요합니다. 하지만 이런 장비들은 가격이 비싸기 때문에 아마존 같은 클라우드 컴퓨팅 제공 업체를 통해 장비를 빌려서 인공지능 연구를 진행합니다.

자율주행차 전용 칩과 프로그램

스마트폰 초창기에는 다양한 운영체제OS가 있었습니다. 하지만 지금 남아 있는 스마트폰 운영체제는 크게 안드로이드와 iOS로 나누어집니다. iOS는 애플만 사용하고 있고 안드로이드는 오픈되어 있어서 나머지 스마트폰 제조 업체들이 사용하고 있습니다.

자율주행차 분야도 이와 비슷합니다. 미래에 자율주행차가 상용화되면 테슬라 혹은 엔비디아의 OS가 탑재된 자율주행차로 나뉠 전망입니다. 테슬라가 애플처럼 독자적인 운영체제를 갖게 되고 엔비디아는 안드로이드처럼 수많은 자동차 제조사들에게 자율주행 관련 솔루션을 제공하게 됩니다. 벤츠, 아우디, 볼보 등은 이미 엔비디아와 손잡고 자율주행차 개발에 공을 들이고 있습니다.

[Shareholder friendly] 주주 친화적인가?

엔비디아는 전형적인 성장 혁신 기업이기 때문에 배당 수익보다는 시세 차익을 노리는 주식입니다. 그럼에도 엔비디아는 2012년 이후 꾸준히 배당금을 지급하고 있습니다. 그뿐만 아니라 엔비디아의 현재 배당 성향은 3.6%로 굉장히 낮습니다. 즉 순이익에서 지출되는 배당금이 3.6%밖에 되지 않기 때문에 앞으로도 꾸준히 배당을 늘리고 지속할 가능성이 크다는 뜻입니다. 자사주 매입도 지난

엔디비아의 배당금 규모

Year	Declare Date 배당 선언일	Ex-Div Date 배당락일	Record Date 배당 기준일	Pay Date 배당 지급일	Frequency	Amount	Adj. Amount
2022							
	2/16/2022	3/2/2022	3/3/2022	3/24/2022	Quarterly	0.0400	0.0400
2021							
	11/17/2021	12/1/2021	12/2/2021	12/23/2021	Quarterly	0.0400	0.0400
	8/18/2021	8/31/2021	9/1/2021	9/23/2021	Quarterly	0.0400	0.0400
	5/26/2021	6/9/2021	6/10/2021	7/1/2021	Quarterly	0.1600	0.0400
	2/24/2021	3/9/2021	3/10/2021	3/31/2021	Quarterly	0.1600	0.0400
2020							
	11/18/2020	12/3/2020	12/4/2020	12/29/2020	Quarterly	0.1600	0.0400
	8/19/2020	9/1/2020	9/2/2020	9/24/2020	Quarterly	0.1600	0.0400
	5/22/2020	6/4/2020	6/5/2020	6/26/2020	Quarterly	0.1600	0.0400
	2/13/2020	2/27/2020	2/28/2020	3/20/2020	Quarterly	0.1600	0.0400
2019							
	11/14/2019	11/27/2019	11/29/2019	12/20/2019	Quarterly	0.1600	0.0400
	8/15/2019	8/28/2019	8/29/2019	9/20/2019	Quarterly	0.1600	0.0400
	5/16/2019	5/30/2019	5/31/2019	6/21/2019	Quarterly	0.1600	0.0400
	2/14/2019	2/28/2019	3/1/2019	3/22/2019	Quarterly	0.1600	0.0400
2018							
	11/15/2018	11/29/2018	11/30/2018	12/21/2018	Quarterly	0.1600	0.0400
	8/16/2018	8/29/2018	8/30/2018	9/21/2018	Quarterly	0.1500	0.0375
	5/10/2018	5/23/2018	5/24/2018	6/15/2018	Quarterly	0.1500	0.0375
	2/8/2018	2/22/2018	2/23/2018	3/16/2018	Quarterly	0.1500	0.0375
2017							
	11/9/2017	11/22/2017	11/24/2017	12/15/2017	Quarterly	0.1500	0.0375
	8/10/2017	8/22/2017	8/24/2017	9/18/2017	Quarterly	0.1400	0.0350
		5/19/2017	5/23/2017	6/14/2017	Quarterly	0.1400	0.0350
	2/9/2017	2/22/2017	2/24/2017	3/17/2017	Quarterly	0.1400	0.0350
2016							
	11/10/2016	11/23/2016	11/28/2016	12/19/2016	Quarterly	0.1400	0.0350
	8/11/2016	8/23/2016	8/25/2016	9/16/2016	Quarterly	0.1150	0.0288
	5/12/2016	5/24/2016	5/26/2016	6/20/2016	Quarterly	0.1150	0.0288
	2/17/2016	2/29/2016	3/2/2016	3/23/2016	Quarterly	0.1150	0.0288

출처: 시킹알파[110]

10년간 꾸준히 하고 있고 2020년부터는 자사주 매입 규모 역시 증가하고 있습니다.

[Growth Industry] 산업이 성장하고 있는가?

게이밍 GPU 시장

게이밍 GPU 시장은 2026년까지 연평균 14.1%의 속도로 증가할 것으로 전망됩니다. 현재는 플레이스테이션·엑스박스와 같은 비디오 콘솔로 게임을 즐기거나 PC, 스마트폰 등으로 즐기지만 미래에는 고가의 장비 없이 스트리밍 방식으로 고사양 게임을 즐기는 세상이 옵니다. 스트리밍 게임 제공 업체가 증가하면 고사양 게이밍 GPU에 대한 수요는 더욱 폭발적으로 성장할 것입니다.

게이밍 CPU 시장의 성장 전망

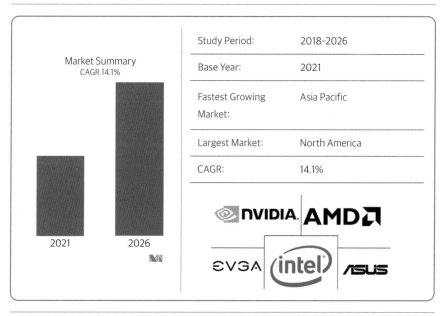

출처: 모르도르 인텔리전스[111]

AI 가속기 시장

AI 가속기는 4차 산업혁명 시대 필수 장비이기 때문에 앞으로도 꾸준한 성장이 전망됩니다. 2017년 16억 달러의 시장 규모에서 2025년에 663억 달러약 80조원 규모로 성장할 것으로 전망됩니다.

AI 가속기 시장 성장 전망

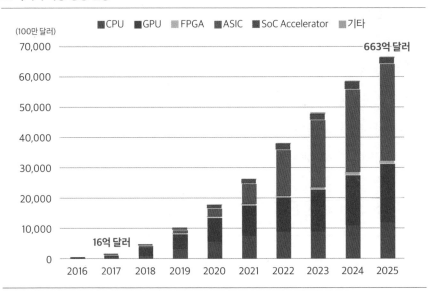

출처: 동아닷컴[112]

[Brand Loyalty] 소비자들이 제품을 좋아하는가?

인터브랜드에서 작성하는 글로벌 100대 브랜드에는 엔비디아가 아직 포함되지 않아서 NPS Net Promoter Score 점수를 활용하여 소비자들이 얼마나 엔비디아를 좋아하는지 확인해보았습니다. NPS 점수는 다음과 같은 방식으로 산출됩니다. 일단 소비자들에게 "제품을 친구 또는 동료에게 추천해 주겠습니까?"라고 묻습니다. 0점에서부터 10점 만점까지 소비자가 선택합니다. 그리고 점수에 따라서 3가지 부류로 나눕니다. 9점과 10점을 준 소비자를 프로모터Promoters라고 칭하고, 7점과 8점은 패시브Passives라고 칭합니다. 그리고 나머지 0~6점을 준 소비자들을 디트랙터Detractors, 깎아내리는 사람라고 부릅니다. NPS 점수는 프로모터9점, 10점 비중에서 디트랙터0~6점를 빼준 값입니다. NPS 점수는 −100점에서부터 +100점까지 있으며 점수가 클수록 소비자들이 만족하고 있다는 뜻입니다.

	엔비디아	AMD
NPS 점수	-10	-6

엔비디아와 AMD 모두 디트랙터가 조금 더 많은 모습을 보여주고 있습니다. 추정하자면 엔비디아는 신제품을 출시한 지 얼마 되지 않아 비슷한 가격에 훨씬 좋은 성능의 제품을 출시한 일이 몇 번 있었는데, 이 과정에서 미리 구매한 소비자들의 불만이 증가해 NPS 점수가 낮아진 것으로 보입니다. 하지만 게이밍 GPU 시장은 엔비디아와 AMD의 과점 시장이기 때문에 소비자들은 계속해서 구매할 수밖에 없습니다. 한국에서는 우스갯소리로 젠슨 황Jensen Huang CEO를 황통수젠슨 황 + 소비자 뒤통수 잘 침라고도 부릅니다.

[Leadership] CEO는 어떤 사람인가?

글래스도어에 따르면 엔비디아 직원의 95%가 젠슨 황이 회사를 잘 경영하고 있다고 답했습니다. 미국에 상장된 6,000여 개의 기업 가운데 최고의 CEO 31위에 뽑혔습니다. 100위 안에 포함된 기업의 CEO들은 적어도 90% 이상의 지지를 직원들로부터 받고 있습니다.

#31 Jensen Huang

95% Approval

NVIDIA

See Reviews | View Jobs

출처: 글래스도어[113]

[Employee Satisfaction] 직원들의 만족도는 어떠한가?

다음은 글래스도어에서 언급된 직원들이 생각하는 엔비디아입니다.

"업무가 도전적이고 유의미하다. 급여와 복지가 매우 좋고 동료들도 아주 좋다."

"엔디비아는 꾸준한 회사입니다. 웰빙 세션을 마련하거나 직원 자원 그룹, 넉넉한 보상 등 직원을 지원하기 위한 다양한 방법을 구사합니다. 저는 코로나 팬데믹 기간 동안 업무 스케줄에 융통성을 발휘할 수 있었습니다."

"상품과 지향점이 흥미로우며 시장을 선도하는 회사. 여러 혜택이 매우 좋고 주가도 선방하고 있다. 서로 도움을 주고 받으며 함께 일하기 좋은 동료들도 있다. 똑똑하면서도 직원들을 생각하는 CEO가 있는 곳. 사람들은 아직 유망주로 인식하는데, 사실 앞으로의 잠재력이 대단한 회사이다."

엔비디아는 글래스도어 조사에서 5점 만점에 4.6점을 받고 2022년 가장 일하기 좋은 기업 영예의 1등을 차지했습니다. 위의 코멘트에서 알 수 있듯이, 직원들은 회사의 보수와 복지에 만족하고 있으며 서로 돕는 사내 문화, 뛰어난 CEO, 회사의 성장 가능성에 자부심을 느끼고 있습니다.

앞서 여러 차례 말했듯이, 직원들의 만족도가 높은 회사들의 수익률이 그렇지 못한 회사보다 훨씬 높다는 사실은 이미 여러 전문가의 백테스트를 통해 밝혀졌습니다.

디지털 트윈에 대해

　영화 〈매트릭스〉를 기억하십니까? 현실에서 인류는 기계들의 에너지 역할을 하고 있지만 매트릭스 안에서 사람들은 현실과 똑같이 일하고 먹고 즐깁니다. 사람들은 자신들이 매트릭스 안에 있다는 사실도 모른 채 평생 살아갑니다. 테슬라의 CEO 일론 머스크는 우리가 지금 살고 있는 세상도 가상 세계_{매트릭스}일 확률이 99.9999999%라고 말합니다.

　그가 그렇게 말하는 배경에는 빠른 기술 발전이 있습니다. 1981년에 출시된 '갤러그'라는 게임을 기억하십니까? 정말 형편없는 그래픽에 저질 사운드가 결합된 게임이었습니다. 하지만 최근에 출시되는 게임들은 어떨까요? 다음 그림에서 알 수 있듯이 현실의 모습과 거의 유사합니다. 불과 40여 년 만에 벌어진 일입니다.

현실 세계와 상당히 유사해진 게임 화면

출처: 플레이스테이션, 그란 투리스모

앞으로 40년 뒤에는 어떠한 일이 벌어질까요? 아마도 가상 세계와 현실 세계를 거의 분간하기 힘든 세상이 오지 않을까요?

2022년 현재, 실제 세계와 똑같은 물리 법칙이 적용되는 디지털 세상이 있습니다. 이를 '디지털 트윈'이라고 부릅니다. 디지털 트윈 기술의 선두주자는 다름 아닌 엔비디아입니다. 엔비디아는 '옴니버스'라고 불리는 디지털 세상을 만들었습니다. 이곳에서는 실제 세상과 똑같은 물리 법칙이 적용되기 때문에 현실에서 많은 비용이 드는 일들을 가상 디지털 세계에서 테스트해볼 수 있습니다.

자동차 회사인 BMW는 엔비디아와 함께 디지털 세상에 공장을 세우고 시험 가동해보았습니다. 시험 가동 중에 나오는 문제점들을 기록해놓았다가 실제 공장을 세울 때 반영합니다. 또한 엔비디아는 디지털 세상에서 자율주행차용 인공지능을 학습시키고 있습니다. 실제 세상에서 자율주행차를 이용해 AI를 학습시키면 비용이 많이 들고 사고의 위험도 있습니다. 하지만 디지털 세상에서는 자율주행차가 사고를 내더라도 실제 사람이 다칠 일도 자동차가 부서질 일도 없습니다.

5G 통신장비 회사인 에릭슨은 디지털 트윈을 활용하여 5G 기지국을 미리 설치했습니다. 설치 후 전파가 닿지 않는 곳을 미리 파악하고 개선하여 실제 설치할 때 반영합니다.

[Competitors] 경쟁자가 얼마나 있는가?

마이크로소프트 사업 분야는 다양합니다. 따라서 사업 분야마다 경쟁자가 다릅니다. 첫 번째 사업 분야는 생산성Productivity and Business Processes입니다. 생산성 사업 파트에서는 기업의 생산성 향상을 위한 서비스를 제공합니다. 우리가 잘 알고 있는 생산성 관련 상품은 마이크로소프트 워드, 파워포인트, 엑셀과 같은 오피

오피스 프로그램 시장 점유율

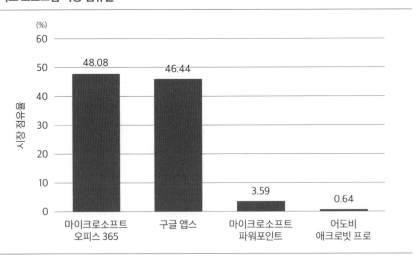

출처: 스태티스타

스 프로그램입니다. 이를 영어로 'Office Productivity Software'라고 하는 데, 해당 시장은 현재 마이크로소프트와 구글이 양분하고 있습니다. 마이크로소프트 '오피스 365'는 2022년 2월 기준 48.08% 점유율로 해당 시장 1위를 달리고 있습니다.

두 번째 사업 분야는 클라우드 컴퓨팅 부분Intelligent Cloud입니다. 클라우드 사업 부문은 크게 IaaS, PaaS, SaaS의 3가지로 나뉩니다. 그중 클라우드 인프라스트럭처IaaS & PaaS 시장에서 마이크로소프트는 아마존에 이어서 2위를 차지하고 있고, SaaS 시장에서도 세일즈포스Salesforce에 이어 2위를 차지하고 있습니다.

세 번째 사업 분야는 게임, 컴퓨터 액세서리 등을 포함한 개인 컴퓨팅 부분More Personal Computing입니다. 콘솔 게임기의 경우 소니와 닌텐도가 경쟁자이고 컴퓨터 액세서리의 경우 로지텍이 주요 경쟁자입니다. 2021년 기준 콘솔 게임 시장은 소니의 플레이스테이션 43%, 닌텐도 스위치 37%, 마이크로소프트 엑스박스가 20%를 차지하고 있는데, 전문가들은 2026년에는 마이크로소프트의 점유율이 27%까지 증가할 것으로 보고 있습니다(DFC 인텔리전스 자료).

[Shareholder friendly] 주주 친화적인가?

마이크로소프트는 18년 연속으로 배당금을 지급하고 인상해온 기업입니다. 아울러 자사주 매입도 꾸준히 하고 있습니다. 다음은 마이크로소프트의 재무 활동으로 인한 현금흐름표Cash Flow From Financing Activities입니다. 붉은색 박스 부분이 지난 10년간의 자사주 매입과 배당금 지급을 보여줍니다.

마이크로소프트는 최근 12개월 동안 327억 달러 규모의 자사주를 매입했습니다. 앞서 여러 차례 설명해드렸듯이 자기 주식을 스스로 사들이면 유통되는 주식의 수가 줄어듭니다. 주식 수가 줄면 개별 주식 당 돌아가는 이익은 커지게 되니 주가 상승의 요인이 됩니다.

2021년 9월 마이크로소프트 이사회는 600억 달러 규모의 자사주 매입 프로그램을 승인했습니다. 600억 달러는 달러당 1,300원 적용 시 78조 원 정도 되는데 이는 SK 하이닉스의 시가총액과 비슷합니다. 2022년 8월 30일 기준 하이닉스의 시가총액은 68조 원입니다. 이를 보면 마이크로소프트가 자사주 매입에 사용하는 돈이 얼마나 큰지 가늠할 수 있습니다.

마이크로소프트의 현금흐름표

		Jun 2013	Jun 2014	Jun 2015	Jun 2016	Jun 2017	Jun 2018	Jun 2019	Jun 2020	Jun 2021	Jun 2022	TTM
Cash Flow From Financing Activities												
Short Term Debt Issued		-	500.0	4,481.0	7,195.0	-	-	-	-	-	-	-
Long-Term Debt Issued		4,883.0	10,350.0	10,680.0	13,884.0	44,344.0	7,183.0	-	-	-	-	-
Total Debt Issued		4,883.0	10,850.0	15,161.0	21,079.0	44,344.0	7,183.0	-	-	-	-	-
Short Term Debt Repaid		-	-	-	-	(4,963.0)	(7,324.0)	-	-	-	-	-
Long-Term Debt Repaid		(1,346.0)	(3,888.0)	(1,500.0)	(2,796.0)	(7,922.0)	(10,060.0)	(4,000.0)	(5,518.0)	(3,750.0)	(9,023.0)	(9,023.0)
Total Debt Repaid		(1,346.0)	(3,888.0)	(1,500.0)	(2,796.0)	(12,885.0)	(17,384.0)	(4,000.0)	(5,518.0)	(3,750.0)	(9,023.0)	(9,023.0)
Issuance of Common Stock		931.0	607.0	634.0	668.0	772.0	1,002.0	1,142.0	1,343.0	1,693.0	1,841.0	1,841.0
Repurchase of Common Stock		(5,360.0)	(7,316.0)	(14,443.0)	(15,969.0)	(11,788.0)	(10,721.0)	(19,543.0)	(22,968.0)	(27,385.0)	(32,696.0)	(32,696.0)
Common Dividends Paid		(7,455.0)	(8,879.0)	(9,882.0)	(11,006.0)	(11,845.0)	(12,699.0)	(13,811.0)	(15,137.0)	(16,521.0)	(18,135.0)	(18,135.0)
Common & Preferred Stock Dividends Paid		(7,455.0)	(8,879.0)	(9,882.0)	(11,006.0)	(11,845.0)	(12,699.0)	(13,811.0)	(15,137.0)	(16,521.0)	(18,135.0)	(18,135.0)
Other Financing Activities		199.0	(39.0)	362.0	(369.0)	(190.0)	(971.0)	(675.0)	(3,751.0)	(2,523.0)	(863.0)	(863.0)
Cash from Financing		(8,148.0)	(8,665.0)	(9,668.0)	(8,393.0)	8,408.0	(33,590.0)	(36,887.0)	(46,031.0)	(48,486.0)	(58,876.0)	(58,876.0)

출처: 시킹알파[114]

[Growth Industry] 산업이 성장하고 있는가?

마이크로소프트가 속해 있는 산업은 크게 클라우드, 게임, 생산성으로 나누어볼 수 있습니다.

클라우드

클라우드는 2022년 4,839억 달러 시장입니다. 2030년까지 연평균 15.7% CAGR 성장할 것으로 예상됩니다. 2030년에는 시장 규모가 1조 5,549억 달러에 달할 것으로 전망됩니다.

클라우드 컴퓨팅 시장 건반 전망

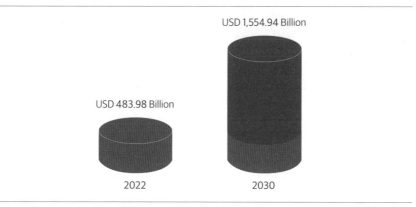

출처: 리서치앤마켓

게임

게임은 2022년 1,751억 달러 시장입니다. 2026년까지 연평균 8.17%CAGR 성장할 것으로 예상됩니다. 2026년에는 시장 규모가 2,397억 달러에 달할 것으로 전망됩니다.

비디오 게임 시장 성장 전망

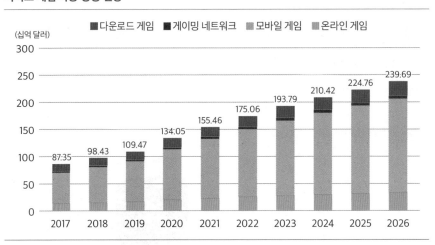

출처: 스태티스타

생산성 Office Productivity Software Market

생산성 소프트웨어는 2022년 기준으로 266억 달러 규모의 시장입니다. 5년 뒤 2027년에는 323억 달러 규모로 성장할 것으로 전망됩니다. 이는 연평균 3.98%의 성장 속도입니다.

생산성 소프트웨어 시장 성장 전망

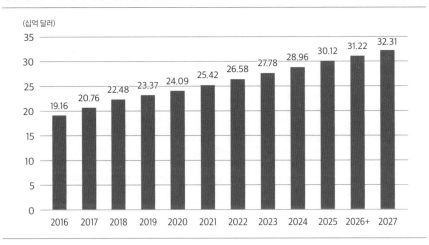

출처: 스태티스타

[Brand Loyalty] 소비자들이 제품을 좋아하는가?

소비자들이 제품을 좋아하는지는 시장 점유율 추이를 보거나 재구매 비율, 브랜드 가치 추이를 살펴보면 알 수 있습니다.

게임 분야

마이크로소프트는 게임기 시장에서 플레이스테이션의 40.7%에 이어 31%로 두 번째로 높은 재구매율을 보여주고 있습니다.[115]

클라우드 분야

마이크로소프트 애저Azure는 클라우드 분야에서 점유율을 지속적으로 늘려가고 있습니다. 2017년 4분기에 13.7%였던 점유율은 2021년 4분기에 22%까지 성장했습니다. 마이크로소프트 애저는 오랫동안 데이터 보안 관련 기술에 투자해왔고 데이터 보안에 민감한 정부, 헬스케어 관련 기업, 금융 기관에서 큰 인기

클라우드 분야 시장 점유 비율

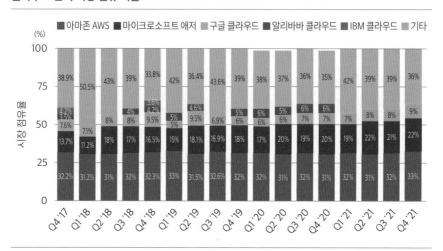

출처: 스태티스타

를 끌고 있습니다.

사무 생산성 분야

현재 구글과 마이크로소프트가 서로 엎치락뒤치락하면서 싸우고 있는 시장입니다. 구글은 과금 구조가 단순하고 웹상에서 협업할 때 강점을 보입니다. 마이크로소프트는 과금 구조가 복잡한 만큼 자신의 필요에 맞는 상품을 선택할 수 있고, 마이크로소프트 365 이용 시 워드, 파워포인트, 엑셀 데스크톱 버전을 사용할 수 있다는 장점이 있습니다.

[Leadership] CEO는 어떤 사람인가?

티베트의 성자 선다 싱Sundar Singh에 관한 일화가 있습니다. 선다 싱과 어떤 사람이 겨울에 길을 가고 있었습니다. 그날따라 눈보라가 심하게 치고 있었는데 길 가운데에 어떤 사람이 쓰러져 있었습니다. 선다 싱은 이 사람을 이대로 두면 얼어 죽을 수 있으니 함께 데려가자고 말했습니다. 하지만 옆에 있던 사람은 "우리도 너무 춥고 힘드니 그냥 빨리 가자"며 먼저 길을 나섰습니다.

선다 싱은 그를 두고 갈 수 없어 그를 등에 업고 마을로 향했습니다. 그렇게 한참을 걷다 길에 쓰러져 죽은 행인을 발견했는데 그는 바로 먼저 길을 나섰던 사람이었습니다. 선다 싱은 등에 업은 사람의 체온 덕분에 얼어 죽지 않고 무사히 마을까지 갈 수 있었습니다.

마이크로소프트의 현 CEO인 사티아 나델라Satya Nadella가 취임하기 전 마이크로소프트는 먼저 가려는 행인처럼 부서 이기주의가 만연한 조직이었습니다. 큰 경쟁자 없이 오랫동안 돈을 잘 벌다 보니 세상의 변화에 점차 둔감해져 있었습니다. 내부에서는 부서 간 정치 싸움으로 정신없었습니다. 세상은 이미 PC 사용량이 줄고 모바일로 이동하고 있었는데, 마이크로소프트는 PC 시대의 영광에 취해 있었습니다.

이런 혼돈의 시기에 사티아 나델라는 마이크로소프트의 CEO가 되었습니다. 그는 인도 이민자 출신이었기 때문에 포용력이 높았습니다. 그에게는 뇌성마비를 겪는 아들도 있었기 때문에 누구보다 공감 능력이 좋았습니다. 이처럼 그는 포용 Inclusion, 협업 Collaboration, 공감 Empathy의 가치를 잘 알고 있는 사람이었고 CEO가 되고 난 후 이 3가지 핵심 가치를 마이크로소프트에 수혈하기 시작했습니다.[116]

그는 경쟁사들을 이겨야 할 대상으로만 보지 않았고 협업을 통해 서로 윈윈할 수 있는 파트너로 보았습니다. 그가 취임하기 전 오피스 프로그램 워드, 엑셀, 파워포인트 등은 윈도우에서만 작동했습니다. 하지만 그가 CEO가 되고 난 이후에는 다른 경쟁사들과 협업하여 다양한 운영체제에서도 오피스가 작동할 수 있도록 바꿔나 갔습니다.

회사 내에서는 부서 간 파벌 싸움을 없애기 위해 노력했습니다. 부서장과 직원들에게는 틈만 나면 부서 간 협력의 미학을 설파했습니다. 그는 협업과 사내 문화 개선을 위해 좋은 책을 발견하면 직원들에게 읽어보라고 권유했습니다.

그는 현실에 안주하지 않고 미래 먹거리도 찾아 나섰습니다. 마이크로소프트와 협업하여 시너지를 낼 수 있는 기업들이 있으면, 인수하기 시작했습니다. 인수 후에도 피인수 기업의 정신이 유지될 수 있도록 그들의 문화를 존중해주었습니다. 사티아 나델라가 이룬 대표적 인수합병은 개발자들 간 소스 코드를 공유하고 협업을 도와주는 '깃허브 GitHub'와 세계 최대 비즈니스 인맥 관리 소셜네트워크서비스인 '링크트인 Linkedin'입니다.

2014년 2월 취임 당시 주당 36달러 하던 주가는 현재 265달러(2022년 8월 29일 기준)에 거래되고 있고 2013년 29억 달러였던 연간 순이익은 2021년 150억 달러로 5배가량 증가했습니다.

그의 따뜻한 리더십은 회사의 실적뿐만 내부 직원들의 마음도 움직였습니다. 글래스도어 선정 최고의 CEO 조사에서 직원의 97%가 현재 CEO가 일을 잘하고 있다고 답변했고 그는 전체 CEO 중 6위를 차지했습니다. 이는 시가총액 10위 안에 드는 빅테크 기업 중에서 가장 높은 성적입니다.[117]

[Employee Satisfaction] 직원들의 만족도는 어떠한가?

글래스도어의 조사 결과에 따르면 직원의 92%가 마이크로소프트를 친구에게 추천한다고 밝혔습니다.

마이크로소프트 직원 만족도 조사 결과

Microsoft Reviews   Updated May 15, 2022

Q Search job titles   **Find Reviews**

Clear All   Full-time, Part-time ✕   English   ⚙ Filter

Found **32,266** of over **40,037** reviews   Sort   Popular ⌄

4.4 ★★★★⯪ ⌄

92% Recommend to a Friend   96% Approve of CEO   Satya Nadella 7,982 Ratings Top CEOs 2021

출처: 글래스도어

일하기 좋은 직장 순위에서는 5점 만점에 4.4점을 획득하여 28위를 차지했습니다. 같은 조사에서 애플은 56위, 구글은 7위, 세일즈포스는 10위를 차지했습니다. 1위를 차지한 허브스팟HubSpot의 점수가 4.6점이었는데, 마이크로소프트와 0.2점 차이밖에 나지 않았습니다.

조사에 응한 직원들의 답변을 살펴보면 전반적으로 사내 문화Great Culture, 일과 삶의 균형Work/Life balance is good, 보수와 복지 부분Great benefits, Pay is good에서 좋은 답변을 받았습니다. 나쁜 점으로는 아직 사내 정치가 일부 존재Too much politics한다는 점과 능력 미달의 매니저Bad Managers, Poor Management가 많이 있다는 답변이 많았습니다.

테슬라

[Competitors] 경쟁자가 얼마나 있는가?

많은 사람이 테슬라를 단순히 전기자동차 만드는 회사로 알고 있습니다. 하지만 테슬라는 전기자동차 회사이면서 AI 기반의 강력한 운영체제os를 보유한 플랫폼 회사입니다. 토요타, GM, 포드, 현대자동차 등도 전기자동차를 만들고 OS를 탑재할 수는 있지만, 테슬라처럼 무선 업데이트ota, over The Air를 통해 차량 성능과 자율주행 성능을 개선해주는 전기자동차는 없습니다. 위기의식을 느낀 경쟁사들이 무선 업데이트ota 기능을 탑재한 차량을 출시하고 있지만 이들의 무선 업데이트는 대부분 내비게이션과 인포테인먼트영화, 음악, 게임, 온도 조절 등에 국한됩니다.

전기자동차는 아직 초창기 단계에 있고 2022년 현재 전기자동차 OS도 다양합니다. 하지만 결국에는 전기자동차 OS도 테슬라 진영과 반 테슬라 진영으로 나뉘게 될 것으로 보는 전문가들이 많습니다.

스마트폰 시장 초기를 돌이켜보면 마이크로소프트, 구글, 애플, 블랙베리, 삼성전자에 스마트폰 전용 OS가 있었습니다. 이들 중 이용자가 많지 않았던 OS는 수익성이 낮았기 때문에 앱 개발자들에게 외면당했습니다. 치킨집을 인적이 드문 시골에 차리지 않는 것처럼 말이죠. 앱 개발자들에게 외면당한 OS는 적은 앱의 개수로 인해 소비자들에게도 외면받는 악순환이 생겼습니다. 전기자동차 역시 스마트폰과 비슷한 길을 걸을 것으로 전망됩니다.

다른 자동차 제조사들은 OTA 기술 따라가기에 바쁜데 테슬라는 벌써 애플의 앱스토어와 같은 테슬라판 앱스토어를 준비 중입니다. 테슬라가 앱 플랫폼을 구축하게 되면 테슬라 자동차를 위한 앱 개발이 증가할 것이고 타사 전기자동차 대비 테슬라 자동차의 가치는 더욱 증가하게 될 것입니다. 앱이 많아지면 사용자가 증가하고 사용자가 많아지면 앱이 더욱 많아지는 네트워크 효과가 발생하기 때문입니다.

플랫폼이 구축되면 애플과 구글이 하고 있는 사업들을 테슬라도 할 수 있게 됩니다. 예컨대 애플 페이 대신 테슬라 페이를 론칭할 수 있고 유료 앱 결제 수수료나 디지털 광고료도 취할 수 있게 됩니다.

이처럼 테슬라는 플랫폼을 기반으로 여러 가지 사업 확장을 구상하고 있는데 그중 흥미로운 것은 로봇 택시입니다. 테슬라의 완전 자율주행 기술이 완성되는 순간 전 세계 테슬라 자동차는 무선 업데이트를 통해 자율주행 차량으로 변신하게 됩니다. 테슬라 차주는 차를 사용하지 않을 때 자기 차량을 택시로 운영할 수 있습니다. 자율주행하는 로봇 택시를 운영할 경우 연간 3,000만 원 정도의 추가 수익이 차주에게 돌아간다고 하니 테슬라 차량에 대한 수요는 더욱 증가할 것입니다. 차값 1억 원을 투자했을 때 연간 수익률이 30%나 되니까요.

테슬라는 보험 사업도 시작했습니다. 개인 신용 점수에 따라 대출 이자가 다른 것처럼 테슬라는 운전자의 운전 습관을 기초로 운전자마다 점수를 매기고 이를 토대로 보험료를 책정합니다. 운전 중에 과속하고 급제동·급가속을 일삼으며 안전거리를 잘 지키지 않는 운전자들의 보험료는 높게 책정되고 안전 운전을 하는 사람의 보험료는 낮게 책정됩니다.[118]

테슬라에 대적할 만한 경쟁자가 없다는 사실은 최근 가격 인상을 통해서도 알 수 있었습니다. 테슬라는 2021년과 2022년에 차량 가격을 대폭 올렸음에도 불구하고 판매량은 오히려 증가했습니다. 비슷한 시기에 넷플릭스 역시 가격을 인상했는데, 미국과 캐나다에서만 가입자 수가 60만 명 줄었습니다(2022년 1분기 실적 발표 기준). 가격을 올렸을 때 실적이 하락하는 기업은 해당 기업을 대체할 대체재가 많은 상황입니다.

[Shareholder friendly] 주주 친화적인가?

테슬라는 애플처럼 자사주 매입을 하지도 배당금을 나누어 주지도 않지만 주기적인 주식 분할을 통해 주가 상승을 돕고 있습니다. 테슬라는 2022년 8월 25일에 3대 1 비율로 액면 분할을 했습니다. 2020년 8월에도 테슬라는 1주를 5주로 나눈 경험이 있습니다.

주식 분할은 그 자체만으로는 회사 가치와 전혀 상관없지만, 주식분할을 통해 소액 투자자들도 투자할 길이 열리기 때문에 주가는 상승합니다. 이러한 이유 때문에 구글과 아마존도 2022년에 주식 분할을 했습니다.

[Growth Industry] 산업이 성장하고 있는가?

에너지 시장 조사 업체 SNE리서치에 따르면 2021년에 판매된 자동차7,168만 대의 9%가 전기차640만 대였다고 합니다. 2030년에는 전기차 비중이 57%까지 높아지고 5,489만 대의 전기차가 팔릴 것이라 전망했습니다.

테슬라는 지난 2021년에 93만 대를 팔았고 전 세계 전기차 시장 점유율 14%를 차지했습니다. 테슬라가 2030년에도 14%의 점유율을 유지한다면 연간 768만 대가 팔릴 것으로 기대됩니다. 이는 2021년 판매량보다 8배 증가한 수치입니다. 2022년 기준 테슬라의 연간 생산 능력은 약 200만 대 정도입니다. 앞으로 늘어날 수요를 충족하기 위해서는 지금 생산 능력의 4배는 되어야 할 것으로 보입니다.

[Brand Loyalty] 소비자들이 제품을 좋아하는가?

테슬라 제품은 자동차계의 애플로 불릴 만큼 소비자들의 충성도가 높습니다. 이는 인터브랜드에서 매년 발표하는 베스트 글로벌 브랜드Best Global Brands에도 잘 나타납니다. 테슬라의 브랜드 가치는 362억 달러로 전년 대비 184% 증가했으며 전체 14위를 차지했습니다. 테슬라는 2020년에 브랜드 가치 40위였는데 26계단 상승했습니다.

또 다른 지표로는 소비자 재구매 비율Retention Rate이 있습니다. 2021년 조사 결과에 따르면 테슬라 차주의 재구매 비율은 70.7%로 자동차 업계 1위를 차지했

인터브랜드 베스트 브랜드 순위

01 Apple	02 Amazon	03 Microsoft	04 Google	05 Samsung
+26% 408,251 $m	+24% 249,249 $m	+27% 210,191 $m	+19% 196,811 $m	+20% 74,635 $m
06 Coca-Cola	07 Toyota	08 Mercedes-Benz	09 McDonald's	10 Disney
+1% 57,488 $m	+5% 54,107 $m	+3% 50,866 $m	+7% 45,865 $m	+8% 44,183 $m
11 Nike	12 BMW	13 Louis Vuitton	14 Tesla	15 Facebook
+24% 42,538 $m	+5% 41,631 $m	+16% 36,766 $m	+184% 36,270 $m	+3% 36,248 $m

출처: 인터브랜드

습니다. 대부분의 차량은 차를 구매하는 순간부터 감가와 함께 성능이 떨어지지만, 테슬라 차량은 주기적 무선 업데이트를 통해 차량 성능을 개선해주기 때문에 소비자들의 만족도가 높았습니다.

[Leadership] CEO는 어떤 사람인가?

비즈니스 인사이더Businessinsider.com는 과거 테슬라에서 일했던 직원들을 대상으로 일론 머스크와 일하는 것은 어떠했는지에 대해 인터뷰했습니다.

그에 대한 의견은 정말 다양했습니다. 긍정적 의견뿐만 아니라 부정적 의견도 많았습니다. 긍정적 의견은 그가 정말 똑똑하다는 것입니다. 종종 그의 선택이 이해가 가지 않을 때가 많은데, 시간이 흐른 후 돌아보면 일론 머스크의 선택이 옳았다고 합니다. 그는 틀에 박힌 사고를 하지 않았고 일의 추진력이 대단하다고 말

전직자들이 말하는 '일론 머스크'

출처: 비즈니스 인사이더[119]

했습니다.

단점도 있었습니다. 임원들에게 의사결정권을 위임하지 않고 모든 사안에 관여하고 직접 의사결정을 했다고 합니다. 한 번 내린 결정을 유지하기보다는 상황에 따라 종종 결정을 뒤집었기 때문에Temperamental 그와 함께 일하기 힘들었다고 합니다.

이런 그의 양면성은 CEO 관련 어워드에서도 드러납니다. 2019년에 일론 머스크는 가장 영감을 주는 리더로 뽑혔지만, 글래스도어에서 직원들이 선정하는 최고의 CEO 100에서는 순위권에 진입하지 못했습니다. 현재 글래스도어에서

현직자들의 일론 머스크 평가

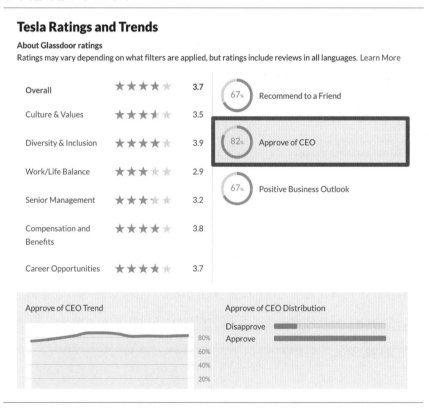

출처: 글래스도어[120]

일론 머스크는 직원의 82%로부터 지지를 받고 있습니다.

[Employee Satisfaction] 직원들의 만족도는 어떠한가?

앞서 설명한 바와 같이 일론 머스크는 의사결정을 자주 바꾸고 모든 사안에 관여할 만큼 일에 대한 욕심이 많은 사람이기 때문에 회사에서 오랜 시간 근무하는 CEO로 유명합니다. 이로 인해 내부 직원들은 장시간 근무Long hours와 일과 삶의 균형이 없다는 것No work life balacne에 가장 불만이 많았습니다. 전반적으로 복지 Great benefits에 대한 만족도와 성장 기회Incredible opportunities에 대한 만족도는 높았습니다.

테슬라 근무 장단점

Top Review Highlights by Sentiment

PROS	CONS
"great benefits and full of incredible opportunities" (in 444 reviews)	"Long hours and working weekends are fairly normal depending on the importance and timelines of projects." (in 345 reviews)
"Great people and feels great to be apart of the overall mission of the company." (in 370 reviews)	"No work life balance and no one seems to care." (in 338 reviews)

출처: 글래스도어

위험 요소

테슬라는 미래 가치에 기대감으로 다른 빅테크 기업 대비 굉장히 높은 P/E를 갖고 있습니다. 따라서 테슬라 투자 시 고려해야 할 위험 요소 또한 알아두고 사전에 대비할 필요가 있습니다.

낮은 전기차 진입장벽

완전 자율주행 기술은 현재 테슬라가 앞서 나가고 있지만, 전기차 기술에 대한 진입 장벽은 낮습니다. 예컨대 내연기관 자동차는 3만여 개의 부품이 들어가지만, 전기차에는 그 3분의 1인, 1만여 개의 부품이 들어갑니다. 실제로 기존 내연기관 자동차 제조사들도 전기차 시장에 뛰어들기 시작했습니다. 예컨대 폭스바겐은 5년간 212조 원을 투자해 전기차 회사로의 전환을 꾀하고 있습니다. 우리나라 기업 현대자동차 역시 2030년까지 전기차 17종을 출시하고 연간 187만 대를 판매하겠다는 목표를 세웠습니다.

잦은 주식 발행

테슬라는 다른 빅테크 기업들이 주가 부양을 위해 자사주 매입을 하는 것과 반대로 주식을 더 많이 발행해서 사업 자금을 조달해왔습니다. 발행 주식 수가 늘어나면 EPS가 줄어들기 때문에 주가는 하방 압력을 받게 됩니다. 밤에 배가 너무 고파서 혼자 먹으려고 몰래 라면을 끓였는데 냄새를 맡고 아내와 딸들이 젓가락을 들고 다가오면 먹을 양이 줄어드는 것과 같습니다.

테슬라 주식 발행 현황

From Financing Activities		Dec 2012	Dec 2013	Dec 2014	Dec 2015	Dec 2016	Dec 2017	Dec 2018	Dec 2019	Dec 2020	Dec 2021	TTM
											단위: 백만 달러	
Long-Term Debt Issued	..ılıll	188.8	660.0	2,303.3	887.7	3,622.7	7,649.0	6,176.0	10,669.0	9,713.0	8,883.0	8,883.0
Total Debt Issued	..ılıll	188.8	660.0	2,303.3	887.7	3,622.7	7,649.0	6,176.0	10,669.0	9,713.0	8,883.0	5,900.0
Long-Term Debt Repaid	˜˜ıll	(15.5)	(460.8)	(11.2)	(203.8)	(1,904.5)	(4,264.0)	(6,087.0)	(9,871.0)	(12,201.0)	(14,615.0)	(14,615.0)
Total Debt Repaid	˜˜ıll	(15.5)	(460.8)	(11.2)	(203.8)	(1,904.5)	(4,264.0)	(6,087.0)	(9,871.0)	(12,201.0)	(14,615.0)	(12,538.0)
Issuance of Common Stock	.ıl	246.4	510.3	100.5	856.6	1,865.6	659.0	296.0	1,111.0	12,686.0	707.0	726.0
Other Financing Activities	ˑıˑıˑıˑ	-	(74.1)	(249.4)	(17.0)	160.2	371.0	189.0	(380.0)	(225.0)	(178.0)	(189.0)
Cash from Financing	ˑˑˑıˑı	419.6	635.4	2,143.1	1,523.5	3,744.0	4,415.0	574.0	1,529.0	9,973.0	(5,203.0)	(6,101.0)

출처: 시킹알파

애플의 자사주 매입 현황

Cash Flow From Financing Activities		Sep 2012	Sep 2013	Sep 2014	Sep 2015	Sep 2016	Sep 2017	Sep 2018	Sep 2019	Sep 2020	Sep 2021	TTM
											단위: 백만 달러	
Short Term Debt Issued	▮▁▮	-	-	6,306.0	2,191.0	-	3,852.0	-	-	-	1,022.0	1,022.0
Long-Term Debt Issued	▮▮▮.▮▮	-	16,896.0	11,960.0	27,114.0	24,954.0	28,662.0	6,969.0	6,963.0	16,091.0	20,393.0	20,393.0
Total Debt Issued	▮▮▮.▮▮	-	16,896.0	18,266.0	29,305.0	24,954.0	32,514.0	6,969.0	6,963.0	16,091.0	21,415.0	8,469.0
Short Term Debt Repaid	▝▝	-	-	-	-	(397.0)	-	(37.0)	(5,977.0)	(963.0)	-	(963.0)
Long-Term Debt Repaid	▔▔▮▮	-	-	-	-	(2,500.0)	(3,500.0)	(6,500.0)	(8,805.0)	(12,629.0)	(8,750.0)	(8,750.0)
Total Debt Repaid	▔▔▮▮	-	-	-	-	(2,897.0)	(3,500.0)	(6,537.0)	(14,782.0)	(13,592.0)	(8,750.0)	(8,000.0)
Issuance of Common Stock	▮▮▮▮▮▮	665.0	530.0	730.0	543.0	495.0	555.0	669.0	781.0	880.0	1,105.0	1,105.0
Repurchase of Common Stock	▔▔▮▮▮▮	(1,226.0)	(23,942.0)	(46,158.0)	(36,752.0)	(31,292.0)	(34,774.0)	(75,265.0)	(69,714.0)	(75,992.0)	(92,527.0)	(92,371.0)
Common Dividends Paid	▔▮▮▮▮▮▮▮	(2,488.0)	(10,564.0)	(11,126.0)	(11,561.0)	(12,150.0)	(12,769.0)	(13,712.0)	(14,119.0)	(14,081.0)	(14,467.0)	(14,734.0)
Common & Preferred Stock Dividends Paid	▔▮▮▮▮▮▮▮	(2,488.0)	(10,564.0)	(11,126.0)	(11,561.0)	(12,150.0)	(12,769.0)	(13,712.0)	(14,119.0)	(14,081.0)	(14,467.0)	(14,734.0)
Other Financing Activities	▮▮▁▁	1,351.0	701.0	739.0	749.0	-	-	-	(105.0)	(126.0)	(129.0)	(757.0)
Cash from Financing	▔▔▔▮▮	(1,698.0)	(16,379.0)	(37,549.0)	(17,716.0)	(20,890.0)	(17,974.0)	(87,876.0)	(90,976.0)	(86,820.0)	(93,353.0)	(106,288.0)

출처: 시킹알파

다음은 지난 10년간 테슬라와 애플의 재무 활동으로 인한 현금흐름표입니다. 테슬라는 지속적으로 주식을 발행 Issuance of Common Stock 해서 주식 수를 늘려왔고, 특히 2020년에는 127억 달러어치 주식을 발행했고 2021년에는 7억 달러어치를 발행했습니다. 반면 애플은 2020년과 2021년에 자사주 760억 달러, 925억 달러어치를 매입했습니다.

CEO 리스크

테슬라의 CEO 일론 머스크는 대단한 사람임은 틀림없습니다. 하지만 그의 예측할 수 없는 행동은 그간 여러 차례 주가에 악영향을 끼쳤습니다. 2018년에는 테슬라를 상장폐지시키고 비공개 회사로 전환해야 한다고 트위터에 말해 물의를 일으켰습니다. 해당 발언 다음 날에 주가는 폭락했습니다. 같은 해, 생방송 팟캐스트에 나가서 마리화나를 피우고 위스키를 마셔서 문제가 되었습니다. 그의 또 다른 회사인 스페이스엑스Space X는 미국 나사NASA와 계약되어 있었고 미 정부 기관과 계약 관계에 있는 자는 마리화나를 피워서는 안 되기 때문입니다.

2020년에는 테슬라 주가가 너무 높은 것 같다고 트윗했는데, 다음 날 주가가 폭락했습니다. 2021년에는 친환경 전기차 사업을 하면서 환경 오염의 주범으로 꼽히는 비트코인을 대량 매수했습니다(비트코인은 채굴할 때 전기가 대량으로 소비되기 때문에 환경오염의 주범으로 꼽힙니다). 2022년에는 4월에 트위터 인수를 선언했고 대금 마련을 위해 보유 주식을 대량 매도했는데 7월에는 트위터를 인수하지 않겠다고 3개월 만에 번복했습니다.

너무 높은 P/E

2021년 전 세계 자동차 판매 대수를 보면 1위 토요타가 1,049만 대를 팔았고 2위 폭스바겐이 888만 대, 3위 르노-닛산-미쓰비시가 768만 대를 팔았습니다. 반면 테슬라는 2021년에 93만 대를 팔았습니다. 10위 안에도 못 드는 순위이고, 1위 토요타 판매량의 10분의 1도 안 됩니다. 하지만 테슬라의 시가총액은 7,890억 달러로 1위 토요타의 시가총액 2,198억 달러보다 3.6배나 높습니다. 심지어 자동차 기업 10개를 합한 시가총액보다 높습니다.

2022년 8월 30일 기준 테슬라의 P/E는 103인데, 섹터 중간 P/E는 13입니다(GAAP, TTM 기준). 동종 섹터 경쟁사 대비 무려 8배나 비쌉니다. P/E가 103이라는 뜻은 1년 벌어들이는 순이익으로 유통되는 테슬라 주식을 전부 산다면, 103년치의 순이익이 필요하다는 뜻입니다.

무선 업데이트 OTA, Over The Air

차량용 소프트웨어를 정비소에 가지 않고 무선으로 업데이트하는 것을 말합니다. 테슬라를 타는 사람들의 만족도가 높은 이유 중 하나가 바로 무선 업데이트 OTA 때문입니다. 테슬라 차주 커뮤니티에 가보면 주기적으로 무선 업데이트를 통해 차량 성능을 개선해주니 새 차를 접하는 기분이 든다는 리뷰가 많습니다. 우리나라는 안타깝게도 무선 업데이트 기술이 불법이기 때문에 정비소에서만 차량 업데이트가 가능합니다. 이로 인해 국내 자동차 제조사들의 관련 기술 발전이 더디어지는 문제가 있어 현재 정부는 신청자에 한해 임시적 OTA를 허락해준다고 합니다.

07 주린이를 위한 포트폴리오 구성

포트폴리오 구성의 중요성

2020년과 2021년은 정말 돈 벌기 쉬운 장이었습니다. 대세 상승장이었기 때문에 어떠한 종목에 투자하더라도 가격이 쭉쭉 올라주었습니다. 하지만 2022년은 대공황 이후 처음으로 다우 지수가 8주 연속으로 하락한 해입니다. 코로나 이후 역대급으로 풀린 돈과 러시아와 우크라이나 간의 전쟁은 사상 최악의 인플레이션을 일으켰습니다. 인플레이션을 잠재우기 위해 금리 인상이 불가피했고 금리 인상 시기에 대부분의 주식은 힘을 쓰지 못했습니다.

하지만 인플레이션 속에서도 원자재와 에너지 관련 주식들은 큰 수익률을 보여주고 있습니다. 대표적 에너지 기업 엑슨모빌XOM은 8월 30일 기준 2022년 수

엑슨모빌의 수익률

출처: 시킹알파[121]

테슬라의 수익률

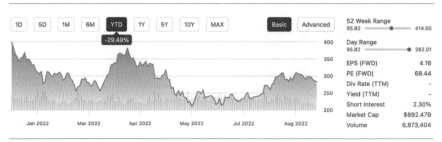

출처: 시킹알파[122]

익률$_{YTD}$이 52.20%나 됩니다. 반면 성장주의 대표격인 테슬라는 같은 기간 동안 −29.49%의 수익률을 보여주고 있습니다.

앞에서 살펴본 바와 같이, 경제 상황에 따라 잘나가는 자산이 있고 힘을 못쓰는 자산이 있습니다. 따라서 다양한 자산으로 이뤄진 포트폴리오는 하락장에서 손실을 잘 방어해줍니다.

워런 버핏은 자신에게 2가지 투자 법칙이 있다고 항상 말했습니다.

투자 제1법칙: 절대로 돈을 잃지 않는다Never lose money.

투자 제2법칙: 제1원칙을 절대 잊지 않는다Don't forget rule No. 1.

자산 포트폴리오 구성 방법

유대인들의 경전『탈무드』에서는 돈을 세 곳에 나누어 넣으라고 가르칩니다. 하나는 땅Land에 투자하고, 하나는 사업Business, 나머지 하나는 비축Reserve으로 보유하라고 가르칩니다. 과거에도 경제 상황에 따라 특정 자산이 오르고 내린다는 사실을 알고 있었던 겁니다.『탈무드』에서 말하는 땅은 부동산, 사업은 주식을 의미합니다. 비축은 현금·원자재·금·채권을 의미합니다. 이처럼 총 6가지 자산에 동일 비율로 투자하는 것을 탈무드식 포트폴리오Talmud Portfolio라고 합니다.

현금

현금 보유가 중요한 것은 알지만, 현금이 있으면 주식을 사고 싶은 욕구에 항상 빠집니다. 그래서 정신을 차려보면 현금 보유량이 줄어 있고 주식의 수가 늘어나 있기 일쑤입니다. 특히 인플레이션 시기에는 현금 가치가 줄어들기 때문에 현금을 보유하는 것이 어리석은 일처럼 느껴지기도 합니다. 하지만 일정 비중의 현금 보유는 중요합니다. 현금이 있으면 코로나 팬데믹이나 IMF 때처럼 자산시장이 폭락했을 때 좋은 자산을 할인된 가격에 매입할 수 있습니다.

현금을 전부 원화로 보유할 필요는 없습니다. 환에 대한 리스크 헤지를 위해 달러화 혹은 유로화와 같은 기축 통화도 보유하고 있는 것이 좋습니다.

미국은 기축 통화국 지위를 유지하기 위해 주기적으로 금리 인상을 합니다. 이를 혹자들은 '양털 깎기'라고 부르는데, 금리를 낮추어 전 세계 자산에 거품을 일으킨 다음 금리를 올려 자산 폭락을 유도하고 헐값에 자산을 사들이는 것을 말합니다. 이와 같은 양털 깎기에 당하지 않고 역으로 이용하기 위해서도 자산의 일정 부분을 현금으로 보유하고 있어야 합니다.

부동산

아파트를 매수하거나 땅을 직접 매입해도 되지만, 부동산은 거래 가격이 너무 비싸기 때문에 일반 서민들에게는 진입장벽이 있습니다. 이럴 때 리츠 회사 주식을 매입하거나 리츠 ETF를 매입하는 방법이 있습니다. 리츠 회사는 부동산을 우리 대신 매입하고 운영해서 얻은 수익을 투자자들에게 나누어 주는 회사입니다.

미국에서는 리츠가 법적으로 순수익의 90% 이상을 배당으로 투자자들에게 지급해야 합니다. 리츠의 기초 자산은 부동산이기 때문에 인플레이션 시기에 물가 상승분을 임차인에게 전가하거나 부동산 시세 차익도 기대할 수 있습니다.

미국에서 운용 규모가 가장 크고 유명한 리츠 ETF는 뱅가드 자산운용사에서 만든 VNQ티커명입니다. VNQ는 주거, 오피스, 상가, 호텔 등 정말 다양한 곳에 분산투자되어 있어 안정적입니다. 다만 경기 침체 기간에는 상가, 호텔, 백화점 등이 타격을 받기 때문에 VNQ보다는 주요 임차인이 경기 방어 업종에 속해있는 리츠가 더 안정적입니다. 예컨대 리얼티 인컴o은 주요 임차인이 경기 방어와 관련된 식품 유통 회사들이기 때문에 경기 침체가 예상될 때에도 안정적 배당을 기대할 수 있습니다. 리얼티 인컴의 2022년 8월 30일 기준 수익률은 −3.13%입니다.

리얼티 인컴의 수익률

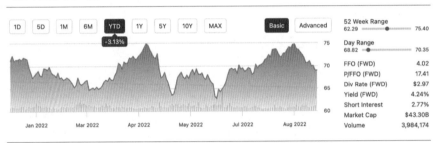

출처: 시킹알파[123]

주식

개별 종목에 투자하는 것도 좋지만 종목 선택이 어려운 주린이들은 S&P500 혹은 나스닥 지수를 추종하는 ETF를 매입하는 것을 추천합니다티커명 SPY, IVV, VOO, QQQ. 미국에 상장된 모든 기업에 투자하는 ETF도 있습니다티커명 VTI.

위에 언급된 ETF들을 매수하면 저렴한 가격에 분산투자할 수 있는 장점이 있습니다. 애플, 구글, 테슬라 주식들을 개별적으로 사면 돈이 많이 들어가지만 VTI 같은 ETF 안에는 이런 주식들이 모두 들어가 있습니다. 다음 그래프는 S&P500을 추종하는 대표 ETF인 SPY티커명의 2022년 수익률입니다.

SPY의 2022년 수익률

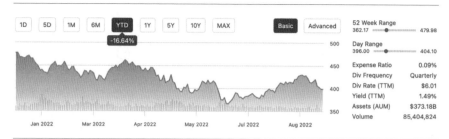

출처: 시킹알파[124]

채권

채권은 장기·중기·단기채가 있는데, 증권사를 통해 직접 투자하는 방법도 있고 채권 ETF를 통한 간접 투자도 가능합니다. 대표적 미국 장기 채권 ETF는 TLT이며 8월 30일 기준 2022년 수익률은 −21.72%입니다.

채권은 발행 당시에 지급할 이자율이 박혀 있기 때문에 기준 금리 인상 시기에는 채권의 매력도가 떨어져 채권 가격이 하락하게 됩니다. 아울러 채권 만기 기간이 길면 길수록 리스크가 높기 때문에 채권 지급 이자율도 높고 가격 변동이 큽니다. 친구가 우리에게 돈을 빌려달라고 부탁할 때, 10년 동안 빌려주는 것이 2년 동안 빌려주는 것보다 위험 부담이 더 크므로 더 큰 이자를 요구해야 합니다.

TLT의 2022년 수익률

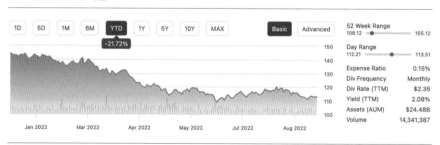

출처: 시킹알파[125]

하지만 미래에 경기가 침체할 것으로 전망되면 단기채의 금리2년 뒤 갚겠다고 약속가 장기채 금리10년 뒤 갚겠다고 약속보다 일시적으로 높아지는 역전 현상이 일어나기도 합니다. 이를 영어로 'Inverted Yield Curve'라고 합니다.

금

역사적으로 경제가 불안해지고 인플레이션이 오면, 금의 가치는 치솟았습니다. 특히 전쟁이 일어나거나 국가 간 무역 분쟁이 일어날 때 금값이 올랐습니다. 예컨대 트럼프 정부 시절 중국과의 무역 분쟁이 시작되면서 금값이 올랐고 최근에는 러시아와 우크라이나 간의 전쟁으로 금값이 올랐습니다.

현재 미국은 중국을 배제하고 공급망을 다시 짜기 위해 미국 편 줄 세우기를 시작했습니다. 이런 움직임은 앞으로 미국과 중국, 러시아 간의 갈등을 높일 것이고 전쟁 분위기도 고조시킬 것입니다.

금 역시 채권처럼 직접 매입하는 방법도 있지만, ETF로 매입하면 직접 매입보다 사고팔기 수월합니다. 금 ETF의 티커명은 GLD이고 YTD는 -4.65%입니다.

GLD의 수익률

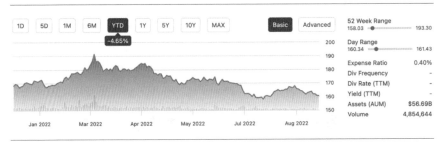

출처: 시킹알파[126]

원자재

원자재는 인플레이션 시기의 최대 수혜 자산입니다. 원자재를 선물 시장에서 매입하는 것은 초보 투자자들에게 무리이므로 원자재 ETF를 매입하는 것이 효과적입니다. 이런 ETF들을 활용하면 에너지, 귀금속, 산업용 금속, 농산물 등에 분산투자하는 효과도 있습니다. 대표적인 ETF는 DBC, PDBC, GSC, GSG티커명가 있습니다. DBC의 2022년 수익률은 25.93%입니다.

DBC의 수익률

출처: 시킹알파[127]

자산 배분 결과

위에 언급된 6개의 자산에 1,000만 원씩 골고루 분산투자한 결과는 다음과 같았습니다. 2022년 1월 1일부터 8월 30일까지 6,000만 원이었던 투자 원금은 5,798만 원이 되어 −3.37% 수익률이 나왔습니다.

반면 성장주에 올인했을 경우에 결과는 다음과 같았습니다. 원금 6,000만 원

자산 종류티커명	수익률YTD	총자산(만 원)
현금	-	1,000
부동산O	-3.13%	968.7
주식SPY	-16.64%	833.6
원자재DBC	25.93%	1259.3
채권TLT	-21.72%	782.8
금GLD	-4.65%	953.5
합계	**-3.37%**	**5,798**

자산 종류_{티커명}	수익률_{YTD}	총자산(만 원)
현금	-	1,000
테슬라_{TSLA}	-30.56%	694.4
애플_{AAPL}	-12.69%	873.1
아마존_{AMZN}	-24.45%	755.5
구글_{GOOGL}	-24.86%	751.4
마이크로소프트_{MSFT}	-21.44%	785.6
합계	**-19.00%**	**4,860**

은 4,860만 원으로 줄어 있었습니다. 즉 -19%의 수익률을 보여주었습니다.

레이 달리오의 올웨더 포트폴리오 Ray Dalio All Weather Portfolio

자기계발 관련 강연자로 유명한 토니 로빈스 Tony Robbins의 저서 『Money』에는 레이 달리오의 포트폴리오 구성 방법이 소개되어 있습니다.

포트폴리오 구성에 정답은 없습니다. 탈무드 방식처럼 자산마다 동일 비율로 포트를 구성해도 되고, 레이 달리오처럼 포트폴리오 주식 30%, 장기채 40%, 중기채 15%, 금 7.5%, 원자재 7.5%를 구성해도 됩니다. 레이 달리오는 금융계의 스티브 잡스로 불리는 유명한 헤지펀드 매니저입니다. 세계 최고의 투자자로 워런 버핏을 뽑는 사람이 많은데 최근에는 레이 달리오라고 말하는 사람도 적지 않습니다. 그의 저서 『변화하는 세계 질서』는 베스트셀러에 올랐습니다.

올 웨더 포트폴리오는 탈무드와 달리 현금 비중이 없습니다. 레이 달리오의 올웨더 어떤 날씨에도 통하는 포트폴리오를 ETF로 구성하면 다음과 같습니다. VTI는 미국의 모든 주식에 투자하는 ETF입니다. TLT는 20년 만기 미국 국채를 말하며, 중기채는 3~7년짜리 미국 국채를 의미하고 IEI를 구매하면 됩니다. 금은 앞서 언급한 바와 같이 GLD를 구매하고 원자재는 GSG를 구매하면 됩니다.

다음 표는 ETF로 구성한 올 웨더 포트폴리오입니다.

올 웨더 포트폴리오

Weight	Ticker	ETF Name	Investment Themes
30.00%	VTI	Vanguard Total Stock Market	Equity, U.S., Large Cap
40.00%	TLT	iShares 20+Year Treasury Bond	Bond, U.S., Long-Term
15.00%	IEI	iShares 3-7 Year Treasury Bond	Bond, U.S., Intermediate-Term
7.50%	GLD	SPDR Gold Trust	Commodity, Gold
7.50%	GSG	iShares S&P GSCI Commodity Indexed Trust	Commodity, Broad Diversified

출처: Lazy Portfolio ETF[128]

레이 달리오의 방법으로 포트폴리오를 구성하고 백테스트해보면 2022년 7월 31일 기준으로 지난 30년간 연평균 7.67%의 복리 수익률을 보여줍니다. 최근 6개월 수익률은 −8.12%이고 최근 1년 수익률은 −8.42%입니다.

올 웨더 포트폴리오의 수익률

RAY DALIO ALL WEATHER PORTFOLIO RETURNS
Consolidated returns as of 31 July 2022
Live Update: Aug 30 2022, 04:00PM Eastern Time

Performances ● Live

	Return (%) as of Jul 31, 2022					
	1M	6M	1Y	5Y(*)	10Y(*)	30Y(*)
Ray Dalio All Weather Portfolio	3.40	-8.12	-8.42	5.90	5.15	7.67
US Inflation Adjusted return	3.42	-12.81	-15.62	1.93	2.48	5.02
Components						
VTI Vanguard Total Stock Market	9.35	-8.42	-7.75	12.11	13.43	10.00
TLT iShares 20+ Year Treasury Bond	2.43	-16.73	-20.11	0.96	1.38	6.30
IEI iShares 3-7 Year Treasury Bond	1.71	-3.94	-7.19	1.00	1.08	4.63
GLD SPDR Gold Trust	-2.59	-2.37	-3.37	6.33	0.48	5.19
GSG iShares S&P GSCI Commodity Indexed Trust	-0.74	19.93	40.67	9.43	-3.35	1.71

(*) Returns over 1 year are annualized
US Inflation is updated to Jul 2022. Current inflation (annualized) is **1Y: 8.52%** , **5Y: 3.89%** , **10Y: 2.60%** , **30Y: 2.52%**

출처: Lazy Portfolio ETF[129]

리밸런싱Rebalancing

자산 포트폴리오 구성이 끝났다면 해야 할 일이 있는데 그것은 바로 리밸런싱입니다. 리밸런싱은 많이 오른 자산을 팔고 폭락한 자산을 사들여서 자산 배분 비율을 처음 정한 비율대로 만든다는 뜻입니다. 리밸런싱 주기는 정해져 있지 않지만, 분기 혹은 연간 1회 실시하는 경우가 많습니다. 위의 예를 들자면 원자재에 투자한 자산이 많이 올랐으므로 원자재 자산의 일부를 처분해서 많이 하락한 주식과 채권을 사들이는 것이 리밸런싱입니다. 리밸런싱을 하면 안정적으로 꾸준히 우상향하는 수익률을 추구할 수 있습니다.

기업의 가치를 믿고 기다리자

옛날 옛적에 철수와 영희가 2018년 8월에 A라는 회사의 주식을 주당 70달러에 매수했습니다. 그런데 까마귀 날자 배 떨어지듯 사자마자 A 주식은 떨어지기 시작했습니다. 70달러에 샀던 주식은 4개월 만에 32달러까지 떨어졌습니다. 투자 금액 절반 이상이 아이스크림 녹듯 녹아내렸습니다. 철수와 영희의 계좌에는 마이너스가 떴습니다.

2018년 겨울, 철수는 '원금의 절반이라도 건져야겠다'라는 생각으로 A 주식을 팔았습니다. 하지만 영희는 주식을 팔지 않고 기다렸습니다. 지금의 주가 하락은 금리 인상에 따른 조정이기 때문에 결국 기업의 가치를 찾아갈 것이라고 믿었기 때문입니다.

시간이 흘러 필자가 글을 쓰고 있는 2022년 8월 30일 기준으로 A 주식은 주당 155달러에 거래되고 있습니다. 그 주식은 다름 아닌 엔비디아입니다.

유럽의 워런 버핏으로 불리는 앙드레 코스톨라니André Kostolany는 이런 말을 했습니다.

"주식을 사라. 그리곤 수면제를 먹고 자라. 10년 뒤에 깨어나면 부자가 되어 있을 것이다."

워런 버핏도 비슷한 말을 했습니다.

"주식시장은 인내심 없는 사람의 돈을 인내심 있는 사람에게 이동시키는 도구다."

우리가 주식시장에서 인내심이 없어지는 이유는 내가 산 주식에 대한 믿음이 부족하기 때문입니다. 믿음이 부족한 이유는 기업에 대해 충분히 공부하고 매수한 것이 아니라 남의 말만 듣고 덥석 매수했기 때문입니다.

우리는 이 책을 통해 어떤 기업이 좋은 기업이고 어떤 기업이 나쁜 기업인지 알아볼 수 있는 눈을 갖게 되었습니다. 이제 우리에게 남은 일은 그 기업의 내재 가치를 믿고 오랫동안 기다리는 것뿐입니다. 근본적 기업 가치가 망가지거나 산업 상황이 바뀌어 주가가 떨어진 것이라면 그 주식을 파는 것이 맞습니다. 하지만 기업 내재 가치는 바뀌지 않았는데 금리 인상, 전쟁, 공급망 악화와 같은 변수로 주가가 조정 받은 것이라면 주식을 팔 때가 아닙니다. 왜냐하면 주가는 결국 자기 자리를 찾아가기 때문입니다.

지금까지 이 책을 읽어주셔서 감사합니다. 여러분의 성원과 지지 덕분에 이렇게 책까지 낼 수 있었습니다. 앞으로도 저의 브런치와 유튜브를 통해 여러분과 소통하며 지냈으면 좋겠습니다.

마지막으로 좋은 책이 나올 수 있도록 노력해주신 한스미디어 출판사에 감사드리며, 저를 믿고 기다려준 아내와 아버지, 사랑스러운 딸들과 항상 고마운 동생, 하늘나라에 있는 엄마에게 이 책을 바칩니다.

미주

1 https://www.forbes.com/billionaires/

2 https://www.officialdata.org/us/stocks/s-p-500/2006#:~:text=S%26P%20500%3A%20%24100%20in%202006%20%E2%86%92%20%24414.12%20in%202022&text=This%20investment%20result%20beats%20inflation,%2C%20or%206.48%25%20per%20year.&text=The%20graph%20below%20shows%20the,an%20S%26P%20500%20index%20fund

3 https://www.usbank.com/investing/financial-perspectives/market-news/stock-market-performance-after-midterm-elections.html

4 https://www.minneapolisfed.org/about-us/monetary-policy/inflation-calculator/consumer-price-index-1913-

5 https://www.datatrekresearch.com/us-stock-and-real-estate-values-during-stagflation/

6 https://www.macrotrends.net/2526/sp-500-historical-annual-returns

7 https://www.cnbc.com/2021/04/29/global-electric-vehicle-numbers-set-to-hit-145-million-by-2030-iea-.html

8 https://www.mk.co.kr/news/world/view/2022/08/698093/

9 https://m.etnews.com/20220315000075

10 https://money.cnn.com/magazines/fortune/fortune500/2012/performers/companies/biggest/marketvalue.html

11 http://news.bizwatch.co.kr/article/industry/2021/11/04/0003

12 https://www.federalreserve.gov/monetarypolicy/bst_recenttrends.htm

13 https://www.morningstar.com/stocks/xnas/aapl/performance

14 https://www.magicformulainvesting.com

15 https://m.khan.co.kr/economy/finance/article/202105312203035#c2b

16 https://www.morningstar.com/stocks/xnas/googl/performance

17 https://www.marketwatch.com/investing/stock/aapl/financials/cash-flow

18 https://seekingalpha.com/article/4463261-apple-inc-aapl-ceo-tim-cook-on-q4-2021-results-earnings-call-transcript

19 https://finviz.com/map.ashx?t=sec

20 https://www.statista.com/statistics/1299571/content-spending-disney-vs-netflix/

21 https://www.statista.com/chart/18819/worldwide-market-share-of-leading-cloud-infrastructure-service-providers/

22 https://seekingalpha.com/symbol/MSFT/profitability

23 https://ycharts.com/companies/AAPL/stock_buyback

24 https://www.nasdaq.com/articles/6-signs-shareholder-friendly-stock-2017-03-13

25 https://www.icinsights.com/news/bulletins/Foundry-Market-Tracking-Toward-Recordtying-23-Growth-In-2021/

26 https://evadoption.com/ev-sales/ev-sales-forecasts/

27 https://interbrand.com/best-global-brands/

28 https://interbrand.com/best-global-brands/

29 https://www.investopedia.com/terms/g/guidance.asp

30 오피니언뉴스, http://www.opinionnews.co.kr

31 https://collegemarketinggroup.com/blog/the-top-brands-in-2021-for-gen-z-and-college-students/

32 https://www.shopify.com/blog/trending-products

33 https://www.shopify.com/blog/trending-products

34 https://money.cnn.com/data/fear-and-greed/

35 https://www.aaii.com/sentimentsurvey

36 https://www.yardeni.com/pub/citigroup.pdf

37 https://ycharts.com/companies/AAPL/pe_ratio

38 https://www.multpl.com/s-p-500-pe-ratio

39 https://finviz.com/groups.ashx?g=sector&v=120&o=pe

40 https://www.morningstar.com/market-fair-value

41 https://www.marketwatch.com/investing/index/spx/charts?mod=mw_quote_tab

42 https://www.marketwatch.com/investing/stock/aapl/charts

43 https://companiesmarketcap.com/general-electric/marketcap/

44 한화투자증권 https://www.hanwhawm.com/main/research/main/view.cmd?depth3_id=idea_07&seq=55320

45 https://blog.naver.com/wdh5518/222296146381

46 https://www.hankyung.com/finance/article/2021052398371

47 https://money.usnews.com/investing/funds/articles/cloud-computing-etfs-to-buy-now

48 statista.com

49 https://etfdb.com/compare/market-cap/

50 https://etfdb.com/screener/#sort_by=assets&sort_direction=desc

51 https://www.sedaily.com/NewsVIew/22VD8X0AWL

52 https://www.tipranks.com/tools/dividend-calculator

53 https://seekingalpha.com/symbol/NKE/dividends/history

54 statista.com

55 《중앙일보》, https://www.joongang.co.kr/article/24122008#home

56 https://seekingalpha.com/symbol/NEE/valuation/metrics

57 https://seekingalpha.com/symbol/KO/profitability

58 https://www.statista.com/statistics/239753/total-sales-of-home-improvement-
retailers-in-the-us/

59 http://www.haesainfo.com/news/articleView.html?idxno=34707

60 https://tradingeconomics.com/commodity/baltic

61 https://en.sse.net.cn/indices/scfinew.jsp

62 《중앙일보》, https://www.joongang.co.kr/article/21046616#home

63 https://www.investopedia.com/netflix-q1-fy2022-earnings-report-recap-5235604

64 https://seekingalpha.com/symbol/AAPL/momentum/performance

65 https://finance.yahoo.com/u/yahoo-finance/watchlists/the-berkshire-hathaway-
portfolio

66 https://finance.yahoo.com/u/yahoo-finance/watchlists/most-bought-by-activist-
hedge-funds

67 https://finance.yahoo.com/gainers

68 https://kr.investing.com/economic-calendar/

69 인베스팅닷컴

70 https://www.joongang.co.kr/article/25065965#home

71 https://www.tipranks.com/experts/insiders/shelley-reynolds

72 https://www.tipranks.com/stocks/amzn/website-traffic

73 https://finviz.com/map.ashx?t=sec

74 https://finviz.com/map.ashx?t=geo

75 https://finviz.com/map.ashx?t=etf

76 https://finviz.com/bubbles.ashx

77 https://www.asiatoday.co.kr/view.php?key=20220318010010413

78 https://nanoreview.net/en/soc-list/rating

79 https://www.joongang.co.kr/article/25053035#home

80 https://www.mordorintelligence.com/industry-reports/wearable-technology-
market#:~:text=For%20instance%2C%20according%20to%20Cisco,from%20593%20
million%20in%202018.

81 https://www.grandviewresearch.com/industry-analysis/augmented-reality-market

82 https://www.prnewswire.com/news-releases/global-ott-content-market-to-

surpass-us-276-2-mn-by-end-of-2028--says-coherent-market-insights-301471692.html#:~:text=31%2C%202022%20%2FPRNewswire%2F%20%2D%2D,period%20{2021%2D2028

83 https://www.prnewswire.com/news-releases/global-music-streaming-subscription-service-market-projected-to-reach-usd-41-152-8-million-by-2028--with-a-cagr-of-10-8--growth-market-reports-301450336.html#:~:text=In%2DLanguage%20News-,Global%20Music%20Streaming%20Subscription%20Service%20Market%20Projected%20To%20Reach%20USD,Of%2010.8%25%20%7C%20Growth%20Market%20Reports

84 https://www.mordorintelligence.com/industry-reports/game-streaming-market#:~:text=The%20game%20streaming%20market%20is%20expected%20to%20register%20a%20CAGR,the%20first%20quarter%20of%202018

85 https://9to5mac.com/2021/10/28/iphone-loyalty-rate-data-switchers/

86 https://www.worldtrademarkreview.com/apple-retains-most-valuable-brand-crown-tech-boom-continues-and-tiktok-soars

87 https://www.glassdoor.com/Award/Top-CEOs-LST_KQ0,8.htm

88 https://ceoworld.biz/2022/01/25/the-worlds-most-influential-ceos-and-business-executives-of-2022/

89 https://www.glassdoor.com/Award/Best-Places-to-Work-LST_KQ0,19.htm

90 https://www.statista.com/chart/27214/companies-that-spent-the-most-on-research-and-development-in-2020/

91 https://www.hani.co.kr/arti/science/future/985023.html

92 https://www.statista.com/statistics/274255/market-share-of-the-leading-retailers-in-us-e-commerce/

93 https://aws.amazon.com/ko/blogs/aws-cloud-financial-management/customer-feedback-success-stories/

94 https://www.statista.com/outlook/dmo/ecommerce/worldwide#:~:text=Revenue%20in%20the%20eCommerce%20market,revenue%20is%20generated%20in%20China

95 https://www.marketsandmarkets.com/Market-Reports/telehealth-market-201868927.html#:~:text=%5B295%20Pages%20Report%5D%20The%20global,USD%2087.8%20billion%20in%202022

96 https://interbrand.com/best-global-brands/amazon/

97 https://www.glassdoor.com/Overview/Working-at-Amazon-EI_IE6036.11,17.htm

98 https://www.comparably.com/companies/amazon/ceo-rating

99 https://www.glassdoor.com/Reviews/Amazon-Reviews-E6036.htm

100 https://www.statista.com/statistics/633651/alphabet-annual-global-revenue-by-segment/

101 https://www.statista.com/statistics/242549/digital-ad-market-share-of-major-ad-selling-companies-in-the-us-by-revenue/

102 https://interbrand.com/best-global-brands/google/

103 https://www.statista.com/statistics/1252627/youtube-app-mau-worldwide/

104 https://www.srgresearch.com/articles/quarterly-cloud-market-leaps-to-42b-amazon-microsoft-google-pocket-63-of-dollars-spent

104 https://www.glassdoor.com/Award/Top-CEOs-LST_KQ0,8.htm

105 https://www.comparably.com/companies/google/ceo-rating

107 https://www.comparably.com/companies/google/ceo-rating

108 https://www.glassdoor.com/blog/best-places-to-work-revealed/#7-google

109 https://www.hardwaretimes.com/nvidia-and-amds-gpu-market-share-grows-as-discrete-graphics-cards-become-more-popular/

110 https://seekingalpha.com/symbol/NVDA/dividends/history

111 https://www.mordorintelligence.com/industry-reports/gaming-gpu-market

112 https://it.donga.com/28701/

113 https://www.glassdoor.com/Award/Top-CEOs-LST_KQ0,8.htm

114 https://seekingalpha.com/symbol/MSFT/cash-flow-statement

115 https://www.thesixthaxis.com/2020/01/24/playstation-brand-loyalty-ps5-xbox-switch/

116 https://m.blog.naver.com/businessinsight/221222192272

117 https://www.glassdoor.com/Award/Top-CEOs-LST_KQ0,8.htm

118 ZDNET Korea, https://zdnet.co.kr/view/?no=20211016095857

119 https://www.businessinsider.com/ex-tesla-employees-reveal-what-its-like-work-elon-musk-2019-9

120 https://www.glassdoor.com/Reviews/Tesla-Reviews-E43129.htm

121 https://seekingalpha.com/symbol/XOM

122 https://seekingalpha.com/symbol/TSLA

123 https://seekingalpha.com/symbol/O

124 https://seekingalpha.com/symbol/SPY

125 https://seekingalpha.com/symbol/TLT

126 https://seekingalpha.com/symbol/GLD

127 https://seekingalpha.com/symbol/DBC

128 http://www.lazyportfolioetf.com/allocation/ray-dalio-all-weather/

129 http://www.lazyportfolioetf.com/allocation/ray-dalio-all-weather/

손주부의 읽고 나면 미국주식 쉬워지는 책

1판 1쇄 인쇄 | 2022년 10월 21일
1판 1쇄 발행 | 2022년 10월 28일

지은이 손주부
펴낸이 김기옥

경제경영팀장 모민원
기획 편집 변호이, 박지선
마케팅 박진모
경영지원 고광현, 임민진
제작 김형식

표지디자인 유어텍스트
본문디자인 푸른나무디자인
인쇄·제본 민언프린텍

펴낸곳 한스미디어(한즈미디어(주))
주소 04037 서울특별시 마포구 양화로 11길 13(서교동, 강원빌딩 5층)
전화 02-707-0337 | 팩스 02-707-0198 | 홈페이지 www.hansmedia.com
출판신고번호 제 313-2003-227호 | 신고일자 2003년 6월 25일

ISBN 979-11-6007-854-1 13320